Polyglott
APA GUIDE

Teneriffa
La Palma · La Gomera · El Hierro

D1719848

© Englische Ausgabe 2000 APA Publications GmbH & Co.
Verlag KG Singapore Branch, Singapur
© Deutsche Ausgabe 2001 Langenscheidt KG,
Berlin und München

Autoren: Felipe Fernandez-Armesto (Eroberungskämpfe; Zucker-
und Weinhandel; Gefährlicher Reichtum; Die Wiederentdeckung
der Kanaren), Mike Eddy (Inselmythen; Die Guanchen; Franco
zieht in den Krieg; Die Insulaner; Kanarischer Kampfsport),
Marianne North (Odyssee einer Künstlerin), Austin Baillon (Der
Tourismus im Wandel der Zeit; Einheimische im Gespräch; Die
Quelle des Lebens), Sarah Simon (Kanarische Hunde), Carolyn
Mowlem (Emigrantenleben), Moira Eddy (Vom Ursprung der
Vulkaninseln), Andrew Eames (Kolumbus auf den Kanarischen
Inseln; Die westlichen Kanaren; La Gomera; die Eidechsen von El
Hierro; Die östlichen Inseln), Neil Dunkin (Santa Cruz; La Laguna
und das Anagagebirge; Die Nordküste; König der Drachenbäume;
Im Teide-Nationalpark), Nigel Tisdall (Strandzauber; El Hierro),
Paul Murdin (Blick ins Weltall; im Bild: Die Fiesta de Nuestra
Señora de las Nieves), Lindsay Hunt (im Bild: Karneval – der
organisierte Exzess; Die Urlaubsorte im Süden; Die Westküste; im
Bild: Üppige Inselflora), Christopher Catling (im Bild: Kanarische
Architektur; Der Süden von La Palma; Der Norden von La Palma).

Deutsche Bearbeitung: Wolfgang Taschner und Michael Reimer
Schlussredaktion: Jürgen Bergmann

Karten und Pläne: Colourmap Scanning Ltd.

Typographie: Ute Weber, Geretsried

Titeldesign: Greenstuff, Iris und Jochen Grün, München

Erste Auflage 2001

Redaktionsschluss: Juni 2001

Printed in Singapore

ISBN 3-8268-2324-9

Alle Informationen stammen aus zuverlässigen Quellen und
wurden sorgfältig geprüft. Für ihre Vollständigkeit und Richtigkeit
können wir jedoch keine Haftung übernehmen.
Ergänzende Anregungen, für die wir dankbar sind, bitten wir zu
richten an: Apa Publications c/o Langenscheidt KG,
Postfach 40 11 20, 80711 München.
E-Mail: redaktion@polyglott.de

Polyglott im Internet:
www.polyglott.de
im Travel Channel unter www.travelchannel.de
im Shell GeoStar unter www.ShellGeoStar.com
in Beyoo unter www.beyoo.com

Zeichenerklärung

Gebietspläne

❶ ✶ ★	Sehenswürdigkeit
	Autobahn
	Schnellstraße
	Hauptstraße
	sonstige Straßen, Wege
	Eisenbahn
	Staatsgrenze
	Landesgrenze
	Nationalpark, Naturpark

Stadtpläne

❶ ✶ ★	Sehenswürdigkeit
	Autobahn
	Hauptstraße
	sonstige Straßen
	Fußgängerzone
	Fußwege
	sehenswerte Gebäude
	bebaute Fläche
	Grünfläche
	unbebaute Fläche
❶	Information
✉	Post
P	Parkplatz
Ⓢ Ⓜ Ⓤ	S-Bahn, Metro, U-Bahn

Über das Buch

Die Kanarischen Inseln sind kein unentdecktes Paradies mehr, wie noch zu Zeiten der antiken Schriftsteller, die hier die elysischen Gefilde oder Atlantis vermuteten. Seit der Landung der ersten Charterflugzeuge hat der Tourismus die größeren Inseln in einer stürmischen Entwicklung überrollt; die ursprüngliche Lebensweise findet man heute fast nur noch auf El Hierro und La Gomera. Und dennoch: Die vom Vulkanismus geprägte Landschaft mit einer unvermutet vielfältigen Pflanzenwelt, das sonnenverwöhnte Klima und die vielen Möglichkeiten, Sport und andere Hobbys zu betreiben führen den Inseln immer neue Liebhaber zu. Eine fast perfekte Ferienindustrie tut ein Übriges, damit die Urlauber in ihren Erwartungen an die schönsten Wochen des Jahres nicht enttäuscht werden.

Dieses Buch will Sie ermuntern, den sicher gut gewählten Ferienort ruhig einmal oder besser mehrere Male hinter sich zu lassen, um sich mit eigenen Augen ein neues Bild von Teneriffa und seinen westlichen Nachbarinseln La Palma, La Gomera und El Hierro zu machen, unabhängig und unbeeindruckt von den gängigen Katalogklischees.

Die Londoner Originalausgabe stand unter der Federführung von **Pam Barrett** und **Dorothy Stannard.** Der spanische Historiker **Felipe Fernandez-Armesto** und **Mike Eddy,** ein britischer Archäologe mit Wohnsitz auf Gran Canaria, führen den Leser in die Geschichte und Kultur der Inseln ein, die auch heute noch Rätsel birgt. Mikes Frau **Moira Eddy,** eine Geologin, erklärt die vulkanische Entstehung des Archipels. **Sarah Simon** verrät, was es mit dem Mythos kanarischer Hunde auf sich hat. Zwei weiteren Kanarenkennern, **Lindsay Hunt** und **Christopher Catling,** oblag es, die von einer Reihe versierter

Autoren verfassten Beiträge für den Reiseteil in einen Guss zu bringen.

Die Überarbeitung der deutschen Ausgabe besorgten **Wolfgang Taschner** und **Michael Reimer.** Die beiden Münchner sind ein eingespieltes Team und haben selbst bereits mehrere Reise- und Spezialführer über einzelne Inseln des Kanarischen Archipels für den deutschen Markt verfasst.

Einen wesentlichen Teil der atmosphärischen Aufnahmen dieses Bandes steuerten die Fotografen **Joerg Reuther** und **Gary John Norman** bei, daneben wirkten viele andere an der Bebilderung mit – hervorgehoben seien stellvertretend **Marcel Jacquet** und **Sergio Hanquet.**

Inhalt

Essays

Gute Reise!

Infoteil

Karten

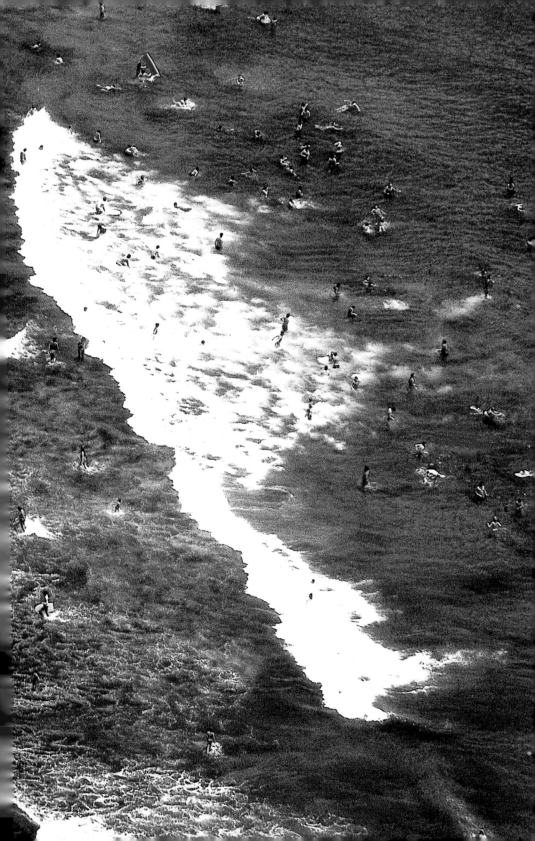

Frühling im Atlantik

Teneriffa und die übrigen Inseln des Kanarischen Archipels liegen fernab von Europa vor der Küste Nordafrikas, vom Atlantik umspült. Vieles an der Ehrfurcht einflößenden Landschaft weckt Erinnerungen an Afrika, und auch Einflüsse der afrikanischen Kultur sind allgegenwärtig. Obwohl die Kanaren seit dem frühen 15. Jahrhundert zu Spanien gehören, bestehen viele Einheimische darauf, dass sich die Identität der Inseln von der des Mutterlands unterscheidet.

Zu Beginn des 20. Jahrhunderts reisten vor allem die vornehmen Damen und Herren der englischen Gesellschaft gerne zur Winterkur nach Teneriffa, nachdem aristokratische Besucher bereits Ende des 19. Jahrhunderts der Insel gesellschaftliches Ansehen verliehen hatten. Lediglich gegenüber der einheimischen Küche gab es Vorbehalte, und manche Reiseführer empfahlen damals den »vorsichtigen Gebrauch von Abführmitteln« gegen die durch die ungewohnten Knoblauch- und Olivenölspeisen hervorgerufenen Koliken.

Auch während der 1920er und 1930er Jahre reiste eine gutbetuchte Minderheit nach Teneriffa, bis der Zweite Weltkrieg dem ein Ende setzte. Die nachfolgende Armut und die zeitweilige internationale Ächtung Spaniens während der Franco-Diktatur hielten die Gäste fern, erst als Spanien in den europäischen Schoß zurückkehrte und 1959 die ersten Direktflüge auf die Insel startete, begann sich die Situation signifikant zu ändern. Zunächst war es nur der warme Winter, der die Feriengäste anlockte, dann wurde Teneriffa auch als Ziel für den Sommerurlaub populär.

Heute kommen rund 4,5 Millionen Urlauber im Jahr zu Besuch – sie sorgen für Wohlstand, bringen aber auch viele Änderungen mit sich, teils zum Guten, teils zum Schlechten. Mehr als drei Viertel der Touristen wohnen in den Hotels an der Südküste, hauptsächlich in Playa de las Américas und Los Christianos. Aber aber auch andere Gegenden von Teneriffa sowie die Nachbarinseln La Palma, La Gomera und El Hierro erfreuen sich wachsender Beliebtheit; hier sind es insbesondere die Wanderfreunde und Radfahrer, die sich gerne bei dem angenehmen Klima in der einzigartigen Landschaft bewegen.

Dieses Buch führt seine Leser in die Geschichte der »Insel des ewigen Frühlings« ein und stellt die schönsten Plätze vor, sofern Sie sich für einen Erholungsurlaub am Meer, Sandstrand und garantierten Sonnenschein entschieden haben. Doch sollten Sie auch die Gelegenheit wahrnehmen, eine Inselrundfahrt zu unternehmen und einige Tage das Innere der Insel zu erkunden, beispielsweise bei einer Fahrt zum Fuß des Teide, mit 3718 m die höchste Erhebung Spaniens. Hier offenbart sich die vulkanische Vergangenheit der Insel nachdrücklich, gigantische Lavafelder und erodierte Felskegel geben einen bleibenden Eindruck von den Naturgewalten, die während der Entstehungszeit der Insel am Werk waren.

Wer sich stärker für Botanik interessiert, wird vor allem im Norden von Teneriffa fündig. Dort, wo der fast durchgängig wehende Passatwind seine Wolkenfracht gegen das Anagagebirge schiebt, ist es das ganze Jahr über so feucht, dass eine üppig-grüne Vegetation entstanden ist. Ein Teil der kanarischen Flora ist ausschließlich hier und nirgendwo sonst auf der Welt zu finden.

Wer seine Wanderschuhe im Gepäck hat, sollte sich unbedingt das Tenogebirge vornehmen, in dem man stundenlang durch wildromantische Schluchten streifen kann und am Ende mit einem einsam gelegenen Strand belohnt wird. So trainiert ist man wahrscheinlich sogar fit für eine Besteigung des Teide oder dessen kleinen Bruders, des Guajara.

Nicht zuletzt auch dank seiner Einheimischen ist Teneriffa zu einem beliebten Ferienziel geworden. Die Tinerfeños lassen einen gerne an ihren Festen teilhaben, sie zeigen sich freundlich, gelassen und hilfsbereit. Wer einmal einen Tag beim Karneval in Santa Cruz oder einer Wallfahrt auf dem Land verbracht hat, dem wird dieses Fest noch lange in Erinnerung bleiben. ■

◄ ◄ **Alt und Jung halten Ausschau – Surferglück vor El Médano – Schwarzer Sandstrand in Las Gaviotas – Im Botanischen Garten von Teneriffa**
◄ **Herausgeputzt für eine Fiesta**
► ► **Eine Navigationskarte aus dem 14. Jh. zeigt die Kanaren**

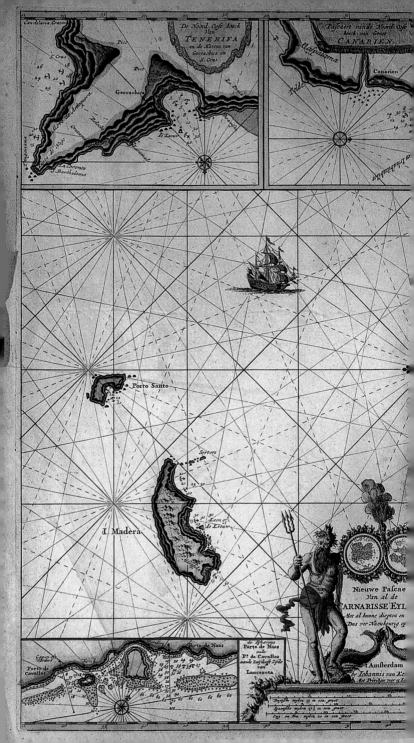

De Noord Oost hoeck van
TENERIFA
en de Havens van
Gerrachica en
S. Crus

Candelaria Cravai

Pico

S. Crus

Pico

Pico

Gerrachica

La Fortalesa

S. Barholomo

Paisaden vande Noord Oost
hoeck van Groot
CANARIEN

Ualdepalma

Canarien

Teldt

Porto Santo

Serters

I. Madera

Leon of
de Leeum

Porto de Naos

de Havens
Porto de Naos
vande
Pt. de Cavallos
aande Zuidwest Zyde
van
Lancerota

Porto de
Cavallos

Nieuwe Pascae
van al de
CARNARISSE EYL
Met al hunne diepen en
Dus ver Naeukeurig op

t Amsterdam
by Iohannis van Ke
Met Privilegi voor 15 L.

Duytsche mylen 15 in een graet
Spaensche mylen 17½ in een graet
Eng: en Fra: mylen 20 in een graet

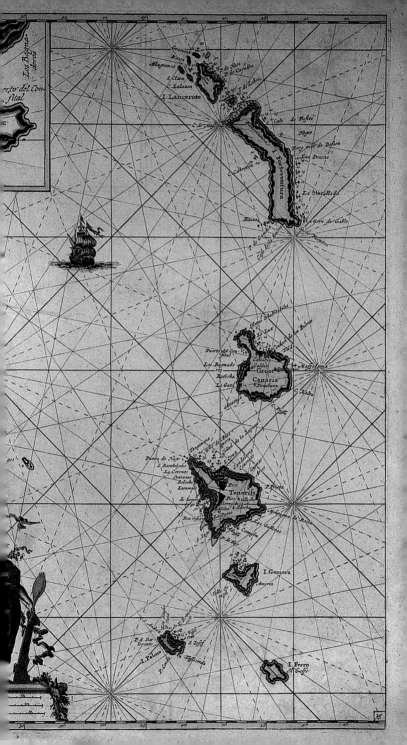

Geschichtlicher Überblick

Frühgeschichte / vor der Eroberung

▪ **Ca. 3000 v. Chr.:** Erste Besiedlung der Kanarischen Inseln. Aus Funden lässt sich schließen, dass es sich bei den frühesten Bewohnern um Berber aus Afrika handelte.

▪ **1. Jh. n. Chr.:** Plinius der Ältere berichtet über eine Expedition von König Juba II. von Mauretanien zu den Kanarischen Inseln.

▪ **150:** Der griechische Naturforscher Ptolemäus verzeichnet die Kanarischen Inseln auf seiner Weltkarte. Er gibt El Hierro als westlichsten Punkt der damals bekannten Welt an und belegt die Insel mit dem Nullmeridian.

▪ **1.–13. Jh.:** Die Guanchen entwickeln ein geordnetes Gesellschaftssystem; an der Spitze ihrer Stämme stehen die *Menceyes*. Sie bauen Getreide an, halten Haustiere, gehen auf die Jagd und zum Fischen. Da sie keine Metalle kennen, fertigen sie ihr Werkzeug aus Knochen, Basalt und Obsidian.

▪ **1375:** Der Katalanische Atlas verzeichnet die Kanaren mit dem Teide.

Die Eroberung (15. Jh.)

▪ **1402–1405:** El Hierro wird von dem Normannen Jean de Béthencourt erobert, der 120 Siedler auf die Insel bringt, sowie zwei Priester, um die Einheimischen zu taufen.

▪ **1440er Jahre:** Hernán Peraza aus einer Adelsfamilie aus Sevilla, der lange Zeit im Streit mit Béthencourt lag, greift La Gomera und La Palma an. Sein Sohn Guillén kommt bei den Kämpfen ums Leben.

▪ **1478:** Die Einwohner von La Gomera lehnen sich gegen Peraza auf.

▪ **1488–89:** Genueser Kaufleute, die die Eroberung von Gran Canaria finanziert hatten, machen sich auf Teneriffa breit. Perazas Sohn Hernán wird von Aufständischen getötet, als Rache werden viele Einheimische umgebracht, versklavt oder verschleppt.

▪ **1492:** Christoph Kolumbus legt auf seiner ersten Amerikareise einen Zwischenstopp auf La Gomera ein.

▪ **1494:** Angeführt von Alonso Fernández de Lugo gelingt einer Gruppe von Bankiers und Kaufleuten die Landung auf Teneriffa und La Palma. Ein Großteil seiner Truppen fällt in einem Massaker bei Acentejo (heute La Matanza).

▪ **1495:** De Lugo erringt an gleicher Stelle in der Schlacht von Acentejo den entscheidenden Sieg.

Aufschwung des Handels

▪ **Frühes 16. Jh.:** Geschäftsleute aus Genua investieren in Zuckerrohrplantagen, die erste Zuckerrohrmühle wird von de Lugo errichtet.

▪ **Spätes 16. Jh.:** Die Konkurrenz aus der Neuen Welt setzt dem Boom des Zuckerrohrs ein Ende.

▪ **17. Jh.:** Teneriffa erzielt hohe Einnahmen aus dem Anbau und Export von Wein, der Archipel wird als »Inseln des Weins« bekannt.

▪ **1656:** Der englische Admiral Blake versenkt im Hafen von Santa Cruz 16 mit Gold beladene Galeeren.

▪ **1665:** Die in London gegründete »Canary Island Company« erhält die Exklusivrechte für den Handel mit kanarischen Weinen.

▪ **1685–1687:** Eine Heuschreckenplage vernichtet die gesamte Weinernte.

1701: In La Laguna wird die erste Universität auf den Kanaren gegründet.

1703: Im Vertrag von Methuen, der den Handel mit den englischen Verbündeten regelt, beschleunigen die Portugiesen den Niedergang des kanarischen Weinexports; an seine Stelle tritt der Wein aus Madeira.

1701–14: Der spanische Erbfolgekrieg bringt das endgültige Ende des Weinhandels.

18. Jh.: Eine Periode der wirtschaftlichen Depression beginnt, die Koschenillezucht und die Seidenindustrie bringen nur vorübergehend eine Erleichterung.

1797: Der Angriff von Admiral Nelson auf Santa Cruz wird abgewehrt.

Das 19. Jahrhundert

1810: Die »Kanarische Junta« unternimmt den ersten Versuch, eine unabhängige Regierung einzuführen.

1822: Santa Cruz wird Teneriffas Hauptstadt.

1852: Die spanische Königin Isabella II. richtet auf den Kanaren eine Freihandelszone ein.

Mitte bis spätes 19. Jh.: Viele Einheimische wandern aus, in der Hoffnung, in Kuba und Venezuela ein besseres Leben führen zu können.

1881: Der Ausbau des Hafens von Las Palmas für die Abfertigung von Dampfschiffen verstärkt die Konkurrenz zwischen Teneriffa und Gran Canaria.

1880er Jahre: Der Bananenanbau bringt neuen Wohlstand nach Teneriffa.

Das 20. Jahrhundert

Nach dem 1. Weltkrieg: Armut und Arbeitslosigkeit führen zu steigenden Auswandererzahlen.

1927: Die Kanaren werden in zwei Provinzen aufgeteilt, Santa Cruz wird Verwaltungssitz für die vier westlichen Inseln.

1931: Die zweite Spanische Republik wird ausgerufen.

1936: General Franco bereitet von Teneriffa aus einen Militärputsch vor, der zum dreijährigen

◀ **Auffindung der Nuestra Señora de Candelaria**
▲ **Los Cristianos repräsentiert das moderne Gesicht Teneriffas**

Spanischen Bürgerkrieg und zur fast 40-jährigen Diktatur unter Franco führt.

1959: Erste Direktflüge nach Teneriffa; Puerto de la Cruz wird ein international bekannter Badeort.

1978: Nach dem Inkrafttreten einer demokratischen Verfassung werden die Kanaren eine von 14 Autonomen Privinzen mit erweiterten regionalen Befugnissen.

1978: Mit der Fertigstellung des Flughafens Reina Sofia hält der Massentourismus im Süden Teneriffas Einzug. Los Christianos er-

fährt ein rasches Wachstum, Playa de las Américas wird gegründet.

1986: Spanien wird Mitglied der Europäischen Gemeinschaft (heutige EU), die Kanarischen Inseln erhalten einen Sonderstatus.

1995: Die Kanaren werden voll in die EU integriert, behalten aber weiterhin Steuervergünstigungen.

1990er Jahre: Der Tourismus breitet sich auch auf die kleineren Inseln La Gomera, La Palma und El Hierro aus, allerdings in deutlich geringerem Umfang als auf Teneriffa.

1999: Mehr als 4,5 Millionen Touristen machen in diesem Jahr Urlaub auf Teneriffa. ■

Inselmythen

Vielleicht liegt es an der magische Ausstrahlung von Inseln, dass sich um die Kanaren und ihre Bevölkerung zahlreiche Mythen und Legenden ranken. Wer die Kanarier waren und wie sie vor der Ankunft der spanischen Eroberer lebten, ist in manchen Bereichen immer noch mehr ein Gegenstand von Spekulationen als gesichertes historisches Wissen. Zumindest scheint unter den Einheimischen eine vage Vorstellung vom Alltag der eigenen Vorfahren zu existieren.

Atlantis

Eine der bekanntesten Legenden im Zusammenhang mit den Kanarischen Inseln ist jene von Atlantis, dem versunkenen Königreich. Als Faustregel gilt, wenn man eine überzeugende Geschichte über einen Ort schreiben will, der niemals existiert hat, so sollte man auf jeden Fall eine gute und lange Bibliographie bereithalten. J. L. Borges tat dies für das Land seiner Phantasie, Uqbar. Auch für das Traumland Atlantis existiert eine solche Bibliographie. »Man macht bei umfangreichen Arbeiten unwillkürlich die Bekanntschaft eines bedeutenden Atlantologen nach dem anderen«, stellte der schwedische Archäologe Carl Nylander fest. Mit anderen Worten: Wenn eine Geschichte dreimal geschrieben worden ist, dann wird sie eben Geschichte.

Wie die Geschichte von Uqbar ist auch die von Atlantis frei erfunden und hat in keinem ihrer vielen und wortreichen Abschnitte irgendeinen Bezug zur Wirklichkeit. Borges kam zu seinem Uqbar wie Thomas Moore zu seiner Utopia und Platon zu seinem Atlantis: Alle drei sind Metaphern für echte oder erfundene, für diktatorische oder freie Gesellschaften. Den »historischen« Beweis findet man in zwei Dialogen Platons, in »Timaios« und »Kritias«, in denen die Reise des Athener Gelehrten Solon nach Ägypten beschrieben wird. Solon reiste etwa zu Beginn des sechsten Jahrhunderts vor Christus; von einem alten, heili-

◄ Moderne Annäherung an die Ureinwohner

▲ **Todesverachtung: Guanchendenkmal im Parque Doramas (Las Palmas/Gran Canaria)**

gen Mann in Sais, einer Stadt am Nil-Delta, erfuhr er das, was jener die wahre Geschichte der Griechen nannte. Jenseits der berühmten Säulen des Herkules, im westlichen Ozean, lag einst Atlantis. Neuntausend Jahre vor Solons Zeit galt es als der Idealstaat seiner Zeit – reich, mächtig und regiert von weisen Männern. Die Hauptstadt von Atlantis war kreisförmig angelegt, und in ihrem Zentrum erhob sich eine riesige Säule aus schimmernder

Bronze, auf der die Gesetze von Atlantis eingemeißelt waren. Hier erhoben sich auch der Tempel des Meeresgottes Poseidon und dessen Palast. Auf der einen Seite lag der Ozean, auf der anderen eine weite, bewässerte Ebene.

Doch Macht korrumpiert, und die Herrscher von Atlantis zogen aus, um die Welt zu erobern und zu beherrschen. Nur das kleine, heroische Athen erhob sich gegen Atlantis und ... siegte. Doch es war ein Pyrrhussieg. Furchtbare Naturkatastrophen zerstörten Athen innerhalb eines Tages. Draußen im Westen versank Atlantis spurlos in Poseidons Ozean. Nur Ägypten, der Wächter dieser alten Sage, blieb von der weltweiten Katastrophe verschont.

Unzählige Gelehrte haben versucht, Platons Atlantis ausfindig zu machen. Oft stimmte dabei die vermutete Lage von Atlantis mit dem Herkunftsland des jeweiligen Autors überein. Die weniger patriotischen Gelehrten haben jenseits der Straße von Gibraltar im Atlantik gesucht und die Kanarischen Inseln als übrig gebliebene Berggipfel von Atlantis gedeutet. Ein Franzose hat es im letzten Jahrhundert fertiggebracht, eine hervorragende Rekonstruktion der Ausmaße dieses untergegangenen Kontinents zu liefern, der die Azoren, Madeira, die Kanaren und die Kapverdischen Inseln einschloss.

bewegen, hätten die übrige Welt auf jeden Fall mit zerstört.

Die Urbevölkerung

Offenkundig hatten die Altkanarier keine Boote, als die ersten Europäer kamen. Waren sie also als Gefangene von den Römern oder Karthagern auf die Insel gebracht worden, oder hatten sie einfach »vergessen«, wie man Boote baut? Nur ein einziger Chronist erwähnt ein Boot – ein aus einem Drachenbaum geschnitztes Kanu mit einem Stoffsegel –, aber er schrieb seine Beobachtung erst ein Jahrhundert nach der Eroberung nieder.

Selbstverständlich lässt man sich bei derartigen Vermutungen nicht durch solche »Nebensächlichkeiten« wie Geografie und Geologie stören. Die Azoren liegen auf der Nordatlantischen Schwelle, über 1000 Kilometer von den Kanaren entfernt, die nur lose mit der afrikanischen Küste verbunden sind. Die Kapverdischen Inseln dagegen liegen etwa 1500 Kilometer südlich der Kanaren.

Gräben, die die gewaltige Tiefe von sieben Kilometern erreichen, trennen die Azoren und die Kanarischen Inseln. Der Teide auf Teneriffa wäre nach diesen Spekulationen höher gewesen als der Mount Everest heute. Und: Die Kräfte, die im Spiel gewesen sein mussten, um einen solchen Landblock von der Größe des heutigen Europas zu

Die ersten europäischen Chroniken besagen, dass die Eingeborenen zu den Inseln »geschwommen« seien; vor der Küste von Marokko dienten bis vor kurzem Schilfbündel als Ein-Mann-Küstenboote, die eigentlich nur als Schwimmhilfen gedacht waren. Größere Fahrzeuge wurden auf dem Tschad-See benutzt; Thor Heyerdahl segelte auf einem solchen über den Atlantik.

Im Jahr 1404 brachte der französische Abenteurer Jean de Béthencourt einen Sklaven von Gomera mit, der als Vermittler zwischen ihm und dem »Bruder« des Sklaven, dem Häuptling von Hierro, fungierte. Wenn es keine Boote in der Zeit vor der Eroberung gegeben hatte, wie konnten die beiden Männer dann verwandt sein?

Das Geheimnis von San Borondón

Immer noch passieren die seltsamsten Dinge auf hoher See. Inseln werden geboren und verschwinden wieder, und manchmal ändern sie sogar ihre geografische Lage. Eine davon ist die Insel San Borondón, die jenseits von La Palma gelegen haben soll; doch wie weit sie entfernt war, bleibt hypothetisch. Laut portugiesischen Seeleuten, die 1525 an ihr vorbeisegelten, liegt sie 350 Kilometer nordnordwestlich von La Palma, andere Seefahrer des 16. Jahrhunderts wiederum setzen sie noch einige Kilometer weiter ins Meer hinaus, und ein Geograf aus der Renaissance platzierte sie sogar fast vor die amerikanische Küste. Kein Wunder also, dass die beiden Kapitäne Hernando Troya und Hernando Alvares von La Palma dieses Eiland im Jahr 1525 nicht auffinden konnten; noch schaffte es deren Landsmann de Villalobos bei einem weiteren Versuch 45 Jahre später.

Andere behaupteten, sie hätten mehr Glück gehabt – zuerst die Karthager und Cäsar, dann die Spanier, die vor maurischen Invasoren flohen. Im 16. Jahrhundert war die Insel ein sicheres Versteck für portugiesische, englische und französische Piraten, die wussten, dass die starken Strömungen um die Insel Verfolger abhalten würden. Wie diese mit dem Erzbischof von San Borondón, seinen sechs Bischöfen und den Einwohnern der sieben Städte zurechtgekommen sind, bleibt ein Geheimnis.

Der Italiener Giovanni Torriani zeichnete sogar eine Karte der Insel, 422 Kilometer von Nord nach Süd und 148 Kilometer von Ost nach West. Auf der Karte wird San Borondón von zwei größeren Flüssen fast in zwei Teile geschnitten, und alle sieben Städte sind ebenfalls eingetragen.

Die Portugiesen, die im Jahre 1525 dort gelandet waren, berichteten davon, dass es überall hohe Bäume gäbe. Der spanische Adlige und Pirat Ceballos bestätigte, dass der Wald bis hinunter zur Küste reiche, und fügte noch hinzu, dass er voller Vögel sei, die leicht mit der Hand zu fangen seien. Und ein schöner langer Sandstrand solle sich an der Küste entlang ziehen, auf dem Ceballos jedoch die Fußspuren eines Riesen entdeckt zu haben glaubte.

◀ **Der mythische Garoë-Baum**
▲ **Starke Strömungen um San Borondón verhinderten angeblich die Landung der meisten Schiffe**

Eine französische Crew, die nach einem Sturm vor La Palma vor Anker ging, erzählte, sie hätte ein Holzkreuz, einen Brief und ein paar Münzen an ihrer Landungsstelle auf San Borondón hinterlassen. Eine andere Besatzung portugiesischer Herkunft wollte Ochsen, Schafe und Ziegen gesehen haben und registrierte ebenfalls riesige Fußabdrücke im Sand.

Die Kraft der Meeresströmung spielte im Jahre 1566 eine Rolle, als der portugiesische Seefahrer Roque Nuñez und ein Priester von La Palma, Martín de Araña, sich auf den Weg nach San Borondón machten. Nach nur einem Tag und einer

Nacht auf See erblickten sie Land, aber während sie darüber stritten, wer von ihnen zuerst seinen Fuß auf die Insel setzen solle, zog eine heftige Strömung sie wieder von der Küste weg.

Das geheimnisvolle Eiland San Borondón ist bisher noch auf keinem Satellitenfoto zu sehen gewesen, doch manche behaupten, dass man es gelegentlich von Teneriffa und La Palma aus sichten könne, ein paar hundert Kilometer nordnordwestlich von La Palma. Man kann dann angeblich seine Berggipfel durch die Wolken scheinen sehen – eine optische Täuschung mit mystischem Hintergrund, die – wer vermag das schon zu klären – vielleicht sogar mit der versunkenen Welt von Atlantis in Verbindung steht. ■

Die Guanchen

Eine grundsätzliche Frage, mit der Archäologen und Historiker konfrontiert werden, wenn sie über die Ureinwohner schreiben, ist die, wie man sie nennen soll. Schließlich hatte jede Insel einen eigenen Namen und die einzelnen Völker auf jeder Insel unterschiedliche Stammesbezeichnungen. Die einfachste Lösung war die, den Begriff »Guanchen«, der streng genommen nur auf die Bewohner Teneriffas zutrifft, auf alle Völkerschaften vor der Eroberung auszuweiten. Trotzdem besaß jede Insel innerhalb der gesamten Guanchenkultur ihren unverwechselbaren Charakter.

Dem Ursprung auf der Spur

Die Herkunft dieser Kultur ist immer noch nicht restlos geklärt. Fest steht, dass es verwandtschaftliche Beziehungen der Altkanarier zu einigen nordafrikanischen Berberstämmen gab. Manche der heutigen Ortsnamen auf den Kanaren finden sich auch in Marokko: Die Insel La Gomera und das marokkanische Dorf Ghomara haben ähnlich klingende Namen. Und auch das bei den Berbern gebräuchliche Wortelement »Ten«- oder »Tin«-taucht in »Teneriffa« wieder auf.

Thomas Nichols war der erste Engländer, der im 16. Jahrhundert über die Eingeborenen der Kanaren berichtete. Sein Kurzporträt der Guanchen auf Teneriffa war im Wesentlichen korrekt. Die Insulaner lebten tatsächlich in natürlichen Höhlen, deren Boden mit Erde und Steinen eben gemacht wurde. Während man jedoch auf Gran Canaria ganze Dörfer, bestehend aus künstlichen Höhlen, fand, gibt es auf Teneriffa nur einen vergleichbaren Bau: die Cueva de los Reyes in Güímar. Es mutet jedoch seltsam an, dass ausgerechnet dies die Höhle eines Königs *(rey)* gewesen sein soll. Die künstlich angelegten und bemalten Höhlen auf Gran Canaria gelten gemeinhin als Königsresidenz vor der Zeit der Eroberung. Womöglich handelte es sich dabei auch um eine Art Kloster, in dem junge Mädchen *(harimaguadas)* in religiösen Dingen unterwiesen wurden.

◀ **Guanchenstatuen in Santa Cruz de Tenerife**
▲ **Keramik nach Guanchenart**

Von solchen Höhlen gibt es nicht viele, nur ein halbes Dutzend sind bekannt. Es handelt sich dabei entweder um große, künstlich angelegte Höhlen mit geometrischen Friesen oder um schmale natürliche Felsnischen, verziert mit figürlichen Darstellungen oder Wellenlinien. Die Cueva de los Reyes auf Teneriffa war deshalb wohl eher ein Kloster als eine königliche Wohnung, da die weibliche Linie für die Guanchen ebenso

wichtig – wenn nicht sogar wichtiger – war wie die männliche.

Mehrere europäische Chroniken erwähnen die Schlüsselrolle der Frau in Domänen wie der Töpferei, Korbflechterei, Religion und dem Einbringen und Lagern der Ernte. Auf Gran Canaria zeugen im Gegensatz zu Teneriffa und den westlichen Inseln geometrische Muster von diesen Aktivitäten.

Handwerk und Religion

Bei einigen der erlesensten Tonwaren Teneriffas handelt es sich um taschenartige Gefäße mit Rohrschnäbeln, die mit den reich verzierten Krügen Gran Canarias oder den *tofíos* aus Fuerteventura vergleichbar sind. Die Gefäße aus Fuerteventura und Gran Canaria spielten bei religiösen Zeremonien eine wichtige Rolle. Vermutlich dienten die Schnabelgefäße aus Teneriffa demselben religiösen Zweck, nur hieß der Gott Acguayaxerax.

Auf La Palma waren Schüsseln, die mit eingeritzten Linien verziert waren, in Gebrauch; wahrscheinlich dienten sie als Trankopferbehälter für den Gott Abora. Die Bewohner La Gomeras beteten den Himmelsgott Orahan an, während auf El Hierro die Gebete zwei Gottheiten galten – dem für die Männerwelt zuständigen Gott Eroaranzan und der weiblichen Gottheit Moneiba. Über ihre Kultgefäße ist nichts bekannt.

Anspruchsvolles Wohnen

Einer Beschreibung kurz nach der Eroberung zufolge gab es auf El Hierro imposante Steinhäuser: »Erst mauerten sie einen großen Rundbau aus getrockneten Steinen, in welchem nur ein Loch gelassen wird, wo man ein- und ausgeht. Im Inneren dieses Baus lehnte man Balken an die Wände, doch ohne dass die Balken die Erde berührten, wie ein Anbau, und bedeckte sie mit Farnen und Zweigen. Dort lebten dann 20 oder mehr Erwachsene mit ihren Kindern.« Trotz des detaillierten Berichts hat man aber bislang kein Haus diesen Typs gefunden.

Stämme und Stammesfürsten

Auf El Hierro gab es ebenso wie auf Lanzarote nur einen »König« oder Häuptling. La Gomera war in vier Stammesgebiete aufgeteilt, auch wenn die »Königsfamilien« vorgeblich alle von einem König namens Amalahuige abstammten. Die vier Stämme waren offenbar in zwei Lager gespalten: Im Westen lebten die Orone und Agana, während der Osten von den Hipalan und den Mulagana beherrscht wurde. Der spanische Eroberer Hernán Peraza machte sich deren Rivalität zunutze, um die Insel einzunehmen.

Die neun *menceyes* (Häuptlinge) Teneriffas rühmten sich ebenfalls der Abstammung von einem einzigen König (Beznuriia) und teilten sich die weite Hochebene der Cañadas del Teide als gemeinsames Weideland. Die Namen ihrer Reiche sind noch heute auf der Insel entweder als Ortsbezeichnung oder Region zu finden: Anaga, Tegueste, Tacoronte, Taoro, Icod, Daute, Adeje, Abona und Güímar.

La Palma war vor seiner Eroberung in zwölf Gebiete unterteilt, wobei eines davon, nämlich Aceró (das heutige Caldera de Taburiente), wohl ebenfalls als Weide für alle gedient haben dürfte. Tamanca an der Westküste bildete eine weitere politische Einheit, doch sein Führer war als »König der drei Grafschaften« bekannt. Ob nun Tamanca in drei Bereiche unterteilt war oder Tihuya und Ahenguarame beherrschte, ist bis heute ungeklärt.

Das Amt des Mencey auf Teneriffa war zwar erblich, musste aber vom Ältestenrat *(tagoror)* bestätigt werden. Es ging nicht unmittelbar vom Vater auf den Sohn über, sondern auf die Brüder des vorherigen Mencey. Erst wenn der letzte der Brüder gestorben war, erhielt der älteste Sohn des ersten Mencey dieses Amt.

Jeder Stamm hatte seinen eigenen Versammlungsplatz, an dem man zu Gericht saß, Kriegspläne schmiedete und Land zu teilte. Der höchste der dort angebrachten Steinsitze war dem Mencey vorbehalten. Auf allen Inseln sind solche Plätze erhalten, wie etwa in El Julán auf El Hierro. Nachdem dort durch Vandalismus schon große Schäden entstanden waren, wird die prähistorische Stätte von El Julán heute bewacht und darf nur mit behördlicher Genehmigung betreten werden.

Anfang des 19. Jahrhunderts entdeckte man hier Felszeichnungen. Auch wurden einige sehr schöne Schriftzeugnisse der Guanchen gefunden. Die sorgfältig in den Fels gemeißelten Buchstaben gehören zu einer Berberschrift aus vorrömischer Zeit und konnten bis heute nicht entziffert werden. Weitere Felszeichnungen der westlichen Kanaren stellen, abgesehen von einigen Tier- und Menschenfiguren auf El Hierro und La Palma, nur geometrische Linien mit Spiralen, Kreuzen, Kreisgruppen und sich kreuzenden Linien dar. Auf Teneriffa und La Gomera hat man bislang kaum Derartiges gefunden.

Tagoror
→ Außerhalb des Dorfes gelegener Versammlungsplatz der Stammesältesten, oft auf einem Plateau oder einer Lichtung, meist durch einen Steinkreis markiert.

Auch andere Feldfrüchte dienten der Ernährung, einschließlich einheimischer Früchte und Beeren, Wurzeln und Feigen. Die Ziege war das wichtigste Schlachttier, wenngleich die Guanchen auch Schweine und Schafe züchteten. Bei Ausgrabungen auf La Palma und Teneriffa wurden auch Fischgräten entdeckt.

Jagen und Fischen waren hoch geachtete Tätigkeiten; auf Teneriffa hat man neben Wildkatzen auch Wildschweine und Vögel, wie etwa Rebhühner oder Wachteln erlegt. Das Volk

Das tägliche Leben

Thomas Nichols zufolge lebten die Guanchen auf Teneriffa und Gran Canaria von »kastrierten Hunden, Ziegen und Ziegenmilch; ihr Brot aus Gerstenmehl und Ziegenmilch nannten sie *gofio,* welches alle Tage gegessen wird«. Feingemahlenes, geröstetes Gofio-Mehl steht auch heute noch auf dem kanarischen Speiseplan, wird aber meist aus Mais oder Weizen gewonnen.

◄ Überreste von Guanchengräbern und Behausungen
▲ Guanchenstatuen, an denen sich die Fantasie entzünden kann

ernährte sich offenbar vorwiegend von Schalentieren, überall stößt man auf entsprechende Abfälle.

Der Boden stand in Gemeinschaftseigentum und wurde vom Stammesführer offenbar jährlich neu zugeteilt. Auf Teneriffa pflügten die Männer das Feld, die Frauen pflanzten und kümmerten sich um das Einbringen und Lagern der Ernte. Auf Gran Canaria verwahrte man das Getreide in Felsnischen, die versiegelt wurden, während es auf Teneriffa spezielle Gefäße dafür gab.

Auf allen Inseln mussten die Bauern eine Art Steuer oder »Zehnten« in Form von Naturalien an den Häuptling abgeben. Auf El Hierro »lieferten sie im Zuge der Lehenspflicht dem König jedes Jahr ein paar Tiere ab, jeder soviel er entbehren konnte, ohne gezwungen zu sein, eine bestimmte Menge abzugeben«.

Die Guanchen kannten die Metallverarbeitung nicht, und es gibt auch keine Erzvorkommen auf den Inseln. Statt dessen benutzten sie Knochen zur Herstellung von Nadeln, Ahlen, Stanzwerkzeugen und Angelhaken. Aus Basalt fertigten sie schwere Messer, Hacken und Wiegemesser. Feinere Schneidewerkzeuge wurden aus schwarzem Obsidian gemacht, der von den Cañadas de Tenerife oder aus La Palma stammte. Aus

Mumifizierung
→ Nach Entfernung aller Organe trocknete man den Leichnam tags in der Sonne, nachts am Feuer, salbte ihn mit Schafsfett und wickelte ihn schließlich in Leder oder Schilfrohr.

porösem Lavagestein entstanden Mühlsteine und Mörser zum Vermahlen von Getreide. Aus Holz, Leder, Ton oder Korbweide wurden Gefäße geschnitzt, genäht, getöpfert oder geflochten. Es gibt Höhlen auf den Kanaren, in denen Gerätschaften aus dieser Zeit durch die trockene Luft gut erhalten geblieben sind; meist handelt es sich um Leder- oder Korbumhängetaschen.

Die Guanchen benutzten in erster Linie Holzspeere und -stöcke als Waffen, wobei die Speerenden im Feuer gehärtet wurden. Wie die Spanier am eigenen Leib erfuhren, war diese Herstellungstechnik sehr wirksam. Auch mit scharfen Wurfsteinen setzten sie sich erfolgreich zur Wehr.

Bestattungsrituale

Die Guanchen hatten ein erstaunlich vielschichtiges Verhältnis zum Tod. Wie die Ägypter balsamierten sie hoch gestellte Verstorbene ein; nicht so perfekt wie jene, aber dennoch erfolgreich. Die Leichenbestatter, die die Toten im Meer wuschen und anschließend die Mumifizierung vorbereiteten, mussten außerhalb der Gesellschaft leben, da Tod und Blut für die Führungsschicht der Guanchen tabu waren.

Die Leichen wurden in Höhlen auf Holzgestelle oder Steinpodeste gelegt oder einfach an die Wand gelehnt. Wahrscheinlich handelte es sich bei vielen dieser Höhlen um Familiengruften, in denen die ersten Mumien von nachfolgenden nach hinten geschoben wurden.

Fragen ohne Antwort

Woher kamen die Guanchen, und wann erreichten sie die Kanarischen Inseln? Aus den wenigen überlieferten Begriffen und Ortsnamen kann man schließen, dass es sich um Abkömmlinge von Berberstämmen aus Nordafrika gehandelt haben muss. Auch auf Steine und in Felswände geritzte Buchstaben erinnern auf allen Inseln an alte Berberschriften. Archäologische Funde sowie überlieferte Bräuche haben manche Parallelen in Nordafrika. Die Frage nach dem »Woher« ist damit relativ eindeutig zu beantworten. Das »Wann« allerdings ist weniger einfach zu bestimmen.

Wissenschaftliche Messungen, etwa mit der Radiokarbonmethode, haben ergeben, dass die Guanchen wahrscheinlich im ersten oder zweiten Jahrhundert v. Chr. auf die Inseln kamen. Auch ein Zeitraum um 500 v. Chr. ist nicht ausgeschlossen, doch diese Annahme basiert auf Holzkohle- und Echsenfunden, die nicht mit menschlicher Besiedlung in Zusammenhang stehen müssen. Bis neue archäologische Entdeckungen oder die Entzifferung der Schriftzeichen Licht ins Dunkel bringen, wird die Frühgeschichte Gegenstand mehr oder weniger fundierter Spekulationen bleiben. ■

▲ Eine Guanchenmumie
▶ Geheimnisvolle Schrift von Los Letreros, El Hierro

Eroberungskämpfe

Erst im späten 14. Jahrhundert tauchten die westlichen Inseln aus dem Nebel des Verborgenen auf. Teneriffa, La Gomera und El Hierro wurden erstmals im Jahre 1367 auf einer Seekarte von Pizigani verzeichnet. 1375 erarbeitete vermutlich der königliche Kartograf Cresques Abraham aus Aragón den so genannten Katalanischen Atlas. Dabei handelt es sich um eines der schönsten und berühmtesten Kartenwerke des Mittelalters. La Palma fehlt zwar, Teneriffa mit dem Pico del Teide ist jedoch deutlich zu erkennen.

Der *Libro del conocimiento,* das zur gleichen Zeit anhand der existierenden Kartenlegenden zusammengestellt wurde, führt elf kanarische Inseln an und erwähnt zum ersten Mal den Namen »Teneriffa« in der Form »tenerifiz«. Wenig später verbesserte der Kartograf Guillén Soler aus Mallorca den Katalanischen Atlas und übertraf spätere Karten dadurch, dass er die Entfernung zur afrikanischen Küste richtig berechnete.

Erste Eroberungsversuche

So begehrt die westlichen Kanaren bei den europäischen Seefahrern des 14. Jahrhunderts auch waren, so schwer tat man sich mit deren Eroberung. Lediglich die kleinste und am dünnsten besiedelte Insel El Hierro fiel dem Eroberer der östlichen Inseln, Jean de Béthencourt, im Jahre 1405 in die Hände. Hier siedelte er angeblich 120 seiner Landsleute aus der Normandie an und brachte auch zwei Priester mit, die die Einheimischen bekehren und taufen sollten. Später kamen Einwanderer aus Kastilien hinzu. Trotz der harten Lebensbedingungen konnte sich die Kolonie überraschenderweise halten.

La Gomera, La Palma und Teneriffa waren dagegen dicht besiedelt und konnten den Angriffen Béthencourts standhalten. Während der folgenden 70 Jahre fiel nur die nächstgrößte Insel La Gomera in die Hände der christlichen Eindringlinge. Die Familie Las Casas-Peraza aus Sevilla, die zu den frühesten Sklavenhändlern auf den Kanaren

gehört und Béthencourt unterstützt hatte, stritt sich mit vielen anderen Abenteurern um das Recht zur Eroberung der westlichen Inseln: so mit den Erben Béthencourts, aristokratischen Händlern aus Sevilla und dem portugiesischen Infanten Heinrich dem Seefahrer. Erst um 1450, als Hernán Peraza seine Macht auf Lanzarote, Fuerteventura und El Hierro gefestigt hatte, wagte sich das Familienoberhaupt an neue Eroberungspläne. Zeugen

berichteten noch 30 Jahre danach in Gerichtsverhandlungen von seinen Feldzügen, und bis zum heutigen Tag erinnern Volksweisen an seine Unternehmungen. Die Angriffe auf La Gomera und La Palma kosteten ihn mehr als 10000 Dukaten und das Leben seines Sohnes Guillén, der auf La Palma starb.

Die Unterwerfung von La Gomera

La Gomera war relativ dicht besiedelt, was sich erst ab etwa 1480 änderte, und die traditionelle Wirtschaftsweise – die nomadische Viehzucht – musste zunächst unangetastet bleiben. Die Perazas waren gezwungen, sich in ihren unwirtlichen Wehrturm zurückzuziehen – noch heute steht die

◀ **Stammesfürsten werden den neuen Herrschern vorgeführt**
▲ **Jean de Béthencourt, der erste Eroberer**

Torre del Conde in der Inselhauptstadt San Sebastián – und mit ihren »Untertanen« in einer Art »Gleichgewicht des Schreckens« zu leben.

Die Spannungen zwischen den Perazas und ihren »Vasallen« boten der kastilischen Monarchie schließlich genügend Vorwände zum Eingreifen. 1478 wagten die Einheimischen den Aufstand, um sich – so machte Peraza die kastilische Obrigkeit glauben – durch den Krieg zwischen Kastilien und Portugal »Vorteile von den Portugiesen« zu verschaffen.

Die Einzigartigkeit La Gomeras führte die Insel jedoch ins Verderben. Die Kaufleute aus Genua,

die schon die Eroberung Gran Canarias um 1480 finanziert hatten, waren nicht gewillt, das fruchtbare Land ungenutzt den Ureinwohnern zu überlassen. Schließlich machte das königliche Heer ernst und unternahm 1488 und 1489 zwei Feldzüge von Gran Canaria aus. Dabei wurde Hernán Peraza der Jüngere, der als Lehnsherr auf La Gomera fungierte, von Aufrührern getötet. Im Gegenzug brachte man viele der »Rebellen gegen die natürliche Herrschaft« um oder verkaufte sie als Sklaven. Schließlich verlegte man auf Dauer eine Besatzungstruppe aus Gran Canaria auf die Insel.

In Kastilien regte sich wegen der Behandlung der Ureinwohner das schlechte Gewissen. Ein Untersuchungsausschuss aus Juristen und Theologen

sollte die Angemessenheit des Vorgehens überprüfen. Man empfahl die Freilassung der in erster Linie auf dem Festland gefangengehaltenen Sklaven, von denen viele auf die Inseln zurückkehrten und bei der zukünftigen Kolonisierung halfen. Ihre Heimatinsel aber wurde indessen von europäischen Siedlern in eine Zuckerproduktionsstätte verwandelt.

Söldner greifen ein

Zur gleichen Zeit erwies sich die Eroberung Teneriffas und La Palmas als äußerst schwierig. Die Perazas unternahmen zwischen 1460 und 1480 mehrere Eroberungsversuche. Die Inschrift auf dem Grabstein von Diego de Herrera besagt, dass sich ihm alle neun Häuptlinge Teneriffas unterworfen hatten. Aber die Leute waren immer noch nicht zufrieden. Nach der Eroberung Gran Canarias und La Gomeras hatte die Krone allerdings kein Geld mehr, um angesichts des zähen Widerstands der Verteidiger auch die anderen Inseln zu besetzen. Die Unterwerfung La Palmas und Teneriffas wurde deshalb aus privater Hand finanziert. Anstatt Lohn versprach man den Söldnern erobertes Land. Anstatt die Kriegskosten mit den Erträgen aus dem päpstlichen Ablasshandel zu bestreiten beziehungsweise unmittelbar die anderweitig eingefahrene königliche Kriegsbeute einzusetzen, versprach man den Conquistadoren, die Finanzmittel auftreiben konnten, zukünftige Beute.

Die Eroberung der beiden Inseln wurde also quasi durch Ad-hoc-Gesellschaften finanziert, in denen sich Geldgeber und Eroberer den Gewinn teilten. Organisator dieser »Konsortien« und Oberbefehlshaber des Heeres war der ehrgeizige und rücksichtslose Alonso Fernández de Lugo, der bereits bei der Eroberung von Gran Canaria ein untergeordnetes Kommando innegehabt hatte. Seine Partner waren zumeist Genueser Kaufleute aus Sevilla, die sich vor allem Profite aus dem Zuckeranbau versprachen.

Im Widerspruch zu den Darstellungen der spanischen Quellen war die Eroberung der Inseln jedoch nicht auf außergewöhnlichen Heldenmut, sondern eher auf Kriegslist und Glück zurückzuführen. Fernández de Lugos Invasion von La Palma im Jahre 1492 z. B. gingen Missionsaktivitäten der bemerkenswerten einheimischen Konvertitin Francisca de Gazmira voraus. Dass einer Frau und Laienpredigerin, noch dazu einer Eingeborenen, die bischöfliche Erlaubnis zur Missionsarbeit erteilt wurde, zeugt von ihrem außergewöhnlichen Charisma, das sie offenbar zum Wohle ihres Volkes einzusetzen verstand. Vielleicht traf Lugo aber auch dank dieser Vorbereitungen auf geringe Gegenwehr und wurde sogar von christlichen Stämmen unterstützt, als er an der Westküste landete. Mit ihnen zog er aus und unterwarf einen Stamm nach dem anderen.

Alonso Fernández de Lugo

→ Der Draufgänger ist 1478–1483 an der Eroberung Gran Canarias beteiligt, erobert 1492 La Palma und führt ab 1494 Feldzüge auf Teneriffa durch.

und daher entstellenden Darstellung der Geschehnisse abzuweichen. Die Chronik dieses Vorfalls stammt aus den Jahren nach 1590, als der mutige Dominikaner Fray Alonso de Espinosa den Hergang der Ereignisse in Zweifel zog, die Tugenden der Ureinwohner würdigte und ihre Rechte verteidigte. Die Methoden der Conquistadoren waren damals allerdings der Gegenstand öffentlicher Kritik, weshalb der Bericht des Dominikaners wahrscheinlich ebenso gefärbt war wie die frühen

Ein im Inneren der Insel lebender Stamm mit dem Häuptling Tanausú konnte Lugo im Schutz der natürlichen vulkanischen Caldera de Taburiente die Stirn bieten. Tanausú hätte wohl ewig Widerstand geleistet, doch der Chronik zufolge überredete ihn Lugo zu vorgetäuschten Waffenstillstandsverhandlungen, ließ ihn überwältigen und alle Stammesmitglieder gefangennehmen oder töten. Die historische Überlieferung scheint hier ausnahmsweise von der rein heroisierenden

◀ **Viele Inselbewohner wurden in die Sklaverei verschleppt**

▲ **Kachelbild von dem Gemetzel in Acentejo**

Chroniken, die bei der Beschreibung von Eroberungen vor ritterlichem Edelmut nur so trieften. Zutreffend ist jedoch, dass Lugos Aktionen von äußerster Grausamkeit und Rücksichtslosigkeit gekennzeichnet waren.

Die nächsten Unternehmungen dieses schon früh wegen seiner Habgier verrufenen Mannes standen unter dem Druck zu geringer Finanzmittel und beständiger Rechtsstreitigkeiten mit seinen Geldgebern. Bei beiden Versuchen, Teneriffa zu erobern, entging er jeweils nur mit knapper Not einem völligen Fiasko. Der erste Versuch, der den Sommer 1494 in Anspruch nahm, kostete ihn fast das Leben, als man ihn bei Acentejo, an der Öffnung des Orotava-Tals, in eine Falle lockte. Der

Ortsname *La Matanza* (das Massaker) zeugt noch heute vom Tod vieler seiner Leute. Vermutlich war er auf dem Weg nach Taoro, dem reichsten der neun Stammesgebiete, in die Teneriffa damals offenbar unterteilt war.

Der Fall Teneriffas

Lugo kehrte im folgenden Jahr mit größeren Truppen zurück und gewann in der Nähe von La Laguna eine entscheidende Schlacht gegen den Häuptling von Taoro, dem reichsten der neun Stämme. Nach diesem leichten Sieg blieb Lugo in seinem Winterquartier. Als er 1496 einen zaghaf-

ten Vorstoß wagte, fand er die Reihen der Einheimischen durch eine unbekannte Epidemie gelichtet und entkräftet vor – erste Anzeichen einer Reihe von aus Europa eingeschleppten Krankheiten, die zunächst auf Teneriffa und später in der Neuen Welt die Bevölkerung in verheerendem Ausmaße dezimierten. Lugo machte sich wieder nach Taoro auf, und bei Acentejo kam seine Stunde: Aus der Niederlage wurde ein triumphaler Sieg, und der letzte König von Taoro beging rituellen Selbstmord.

Das Schicksal der Ureinwohner

Über das Elend der Gefangenen wurde leidenschaftlich diskutiert. Für ihre kirchlichen Fürspre-

cher – insbesondere die Franziskaner – verkörperten sie die besten Eigenschaften des »Natur«-Menschen: Sie waren zwar unkultiviert, aber formbar – eben doch vollwertige Mitglieder der menschlichen Gemeinschaft. Zwischen den Ansichten der Mönche und der Conquistadoren sowie der potenziellen Siedler lagen jedoch Welten. Auch wenn das Wort der Ersteren sehr viel galt, so gaben Letztere in der Kolonialgesellschaft den Ton an. Von den Gelehrten, die zu Hause Ämter und Würden innehatten, stimmten die Humanisten am ehesten mit den Missionaren in ihrer Einschätzung der »Wilden« überein, waren ihnen positiv gesonnen, betonten ihre natürliche Tugendhaftigkeit. Die Rechtsgelehrten hingegen – Rechtfertigung für die Landnahme suchend – beurteilten die Eingeborenengesellschaft aus der Sicht des christlichen »Naturrechts«.

Die meisten Laien lehnten das vom Humanismus entworfene Bild jedoch ab. Sie sahen in den Eingeborenen »Untermenschen«; der Medicus Hieronymus Münzer bezeichnete sie 1497 gar als »Tiere in Menschengestalt«. Das Leben der Ureinwohner stand zu Beginn der Kolonialisierung also unter einem äußerst ungünstigen Stern. Früher glaubte man, nur wenige hätten die Conquista überlebt. Neuere Forschungen haben jedoch gezeigt, dass ein Großteil der kanarischen Bevölkerung von den Ureinwohnern abstammt. Zwar wurden viele nach der Unterwerfung versklavt oder fielen den eingeschleppten Krankheiten zum Opfer, doch dürften allein auf der Insel La Palma mindestens 2000 Altkanarier verblieben sein.

Den Spaniern der damaligen Zeit waren Rassenunterschiede weniger wichtig als Klassenunterschiede, weshalb es einigen Mitgliedern der Führungsschicht der Ureinwohner gelang, in die oberen spanischen Gesellschaftsschichten aufzusteigen. Der Häuptling Don Fernando Guanarteme aus Gran Canaria zum Beispiel konnte seine Töchter mit spanischen Rittern verheiraten. Auf einer sozial niedrigeren Stufe schlugen sich die Eingeborenen jedoch als Haussklaven, Rebellen in den Bergen, einsame Hirten und Sammler durch oder fristeten ein Dasein in Enklaven, fernab der Welt der Kolonialherren. ∎

◀ Alonso Fernández de Lugo
pflanzt sein Kreuz in den Boden
von La Palma

Kolumbus auf den Kanarischen Inseln

Die Kanaren spielten eine Schlüsselrolle bei den Entdeckungsfahrten, die aufs Engste mit dem Namen von Christoph Kolumbus – auf Spanisch: Cristobal Colón – verknüpft sind. Während man sich in Lateinamerika mittlerweile wieder etwas von dem Mann distanziert, der den Weg für die Kolonisierung der Neuen Welt vorbereitet hat, bringen sich viele europäische Orte gerne mit Kolumbus in Verbindung. Auf Mallorca wird behauptet, dass er auf den Balearen geboren sei, und in Spanien soll er gleich in zwei Städten begraben liegen – in Santo Domingo und Sevilla. Auf den Kanaren fehlt in kaum einer Stadt die »Calle Colón«. Auf La Palma findet man das Betonmodell eines seiner Schiffe, obgleich La Palma sich keiner direkten Verbindung mit dem Seefahrer rühmt.

In Wahrheit wurde Kolumbus als Sohn eines italienischen Webers in der Seefahrerstadt Genua geboren. Dennoch war es das spanische Königshaus, das seine Entdeckungsfahrten finanzierte. Über die Einzelheiten seiner kurzen Aufenthalte auf den Kanarischen Inseln wurde lange Zeit gestritten. Auf seiner ersten Reise (1492–1493), die mit der Entdeckung Kubas endete, machte Kolumbus auf La Gomera Zwischenstation. Warum er gerade die kleinste Insel anlief, ist unklar: Manche meinen, weil er schon damals die dort lebende Gräfin Beatriz de Bobadilla verehrte; andere sagen, dass La Gomera ganz einfach den westlichsten Punkt der bis dahin bekannten Welt darstellte. Kolumbus muss gewusst haben, dass La Gomera über keinen gut gerüsteten Hafen verfügte: Als bei stürmischer See das Ruder eines seiner Schiffe, der »Pinta«, brach, ließ er es zur Reparatur nach Las Palmas auf Gran Canaria bringen – während er mit der »Santa María«, seinem Flaggschiff, und der »Niña« nach La Gomera weitersegelte.

Kolumbus hat in seinem Logbuch festgehalten, wie er in einem denkwürdigen Augenblick an der Insel Teneriffa vorbeifuhr: »Vom Schiff aus beobachteten wir den Vulkanausbruch. Der Rauch und die Flammen, die glühenden Lavamassen und das dumpfe Grollen im Erdinneren versetzten die Mannschaft in Panik. Die Leute glaubten nämlich, dass der Vulkanausbruch ein schlechtes Omen für unsere Reise sei.«

Leider hat Kolumbus weder auf dieser noch auf den späteren Reisen weitere Einzelheiten über die Inseln in seinem Logbuch festgehalten. Sicher ist nur, dass die »Pinta« einige Zeit in Las Palmas blieb und dass Kolumbus sie dort auch wieder abholte, wenn auch einige Historiker davon ausgehen, dass er nie einen Fuß auf Gran Canaria gesetzt hat. Dennoch ist Las Palmas führend in der Verehrung des Amerika-Entdeckers: Es gibt dort ein Museum, die Casa Colón, eine Statue und eine Kapelle, in der er angeblich vor seinem Aufbruch in die Neue Welt gebetet hat; dasselbe wird aber auch von einer

Kirche in San Sebastián auf La Gomera behauptet. Ebenso herrscht Uneinigkeit darüber, wie oft Kolumbus auf den Kanarischen Inseln Station machte. Manche behaupten, dass er bei seinen letzten drei Reisen (1493, 1498 und 1502) in Las Palmas vor Anker ging um Wasser und Proviant aufzunehmen und nur bei seiner ersten Fahrt La Gomera anlief. Andere sind dagegen davon überzeugt, dass er auch in Maspalomas auf Gran Canaria und auf der Insel El Hierro war. ■

▲ **Christoph Kolumbus erfreut sich bei den Canarios großer Wertschätzung**

Zucker- und Weinhandel

Zuckerrohr und Wein brachten den Wohlstand auf die Westinseln, bis starke Konkurrenten und fehlendes Glück dem blühenden Handel ein Ende setzten. Alonso Fernández de Lugo, von dessen (Un-)Taten bereits in den vorangegangenen Kapiteln die Rede war, ist verantwortlich für den Zuckerrohranbau auf dem westlichen Kanarischen Inseln, nachdem er bereits 1480 vom schnellen Wachstum der Pflanze auf Gran Canaria beeindruckt war. So brachte er die Pflanze auch nach Teneriffa und La Palma, und nachdem La Gomera durch Heirat in seinen Besitz übergegangen war, wurde auch dort der Anbau vorangetrieben.

Er baute zwei Raffinerien in Los Realejos auf Teneriffa und bald darauf weitere in Daute und Icod. Auch auf La Palma, am Río de los Sauces, ließ er eine errichten, die er später dem englischen Zuckerhändler Thomas Mailliard und dem Genueser Finanzmagnaten Francesco Spinola verpfändete.

Durch die von Lugo an eine Landvergabe geknüpfte Bedingung, dass die Farmer entweder Zuckerrohr anbauen oder zumindest eine Mühle errichten mussten, entstanden sowohl im Orotava-Tal als auch an der Küste sowie in Nordwest-Teneriffa (Icod, Daute, Garachico) und bei Güimar im Osten endlose Zuckerrohrfelder und Zuckermühlen zur Weiterverarbeitung für den Export.

Die Zuckerkönige

Bereits während der ersten Siedlungsphase entstand eine finanzstarke Elite, die durch den Besitz von Raffinerien schnell das umgebende Land kontrollierte. Die meisten von ihnen, vor allem die Erfolgreichen, kamen aus dem Ausland. Sie saßen lange Zeit im Inselrat von Teneriffa und nutzten ihre wirtschaftliche Vormachtstellung auch für politische Zwecke. Ihre Anwesenheit wurde von den Spaniern zwar sehr ungern gesehen, doch ihre Position war unerschütterlich. Von kastilischen Siedlern darauf hingewiesen, gab Lugo offen die Be-

vorzugung von Ausländern zu, rechtfertigte sich jedoch durch das finanzielle Gebot der Stunde. Portugiesen, so sagte er, bräuchte man für die harte Arbeit und Italiener für die harte Währung.

Die Anwesenheit von Portugiesen, die für einen Anteil an der Ernte arbeiteten, machte den Import schwarzer Sklaven überflüssig und ersparte den Kanaren die Probleme, die sich in der Neuen Welt aus dem Entstehen der »Plantagenwirt-

schaft«, wie man die Sklavenökonomie nannte, ergaben.

Es traten jedoch genügend andere soziale Konflikte auf. Die Streitereien zwischen kastilischen Kolonisten und »Ausländern« wurden noch verstärkt durch ernsthafte Auseinandersetzungen zwischen Wasserquellen-Besitzern und Landbesitzern, die »auf dem Trockenen saßen«.

Aus alten literarischen Quellen geht hervor, dass die Inseln im 16. Jahrhundert besser bewässert waren als heute. Damals scheint es im Norden Teneriffas eine große Anzahl von Quellen, Bächen und Wasserfällen gegeben zu haben, doch die Rodung ganzer Wälder zur Bestellung der Felder und zur Befeuerung der Raffinerien veränder-

◄ Weinladen aus einer Zeit, in der der Handel florierte
▲ Mit dem Sammeln von Orchillaflechten konnte man seinen Lebensunterhalt bestreiten

te das Klima auf den westlichen Inseln so stark, dass heute kaum noch ein Bach ganzjährig Wasser führt.

Wasserprobleme

Da Oberflächenwasser nie in großen Mengen vorhanden war, prägten Verteilungskämpfe das Zusammenleben der Kolonisten. Privater Quellenbesitz hatte scharfe Trennlinien in den Gemeinden zur Folge. Wasser im Gemeinbesitz hingegen verpflichtete zu zwar konfliktreicher, aber doch enger Zusammenarbeit. Wasserbaukommunen wurden zu einem weitverbreiteten und gut funktionieren-

von Wasserquellen zu erreichen, die sich in der Hand von Großgrund- oder Mühlenbesitzern befanden, bei der spanischen Krone und ihren Repräsentanten auf taube Ohren. Die Ermordung eines dieser Wasser-Monopolisten im Jahre 1513 verschlechterte die Situation nur, da dessen Erben noch größere königliche Gunstbezeugungen erhielten. Doch für die Insel machte dies keinen großen Unterschied: Die wirtschaftliche Überlebenskraft während der instabilen Kolonisationszeit hing in jedem Fall von denen ab, die durch aristokratische Protektion in der Lage waren, Investitionen zu tätigen.

den Modell sozialer Organisation. Für die Inseln war das Wasser nicht nur landwirtschaftlich, sondern auch gesellschaftlich fruchtbar.

Mitte des 16. Jahrhunderts hatten sich die Wassernutzungsverhältnisse, mit positiven Konsequenzen für die Wirtschaft der Inseln, auf einem stabilen Niveau eingependelt. Kleine Anbauer wurden durch *adulados* (Verteiler-Kommunen) geschützt, deren Rechtsprechung die alltäglichen Streitereien schlichten könnte, so dass weder die höheren Instanzen auf dem Festland mit den komplizierten und aufwändigen Verfahren in Anspruch genommen werden mussten noch örtliches Kapital verschwendet wurde. Andererseits stießen Bestrebungen, eine gerechtere Verteilung

Vom Zucker zum Wein

Das Zucker-Imperium des 16. Jahrhunderts zerfiel durch die Konkurrenz der Antillen und Brasiliens. Die dortige Massenproduktion ermöglichte Preise, mit denen die Kanaren nicht mithalten konnten. Doch der wachsende Handel mit der Neuen Welt eröffnete neue ökonomische Möglichkeiten, die besonders von Teneriffa erfolgreich genutzt werden konnten.

▲ Frühe Ansicht von La Laguna
mit dem ursprünglichen See
▶ Vom Wein beschwingter
Musikus

Der Zuckermarkt war auf die Alte Welt (und hier besonders auf Nordeuropa, England, Deutschland und Flandern) beschränkt gewesen, schwerer Südwein hingegen, der den Zucker als Handelsware ablöste, war auch in amerikanischen Kolonien absetzbar. Die Malvasia-Traube, aus der Ägäis über Sizilien und Madeira auf die Kanaren gekommen, erwies sich gerade für Teneriffa als Glücksfall und trat in kürzester Zeit an die Stelle des Zuckerrohranbaus. Ende des 15. Jahrhunderts war sie auf den östlichen Kanaren bereits etabliert. Die süßen und schweren Weine waren gut lager- und transportierbar und erzielten aufgrund der großen Nachfrage auch höhere Preise als trockene Weine. Zu den Nachfolgern dieser beliebten Sorten gehört heute unter anderem der Madeira. Als Shakespeare seinen Falstaff Becher von »canary sack« leeren ließ, wurde dieser gerade zum kanarischen Hauptexportartikel. Die Bewohner im amerikanischen Boston kannten den atlantischen Archipel im 17. Jahrhundert nur als »Inseln des Weins«.

Der kanarische Weinanbau hing in hohem Maße vom Handel ab. Die wichtigsten Handelsrouten führten von und nach Amerika, nicht nur aufgrund der starken Weinnachfrage, sondern

Canary sack
→ Englische Verballhornung für »canario secco«, den trockenen kanarischen Wein, der aus der Malvasierrebe gekeltert wird.

auch, weil der neuentdeckte Kontinent dringend Zwischenstationen für den Handel mit Europa benötigte. Dazu eigneten sich die Kanarischen Inseln, besonders Teneriffa mit einer Reihe von Überseehäfen, und Gomera, als westlichster Stützpunkt auf dem Weg zu den Inseln der Karibik, besonders gut. Die spanische Krone erlaubte die transatlantische Schifffahrt für mehr als drei Jahrhunderte jedoch nur kastilischen Bürgern. Und die effektivste Art, Umgehungen dieses Verbots zu verhindern, war, den gesamten Ver-

kehr mit der Neuen Welt auf ein oder zwei Festlandhäfen zu beschränken.

Die Kanaren wurden zum Hauptansatzpunkt des Versuchs, das spanische Handelsmonopol zu brechen: Schmuggler, Betrüger und Piraten gaben sich ein Stelldichein, um die Situation auszuloten. Nach 1560 bemühte sich die spanische Krone deshalb, diesem Treiben durch strikte Verordnungen und höhere Wachsamkeit Einhalt zu gebieten. Einheimische Händler litten darunter genauso wie ausländische.

Kurze Wohlstandsphase

Besonders auf Teneriffa kam der Handel wieder in Schwung, als die Sonderüberwachung ab 1610

Der Wein als Himmelsleiter

Selbst am britischen Königshof schwärmte schon James Howell, von Beruf königlicher Historiograf zur Zeit Charles I., von der Güte, Stärke, Haltbarkeit und dem Gehalt des kanarischen Weines. Auch der geringe Schwefel- und Verunreinigungsgehalt und die damit verbundene bessere Verträglichkeit werden von ihm lobend erwähnt. Solch ein Wein – so schloss er messerscharf – verursache gute Laune, die gute Gedanken hervorbringe. Gute Gedanken wiederum seien der Grundstein für gute Arbeit, und durch sie gelange man in den Himmel; ergo bringe guter Wein den Menschen dem Himmel ein gewaltiges Stück näher! Damals war dies wohl der einfachste Weg für einen Briten, ins Paradies zu kommen, denn England war einer der Hauptabnehmer kanarischen Weins.

endlich aufgegeben wurde. Der Haupthafen Santa Cruz war kurz zuvor vergrößert worden, die Weinproduktion war um ein Vielfaches höher als die der anderen Inseln, und man besaß vor allem durch Auswanderer zahlreiche Verbindungen zum Ausland. Der folgende Reichtum schuf für die nächsten 75 Jahre eine neue Klasse von *bourgeois gentilhommes* (Adeligen) auf den Inseln. Ausländische Geschäftsleute kamen scharenweise nach Teneriffa, um am lukrativen Weinexport in die Neue Welt teilzunehmen und schnelle Profite einzuheimsen. Mitte des 17. Jahrhunderts zählte man unter den nicht ganz 50 000 Einwohnern

weit mehr als 1500 englische und holländische Neubürger.

1665 wurde in London die »Canary Island Company« gegründet, um den britischen Weinimport zu monopolisieren. Ein einheimischer Händler, Francisco Tomás Alfaro, setzte sich an die Spitze der Gegenbewegung. Die Auseinandersetzung um das Handelsmonopol entstand zu einer Zeit, als sich der Preis in London verdoppelte; Hoffnungen auf das große Geld waren jedoch nur von kurzer Dauer. Zwar hatten Ende des 17. Jahrhunderts noch stattliche 10 000 Fässer kanarischen Weins pro Jahr (etwa 20 Prozent mehr als noch 100 Jahre zuvor) London erreicht, doch der Markt zahlte die hohen Preise des Teneriffa-Weins nicht lange.

Überproduktion und rapide Verschlechterung der Qualität trugen das Ihrige bei. Im Juli 1675 musste die Inselregierung bereits die Anpflanzung neuer Weinstöcke verbieten. Selbst als ein Engpass und ein Heuschreckeneinfall 1685–87 fast die gesamte Produktion vernichteten, hatte dies keine großen Auswirkungen, da kein Markt mehr bestand: Als Repressalie wegen der Nichtzulassung der »Canary Island Company« hatten die Engländer ein striktes Importverbot für kanarische Weine erlassen.

Doch diese Auseinandersetzung war nicht der einzige Grund für die sinkende Nachfrage. Eine Vielzahl struktureller Probleme entstand, und Trends veränderten sich langfristig. Zusätzlich spielte der hohe Preis des Malvasia-Weines eine große Rolle – er war um einiges teurer als der in Gehalt und Geschmack sehr ähnliche Malaga und fast doppelt so teuer wie der beliebte Claret.

In der Zwischenzeit eroberte sich der Madeira viele Freunde in Großbritannien. Etwa ab 1680 begann man ihn dort in großem Maße zu importieren, und vor allem durch den Methuen-Vertrag von 1703, der den portugiesischen Alliierten Handelserleichterungen versprach, nahm diese Tendenz noch zu. Bald wurden jährlich über 7000 Fässer als Malvasia-Ersatz importiert. Auch der Sherry aus Málaga und Jeréz fand bei den Briten Zuspruch und entwickelte sich zum Konkurrenten für den kanarischen Wein.

Der Spanische Erbfolgekrieg (1701–14) machte dann dem kanarischen Handel vollends den Garaus. Zum Ende des Krieges wurden nur mehr 2500 Fässer Wein exportiert. Damit ging eine Ära zu Ende.

Fremde Dynastien

Im Laufe des 18. Jahrhunderts erholte und stabilisierte sich die Wirtschaft Teneriffas jedoch wieder. Dies war in erster Linie dem Unternehmergeist mehrerer ausländischer Handelshäuser zu verdanken. John Cologán, der in den fünfziger und sechziger Jahren des 18. Jahrhunderts zunächst nur unumstrittener Chef der irischen Gemeinde auf Teneriffa war, übernahm bald fast die ganze Insel. Sein Weinhandelskartell empörte die einheimischen Aristokraten, die eben diesen Wein anbauten. Der Marquis von San Andrés warf ihm vor, er würde »die Insel wie eine Zitrone auspressen und wie ein Blutegel aussaugen«. Der Marquis von Villanueva del Prado hielt ihn für einen »merkantilen Despoten«. Die irischen Kaufleute erwarben sich bald ein Image, wie es sich 200 Jahre zuvor die Genueser zugelegt hatten.

Doch es ist wohl Colgan zu verdanken, dass der kränkelnde Weinhandel auf Teneriffa wieder zu Kräften kam. Der Wein war bis dahin immer aus zweitklassigen Trauben zum so genannten *vidueno* verschnitten worden, einem recht mittelmäßigen Tropfen, der gerade gut genug für den einheimischen und kolonialen Markt gewesen war. Auch wenn es letztlich vielleicht doch nicht Colgan war, der die geniale Idee hatte, diesen billigen Wein in eine Art Madeira-Abklatsch zu ver-

Kolonialreich geworden war – in das britische Indien und hoffte so, die East India Company dazu zu bewegen, »alle ihre Schiffe nach Teneriffa zu schicken, wenn die Herren Direktoren sich erst einmal an die neue Qualität gewöhnt haben«. Zu Werbezwecken verteilte er Kostproben auf einem Handelsschiff, das gerade auf dem Weg nach Madras war, und siehe da: »Der Kapitän und alle Gentlemen waren von der Qualität überzeugt und zogen sie sogar der des Madeira vor.«

Der Ersatz-Madeira trug denn schließlich erheblich dazu bei, die Wirtschaft Teneriffas zu konsolidieren. Zwar konnte er in Kontinentaleuropa

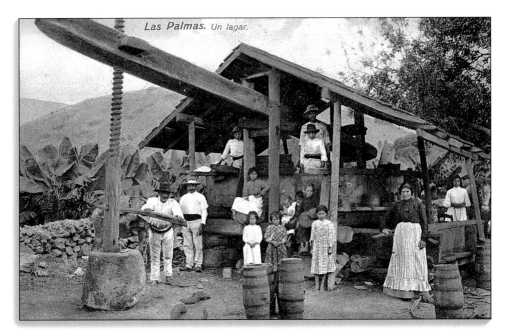

Las Palmas. Un lagar.

wandeln, so trug er Mitte des 18. Jahrhunderts viel zum Aufschwung des Weingeschäfts auf Teneriffa bei.

Er sorgte dafür, dass sein Wein den richtigen Gehalt und die richtige Farbe bekam, und bot ihn zu konkurrenzfähigen Preisen in größeren Fässern an. Ab 1766 exportierte er ihn zu weniger als der Hälfte des Preises des Madeira – der inzwischen zum unumstrittenen Marktführer im britischen

aus verständlichen Gründen nicht so recht Fuß fassen, war jedoch in den amerikanischen Kolonien Englands um so beliebter, eine Tendenz, die durch den Unabhängigkeitskrieg noch weiter verstärkt wurde. Und auch Colgans Anstrengungen in Ostindien blieben nicht ganz ohne Erfolg. Sein »Madeira« etablierte sich als Modegetränk, das den Kolonialbeamten den – billigen – Hauch weltmännischen Geschmacks suggerierte.

In der zweiten Hälfte des 19. Jahrhunderts verursachten schließlich Mehltau – aus Amerika eingeschleppt – und Reblaus den endgültigen Niedergang des Weinanbaus auf den Kanarischen Inseln, der von diesem Zeitpunkt an für den Weltmarkt bedeutungslos wurde. ■

◄ **Wein ist heute wieder ein Exportgeschäft geworden**
▲ **Fototermin einer Winzerfamilie vor einer Weinpresse (lagar)**

Gefährlicher Reichtum

In den Straßen der barocken Städte La Orotava auf Teneriffa oder Los Llanos auf La Palma, die durch den Weinhandel großen Reichtum erlangten, kann man heute noch den Wohlstand erahnen, den die westlichen Inseln im 18. Jahrhundert genossen haben. Besonders Teneriffa blickt auf eine blühende Vergangenheit zurück. In den siebziger Jahren des 18. Jahrhunderts wurde 60 Prozent des kanarischen Weinhandels über die Insel abgewickelt (s. S. 39–41). Ebenso hielt Teneriffa immer den Löwenanteil der Handelskonzessionen mit der Neuen Welt. Die Regelungen von 1718 erlaubten der Insel den Export von 600 Tonnen Ware nach Indien, während sich Gran Canaria mit nur 150 Tonnen bescheiden musste.

Als man 1778 einigen ausgewählten Häfen den uneingeschränkten Handel erlaubte, war von den Kanaren nur Santa Cruz de Tenerife auf der Liste verzeichnet. Um 1770 produzierte Teneriffa mehr als viermal soviel Wein, doppelt soviel Getreide und dreimal soviel Kartoffeln wie die anderen Inseln. Die Bevölkerung stieg innerhalb von 100 Jahren um über 60 Prozent auf 70 000, eine Volkszählung von 1768 verzeichnete dagegen nur 40 000 Einwohner für Gran Canaria.

Aus Teneriffas Ökonomie wuchs der Wohlstand, für den die anderen Inseln nur die Arbeitskräfte lieferten. Die Auswirkungen dieser Entwicklung spürte man auch auf kultureller Ebene. Aus dem Salon der Casa Nava Grimón in La Laguna gingen spätere spanische Berühmtheiten hervor – darunter Tomás de Iriarte y Nieves-Ravello (der Bibliothekar des Königs) und José de Viera y Clavijo, einer der bedeutendsten spanischen Historiker des 18. Jahrhunderts, dessen Hauptwerke den Kanarischen Inseln gewidmet sind.

1788 wurde der botanische Garten von La Orotava angelegt, zur gleichen Zeit bemühte man sich in La Laguna um die Gründung einer Universität. Doch das goldene Zeitalter neigte sich seinem Ende zu. Viera y Clavijo kommentierte 1776 die Situation so: »Der Ruhm verblasst im Dunkel des Vergessens.« Er kritisierte den Mangel an Ideen und klugen Köpfen, die entlegene und bürokratische Regierung des Festlandes, die Wasserknappheit, die südlichen Winde, die Heuschrecken mitbrachten – an den nördlichen Winden hatte er auszusetzen, dass sie Piraten auf die Insel führten. Vor allem aber stellte er fest, dass die Nachfrage nach kanarischem Wein zu sinken begann.

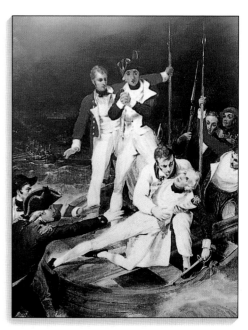

Wege aus der Wirtschaftskrise

Für den Rest des Jahrhunderts schlitterte der Handel in eine ernsthafte Krise. Während des amerikanischen Freiheitskriegs kam der Handel mit der Neuen Welt fast völlig zum Erliegen, und die zunächst willkommen geheißenen Handelserleichterungen von 1778 machten die Konkurrenz von der Iberischen Halbinsel stark – nur die besondere Situation während der Französischen Revolution und der Napoleonischen Kriege verbesserte zeitweilig die Handelsergebnisse.

Als 1797 Admiral Nelsons Attacke vor Santa Cruz abgewehrt worden war, ruderten einige Bewohner hinaus aufs Meer, um dem besiegten Kapitän ein Weingeschenk zu offerieren. Diese Geste

◀ **Ein französischer Dreimaster ankert vor den Inseln**
▲ **Admiral Nelson fällt bei dem Angriff 1797**

war nicht ganz uneigennützig und hätte dem Weinhandelsgenie John Colgan sicherlich alle Ehre gemacht, denn von diesem Tag an bis zum französisch-britischen Frieden von 1815 wurde die britische Armee ein wichtiger Konsument kanarischen Weins.

Um diese Zeit drohte den Inseln zusätzliches Ungemach durch die Revolutionen in Südamerika. Bis dahin hatten kanarische Auswanderer noch finanzielle Unterstützung für ihre Familien geschickt; das

---

José de Viera y Clavijo
→ Der in Los Realejos auf Teneriffa geborene Theologe (1731–1812) verfasste die erste ausführliche Chronik der Kanarischen Inseln (»Noticias de la Historia General de las Islas Canarias«).

---

sonderlich begeistert. Die Botaniker in La Orotava bemängelten den Schaden, der dem heimatlichen Wald zugefügt wurde. Die Koschenille-Larven entwickelten sich zwar nur an Feigenkakteen, die jedoch mancherorts Kiefern, Weinstöcke und Zuckerrohr völlig verdrängten. So verunzierte die Ansammlung riesiger Kakteengärten nicht nur die Landschaft, sondern führte auch

Ausbleiben dieser überlebenswichtigen Zahlungen stürzte viele in tiefes Elend.

Auf La Palma war man etwas besser dran, dort kam der Zuckerrohranbau und -handel nie ganz zum Stillstand; sogar noch bis zum Ende des 19. Jahrhunderts war eine Zuckermühle in vollem Betrieb, die allerdings nur noch auf dem Binnenmarkt ihre Produkte absetzen konnte. Auf Gran Canaria hingegen wurde der letzte »Zuckerzehnte« bereits 1648, auf Teneriffa 1718 entrichtet.

Neuer Exportartikel wurde die Koschenille-Laus, die man um 1825 aus Mexiko einführte; vor allem auf den östlichen Inseln betrieb man ihre Zucht. Auf Teneriffa war von dieser Laus, die roten Farbstoff liefert, als Wirtschaftsfaktor nicht

zum Absinken des Grundwasserspiegels. Durch das Aufkommen chemischer Farbstoffe zwischen 1870 und 1880 wurde dieser Plage auf den westlichen Inseln ein Ende gesetzt.

El Hierro hatte nach dem Koschenille-Reinfall überhaupt keine Exportchancen mehr. 1884 berichtete ein englischer Besucher: »Vom Reichtum der Koschenille-Produktion, den man anderswo auf dem Archipel beobachten kann, ist hier nichts zu sehen. Keine großen Villen, keine öffentlichen Bauten – nur Armut. Selbst die wohlhabendsten Bauern leben in armseligen Verhältnissen.«

La Palma und La Gomera versuchten sich daraufhin im Tabakanbau. Der erfolgreichste Pflanzer war Don Miguel, der Besuchern gern seine

Fabrik in Tazacorte zeigte; seine Don-Miguel-Zigarren waren bald berühmt. Dieser Erfolg blieb jedoch sporadisch und vermochte die wirtschaftlichen Probleme nicht zu lösen.

Vor diesem Hintergrund mag der heutige Besucher von Santa Cruz de Tenerife durch den offensichtlichen Reichtum des 19. Jahrhunderts ein wenig irregeführt werden. Das »Allsehende Auge« am Logengebäude der Freimaurer spiegelt die Vorrangstellung einer plutokratischen Bourgeoisie wider, und die Keramik-Springbrunnen des Parque-Municipal García Sanabria sowie die umliegenden Jugendstilvillen zeugen von dem ehemaligen Wohlstand. Auch im Innern des äußerlich schlichten viktorianischen Teatro Guimerá (benannt nach dem katalanischen Schriftsteller Ángel Guimerá, 1849–1924) ist die Prunksucht der damaligen Emporkömmlinge unübersehbar. Doch Santa Cruz ist untypisch. 1822 wurde aus dem bescheidenen Hafenort die Hauptstadt des Archipels, die sämtliche Amtsstellen der Regierung beherbergte. Die meisten Bauten stammen aus dem späten 19. und frühen 20. Jahrhundert, einer Zeit, in der die Inseln dank der Dampfschifffahrt zu neuem Leben erwachten.

Nur eine Rückkehr zum System eines Freihandels – wie im frühen und mittleren 16. Jahrhundert – konnte die Inseln von ihrer Abhängigkeit gegenüber der so anfälligen Monokultur-Wirtschaft befreien. Die Dampfschifffahrt und die zunehmende Verlagerung des europäischen Kolonialengagements nach Westafrika ließen im 19. Jahrhundert neue Hoffnung aufkeimen.

1852 folgten die Spanier dem portugiesischen Beispiel im Atlantik und erklärten jeweils einen Hafen pro Insel zum Freihafen. Nur Teneriffa erhielt mit Santa Cruz und Puerto de la Cruz zwei Freihäfen. 1868 wurde die gesamte Inselgruppe für die ausländische Schifffahrt freigegeben. Auf den östlichen Inseln löste die Koschenille-Laus (s. S. 174) den Wein als Hauptexportartikel ab, und auf Teneriffa ersetzten ihn »unsichtbare Einnahmen«, wie man pekuniäre Zuflüsse aus dunklen Quellen zu bezeichnen pflegte.

◄◄ **Eine Büste Nelsons im Museo Militar, Santa Cruz**
◄ **Koschenillekolonie auf einem Feigenkaktus**
▲ **Das Teatro Guimerá in Santa Cruz**

Seidenproduktion

Auf La Palma erzielte man im 18. Jahrhundert beachtliche Erfolge im Seidenexport, nachdem die Maulbeere schon kurz nach der Conquista eingeführt worden war. Um 1765 gab es etwa 3000 Weber, doch stieß man auf diesem Markt – ebenso wie zuvor beim Wein – schnell auf eine Sättigung, so dass die Ausfuhrquoten bereits zwanzig Jahre nach den Napoleonischen Kriegen wieder erheblich zurückgingen.

Konkurrenz zwischen den Inseln

Zu Beginn dieser Periode gelang es Teneriffa, den größten Nutzen aus seinem Status als »Hauptstadt« zu ziehen, indem es den Hauptanteil der Subventionen in den eigenen Reihen hielt. 1860 entstand so die erste, 50 Kilometer lange Hauptstraße des Archipels von La Orotava nach Santa Cruz, die 1876 bis Güímar ausgebaut wurde. Gran Canaria und die anderen kleinen Inseln ergriffen aus Unzufriedenheit mit den Privilegien Teneriffas die Initiative und forderten, die Autonomie jeder einzelnen Insel zu vergrößern oder den Archipel zumindest in zwei Provinzen mit den Hauptstädten Las Palmas und Santa Cruz aufzuteilen.

Teneriffa konnte anfangs diese Bemühungen abwehren, doch durch den Ausbau von Las Palmas zum Dampfschifffahrtshafen war die Vormachtstellung schließlich beendet. Im Jahr 1881 wurde nämlich vom kanarischen Politiker Fernando León y Castillo, der seine Hausmacht auf Gran Canaria hatte, ein Hafenausbauprogramm für Las Palmas durchgesetzt. Und dieses Programm zeigte bald Auswirkungen, die man sich in den kühnsten Träumen nicht erhofft hatte: 1887 war das Verkehrsaufkommen von Las Palmas bereits höher als das von Santa Cruz, und 1890 führten ausländische – meist britische – Investitionen zu beispiel-

losem Wirtschaftswachstum. Der neue Reichtum ging besonders an den westlichen Inseln, dank des bestehenden Hafens Santa Cruz und des in den 80er Jahren beginnenden Anbaus von Bananen in großem Stil, nicht spurlos vorüber.

Das Geschäft mit den Bananen

Die wirtschaftlich gut nutzbare »chinesische« Banane wurde wahrscheinlich 1855 von dem französischen Gesandten Sabin Berthelot eingeführt, der auch ethnologische und naturhistorische Studien auf den Inseln betrieb. Obwohl die Frucht schon im 16. Jahrhundert in anderen Sorten auf dem Archipel bekannt war und, wie der englische Kaufmann Thomas Nichols empfahl »... am besten

schwarz gegessen wird; dann schmeckt sie süßer als jede Praline ...«, wurde sie jedoch erst 1880 von Pedro Reid, einem einheimischen Händler, zum ersten Mal exportiert.

Wolfson & Fyffe bauten ein Imperium auf, und in den 90er Jahren eröffneten Elder & Dempster mit ihren Kühlschiffen ungeahnte Exportmöglichkeiten für die verderbliche Frucht. Das Orotava-Tal war im Jahre 1913 noch nahezu ausschließlich mit Bananenstauden bepflanzt. Damals verließen jährlich dreieinhalb Millionen Bananen die Inseln Teneriffa, La Palma und Gran Canaria. Die schon bekannte wirtschaftliche Misere ließ sich jedoch auch diesmal nicht aufhalten. Wie schon der Zuckerhandel gegen Ende des 16. Jahrhunderts, der Weinhandel im frühen 19. Jahrhundert und die Koschenille-Produktion nach nur einer Generation, so musste schließlich auch die Bananen-Wirtschaft durch den Ersten Weltkrieg schwere Einbußen hinnehmen.

Die britische Kontrolle der Seewege und damit der internationalen Wirtschaftsverbindungen im Krieg wirkte sich auf die Kanarischen Inseln stärker aus als auf Spanien und hatte schwerwiegendere Folgen als auf dem Festland.

Zwischen 1913 und 1917 ging die Ausfuhr um 80 Prozent zurück. Armut und Arbeitslosigkeit nahmen rapide zu, eine Flut von Auswanderungen nach Amerika setzte ein, und das Hauptpostamt von Santa Cruz stellte Briefkästen allein für den Postverkehr mit Venezuela und Kuba auf. Die Inseln erholten sich nur sehr langsam und nie vollständig von diesem Niedergang. Weltweite Depressionen und Rezessionen taten ein Übriges: Erst 1950 erreichte Santa Cruz wieder seinen Vorkriegsumsatz.

Das wirtschaftliche Desaster bedeutete für Teneriffa auch das Ende der Träume von einer Vorherrschaft über die anderen Inseln. Die Zweiteilung des Archipels war nicht mehr zu verhindern. Santa Cruz wurde zum regionalen Zentrum für Teneriffa, La Palma, La Gomera sowie El Hierro und tröstete sich damit, dass die eigene Provinz reicher, größer und stärker besiedelt war, auch wenn Las Palmas bei weitem die urbanere Stadt war.

Die Ausrufung der Zweiten Spanischen Republik im Jahre 1931 weckte noch einmal die Hoffnungen der Politiker auf Teneriffa. Nichts wünschten sie sich mehr als eine Art Bundes-Autonomie mit Santa Cruz als Hauptstadt, eine Selbständigkeit, wie sie vorher schon anderen spanischen Provinzen gewährt worden war.

Unter der Führung der schillernden Persönlichkeit Gil Roldans verlangte eine Versammlung in Santa Cruz eben diesen Status. Die Abgeordneten verkündeten »das grundlegende Anliegen, ... dass der kanarische Archipel, bestehend aus freien Gemeinden auf den autonomen Inseln, zu einer natürlichen regionalen Einheit erklärt und

Cabildo Insular
→ Der Inselrat ist als lokales Selbstverwaltungsgremium z. B. zuständig für Straßenbau und Umweltschutz.

Ablehnung und Erholung

Das Ergebnis des grausamen Spanischen Bürgerkrieges war in gewisser Hinsicht für die Kanaren von Vorteil. Nicht etwa, weil Franco am 18. Juli von den Inseln aus zum Putsch aufrief, bevor er nach Afrika übersetzte und dort seine Truppen sammelte, oder, weil die Canarios sich besonders in der nationalistischen Sache engagiert hätten. Der Sieg der Nationalisten stellte das Freihafenprivileg sicher, was gerade unter dem protektionistischen und auroritären Regime von

die volle Autonomie unter der Souveränität der spanischen Krone garantiert wird«. Die Republik gab diese Garantie aber nicht, und der Spanische Bürgerkrieg machte alle weiteren Hoffnungen zunichte. Doch zumindest der Grundstein war gelegt. Aber erst 1978 wurden die Kanaren zu einer von vierzehn autonomen Regionen erklärt (heute sind es 17), mit einem selbständigen Rat *(cabildo)* auf jeder Insel des Archipels.

◄ **Ernte auf einer Bananenplantage**
▲ **General Franco mit Freunden bei einem seiner seltenen Teneriffa-Visiten**

großer Bedeutung war, da die Inseln sich so wirtschaftliche Überlebensnischen schaffen konnten.

Nicht ohne Grund fährt der mit dem Schiff anreisende Besucher heute noch im Hafen von Santa Cruz am Siegesdenkmal des Generalíssimo Franco vorbei – und am Ufer verbreitet das monumentale Gebäude der Inselregierung *(cabildo insular)* mit seinem großen Viereckturm und Säulengang eine düstere Atmosphäre. Mit Santa Cruz als Zwischenstation der Übersee-Schifffahrt und dem erweiterten landwirtschaftlichen Produktionsspektrum (Bananen, Tomaten, Kartoffeln, Tabak, Fisch und Lebensmittelproduktion) brachten es die Kanaren in der Franco-Ära immerhin zu einem gewissen Wohlstand.

Streben nach Unabhängigkeit

Als Franco an der Macht war, gaben sich die Kanarier als loyale Spanier; die Propaganda schien gewirkt zu haben. Doch bereits bevor Franco und sein Regime Anzeichen von Schwäche zeigten, gründete Antonio Cubillo 1963 die MPAIAC. Ihr Manifest besagte, dass »der Widerstand gegen Spanien in diesem Land nicht nur aus historischen Gründen, sondern auch wegen ethnischer, politischer, wirtschaftlicher, geographischer und kultureller Unterschiede besteht, die die Kanarier zu einer von den Spaniern verschiedenen, eigenständigen Einheit machen«.

1976 und 1977, als Franco zu einer Figur der Zeitgeschichte geworden war, wandte sich die MPAIAC dem Terrorismus zu und zeichnete für über hundert Bombenanschläge auf Firmen vom Festland, auf militärische Ziele und, aus Solidarität mit Afrikanern, auf die südafrikanische Fluggesellschaft verantwortlich. Ihr Anführer Cubillo wurde schließlich ausgewiesen und fand eine vorläufige Zuflucht in Algerien. Nach der Wende hin zu einer demokratischen Regierungsform konnte Cubillo zurückkehren und die Kanarische Nationalistische Kongresspartei (CNC) anführen. Diese bekam jedoch nur wenige Wählerstimmen. Gemäßigtere Parteien wie die Coalición Canaria (CC) und die Partido Popular (PP) teilten sich die Stimmen bei der Wahl der 60 Parlamentsabgeordneten.

Hauptstadt der Kanarischen Inseln

Eine der ersten Aktivitäten dieser beiden Parteien war das Rühren an einer alten Wunde – ist Teneriffa oder Gran Canaria Sitz der regionalen Macht? Die längst Tradition gewordene Rivalität zwischen Gran Canaria und Teneriffa macht die regionale Regierung zu einer Farce. Es gibt zwei Parlamentsgebäude und zwei Ministerien, die übrigen Regierungsressorts sind auf die beiden Inseln verteilt; die Hauptstadt wechselt alle vier Jahre zwischen Santa Cruz de Tenerife und Las Palmas de Gran Canaria.

Autonomie bedeutet für die Kanaren, dass die Ministerien für Verteidigung, Außenpolitik und Finanzen bei der spanischen Regierung in Madrid angesiedelt sind; Angelegenheiten bezüglich Erziehung, Gesundheit, Transport und Kultur werden hingegen selbst wahrgenommen. Hinzu kommt das Recht, die Höhe bestimmter Steuern selbst festzulegen. Obwohl die Kanaren EU-Mitglied sind, werden Tabak, Alkohol, elektronische Geräte und Kameras zollfrei verkauft. Auch die Mehrwertsteuer beträgt nur 4,5 Prozent, im Gegensatz zu 16 Prozent auf dem spanischen Festland. Die Kanarische Regierung sieht in den geringeren Steuern einen Ausgleich für die höheren Transportkosten bei Import von Waren. Bislang wird dieses Argument in Brüssel noch akzeptiert, die Frage ist jedoch, wie lange noch.

Die wachsende kanarische Tourismusindustrie könnte die erhöhte Mehrwertsteuersatz leicht verkraften, schließlich haben die Inseln das europäische Monopol auf den sonnigen Winterurlaub, und 80 Prozent des Bruttosozialprodukts kommen aus dem Tourismus. Aber der Reichtum ist ungleich verteilt, die kleineren Inseln verzeichnen deutlich weniger Besucher und sind damit mehr von der Landwirtschaft abhängig. An manchen Orten liegt die Arbeitslosigkeit bei 24 Prozent, und die bezahlten Löhne zählen zu den niedrigsten in Europa – Probleme, mit denen die Kanaren bei Eintritt in das 21. Jahrhundert konfrontiert sind. ■

▲ **Denkmal für die auf der Seite Francos im Bürgerkrieg gefallenen Soldaten, Santa Cruz**

Franco zieht in den Krieg

Im Sommer 1936 war die Luft auf den Kanarischen Inseln heiß und stickig; starke Winde wehten wochenlang extrem feuchte und heiße Luft samt feinkörnigem Sandstaub von der Sahara herüber. Der kleine korpulente Mann namens Francisco Franco Bahamonde, ehemaliger Oberbefehlshaber der spanischen Armee, muss seinen Posten auf den Kanaren als erniedrigend empfunden haben. Im März 1936 war Franco von der republikanischen Regierung, die seinen Ruf als Soldat und seine politisch rechte Überzeugung fürchtete, nach Teneriffa versetzt worden. Er wurde verdächtigt, in Anschläge verwickelt zu sein, die General Sanjurjo an die Macht bringen sollten.

Franco zögerte bis knapp eine Woche vor dem Aufstand, sich durch irgendeine Aktion bloßzustellen. Dennoch nahm er an den Treffen der anderen unzufriedenen Offiziere in den Wäldern von La Esperanza auf Teneriffa teil. Erst das Versprechen, er könne die zähen marokkanischen Söldner und die skrupellose Fremdenlegion unter seinen Befehl nehmen, veranlasste ihn, mitzumachen.

Am 14. Juli 1936 landete ein in England gechartertes Flugzeug auf dem Flugplatz Gando, dem heutigen Flughafen von Las Palmas und damals dem einzigen auf den Inseln. An Bord waren der pensionierte Major Hugh Pollard, seine Tochter Diana und ihre Freundin Dorothy Watson. Pollard nahm schließlich mit einem Offizier Francos Kontakt auf und überbrachte seine Nachricht: »Galicia saluda a Francia« (Galicien grüßt Frankreich).

Am 16. Juli 1936 starb der republiktreue kommandierende Offizier der Garnison auf Las Palmas, General Amadeo Balmes, bei einer Schießübung – bis heute ist nicht geklärt, ob es sich um ein Attentat handelte. Bis zum Abend hatte Franco die Genehmigung des Kriegsministeriums erhalten, zum Begräbnis seines Offizierskameraden anzureisen.

Kurz nach der Ankunft in Las Palmas erfuhr Franco, dass die nordafrikanischen Garnisonen den Aufstand entgegen dem Plan verfrüht begonnen hatten. Eine Waffendurchsuchung im Hauptquartier in Melilla an der marokkanischen Küste hatte die Verschwörer gezwungen, früher loszuschlagen.

Am frühen Morgen des 18. Juli bemächtigte sich Franco des militärischen Kommandos und verbreitete eine Erklärung im Radio, in der er versprach, »zum ersten Mal und in dieser Reihenfolge in unserem Heimatland Ernst zu machen mit der Dreieinigkeit, Brüderlichkeit, Freiheit und Gleichheit«. Dann ließ er sich nach Marokko fliegen, wo er das Kommando über die afrikanische Armee übernahm. Binnen weniger Stunden waren die Kanaren im Wesentlichen in der Hand der Aufständischen.

Auf der Insel La Palma versuchte man, eine gewisse Normalität aufrechtzuerhalten, bis die Hauptstadt Santa Cruz bombardiert wurde und sich daraufhin ergab. Gewerkschafter, Lehrer, linke und

demokratische Politiker, Künstler und Schriftsteller wurden verhaftet, verschleppt oder ermordet.

Dem jungen Leutnant Gonzalez Campos – der einzige Offizier, der sich auf Teneriffa dem Aufstand mit Waffengewalt widersetzte – wurde zusammen mit dem Zivilgouverneur und seinem Stab der Prozess gemacht, alle wurden erschossen.

Die republikanischen Gefangenen wurden in Fyffes Warenlager in Santa Cruz de Tenerife zusammengepfercht. Dort mussten sie auf ihre Hinrichtung im Barranco del Infierno warten. ■

▲ Ein verklärendes Porträt
Francos von Enrique Segura

Die Wiederentdeckung der Kanaren

Gerade in der düstersten Zeit der kanarischen Wirtschaftsgeschichte, als Mitte des 19. Jahrhunderts der Weinhandel zusammengebrochen war und nur die kurzlebige Koschenille-Industrie Hoffnung für die Zukunft bot, liegen die Anfänge dessen, was sich langfristig als verwertbarstes Gut der Kanaren erweisen sollte: das Interesse ausländischer Besucher.

Attraktion für Gelehrte

Die ersten »Neuentdecker« waren Gelehrte, die von der besonderen Geologie, Klimatologie, Botanik und Ethnografie der Inseln angezogen wurden. Zu ihnen gehörten der deutsche Naturforscher Alexander von Humboldt sowie Leopold von Buch, der als erster den Versuch machte, durch eigene Beobachtungen eine systematische Naturgeschichte der Inseln zusammenzustellen.

Der einflussreichste dieser frühen Beobachter war jedoch der französische Diplomat Sabin Berthelot, der 1820 im Alter von 26 Jahren aus Paris kam. Sein Hauptinteresse galt der Akklimatisation tropischer Flora und Fauna. Während eines ersten, zehnjährigen Aufenthaltes wurde Berthelot Direktor des Botanischen Gartens von La Orotova und spielte eine entscheidende Rolle bei der Akklimatisation der Koschenille-Schildlaus. Er entwickelte ein vielseitiges und leidenschaftliches Interesse an den Kanaren, im Besonderen an ihrer Archäologie und Anthropologie.

1839 veröffentlichte Berthelot seine Forschungsergebnisse in einem Sammelband, ergänzt um Kupferstiche, die die Pariser Öffentlichkeit mit dem romantischen Landschaftsbild der Inselgruppe bekannt machte. 1842 folgte »L'Ethnographie et les Annales de la conquête«. Acht weitere Arbeiten, die er mit dem englischen Botaniker Barker Webb schrieb, vervollständigten seine »Histoire naturelle des Iles Canaries«.

Um 1850 rückten die Inseln durch die neu eröffnete Dampfschifffahrtslinie von Cádiz nach Las Palmas und nach Santa Cruz wieder in eine erreichbare Nähe. Eine erste Gruppe Reisender, deren Interesse Berthelot geweckt hatte, konnte sich die Inseln nun mit eigenen Augen ansehen. Die zahlreichen Freundschaften und enge Zusammenarbeit des Franzosen mit englischen Wissenschaftlern und Künstlern trug dazu bei, den Charme und die Reize der Inseln auch in England bekannt zu machen.

Elizabeth Murray

Das Interesse der Engländer an den Inseln begann allmählich zu wachsen. Die Urheberin dieses Interesses war eine Frau, die als Gattin des neu ernannten britischen Konsuls 1850 auf die Kanarischen Inseln kam. Elizabeth Murray war die Tochter eines geachteten Porträtisten, der 1812 Wellington und seine Offiziere in Spanien gemalt hatte. Sie wurde von den Intellektuellen, allen voran Berthelot, und von Künstlern, die sich kurz zuvor in einer Akademie organisiert hatten, mit Freude empfangen. Noch auf dem Schiff, das sie auf die Kanaren brachte, erklärte sie, der Anblick der Inseln sei »ein Schauspiel, das mit nichts auf der Welt vergleichbar ist«.

◄◄ **Ein Ochsenschlitten – der Hotelkleinbus früherer Zeiten**
◄ **Man verband mit den Inseln eine romantische Aura**
▲ **Sabin Berthelot**

Die Ergebnisse ihrer Skizzen und Beobachtungen machten den größten Teil (16 von 27 Kapiteln) ihres autobiografischen Buches »Sechzehn Jahre eines Künstlerlebens in Marokko, Spanien und auf den Kanarischen Inseln« aus, das 1859 erschien. Es löste auf den Inseln einen Skandal aus, denn in dem Buch hatte Mrs. Murray Las Palmas als »ziemlich düster und uninteressant« beschrieben, und über Santa Cruz schrieb sie: »Es enthält für den Besucher nichts von bemerkenswertem Interesse«.

Sie fand die kanarische Frömmigkeit abstoßend, die Kleidung zum Lachen, die Architek-

Paradies in Farbe

Elizabeth Murray kehrte nie auf die Inseln zurück, aber sie beeinflusste andere Ausländer auf den Kanaren, unter ihnen Marianne North, die begabte Tochter eines Parlamentariers aus London. Während einer Reise, die diese 1875 nach Teneriffa machte, um dem englischen Winter zu entfliehen, entstand, zusammen mit Bildern von der einzigartigen kanarischen Flora, eine große Ölgemäldesammlung von exotischen Pflanzen, die sie zum größten Teil im Botanischen Garten von La Orotova skizzierte. Sie vermachte ihr gesamtes Werk, das sie im Verlauf einer Reise durch sechs

tur mittelmäßig und die Bettelei widerlich. Und wie verschwenderisch ihr Lob für die topographischen Schönheiten der Inseln auch war, die Kanarier empfanden sich selbst wenig schmeichelhaft dargestellt.

Offenbar sahen sie sich so geschildert, wie sie selbst insgeheim zu sein fürchteten: ungeschliffen, gefühllos, rückständig, isoliert und kulturell verarmt – wie eine Zeitung in Las Palmas beklagte: »wie Schwarze, die einen Dialekt sprechen und in Höhlen leben«. Die Presse, die damit begonnen hatte, Auszüge des Buches zu veröffentlichen, stellte dies bald ein und begann beleidigt, die Autorin zu verunglimpfen. Es war ein Glück, dass ihr Mann 1860 abberufen wurde.

Kontinente gemalt hatte, den Kew Gardens in London.

Ihre Erinnerungen an Teneriffa, die sie im Jahre 1892 veröffentlichte, fanden eine große Leserschaft. Sie schilderte die Kanaren als ein Paradies mit vollkommenen Landschaften, wo die Rosen so süß rochen wie sonst nirgends und wo »ich kaum einmal hinausging, ohne ein neues Wunder zu malen, ein Leben in Glück und Frieden lebte und jeden Tag neue Kraft bei meinen liebevollen Freunden fand«.

Die letzte, einflussreichste und vielleicht eindrucksvollste der britischen Frauen aus der viktorianischen Zeit war Mrs. Olivia Stone, die die Inseln im Winter und Frühjahr 1884 besuchte. Mrs.

Stone war eine selbstbewusste professionelle Reiseschriftstellerin, deren Ziel es war, den Touristen mit einem praktischen Führer das Reisen zu erleichtern. In einem Brief an die »London Times« erklärte ihr Ehemann, was sie herausgefunden hatte: »Die Kanaren müssen nur bekannt werden, damit viele Engländer hier Urlaub machen.« Ihr Ehemann lieferte als erster eine ausführliche fotografische Dokumentation der Inseln, die sie verschwenderisch in ihrem Buch nutzte. Ihre Inselerkundung war außergewöhnlich sorgfältig.

Die Aufzeichnungen, die Olivia Stone täglich auf dem Rücken eines Esels machte, vermittelten ihren Lesern eine weitere arkadische Vorstellung von den Inseln. Die Inselgruppe, schrieb sie, sei das, »was dem Paradies auf Erden am nächsten kommt«. Sie sei ein Land, in dem ein verregneter Morgen so selten sei, dass die Menschen extra aufstehen, um sich ein solches Schauspiel anzusehen, und in dem Krankheiten einfach dadurch geheilt werden, dass man sich dem einzigartigen Klima aussetzt. Die erste Ausgabe ihres Buches »Teneriffa und seine sechs Satelliten« erschien 1887. In der zweiten Ausgabe von 1889 gratulierte sie sich selbst zu ihrem Erfolg, da sich »Besucher über die Inseln ergießen würden.«

Mode und Kultur

Unter den nachfolgenden Besuchern, die nun kamen, war der vornehmste der Marquis von Bute, ein zum katholischen Glauben konvertierter Schotte des 19. Jahrhunderts. Er liebte Reichtum und ein leichtes Leben, hatte einen besonderen Hang zur Gelehrsamkeit und blendende sprachliche Fähigkeiten. In den 1870er Jahren hatte er diese Fertigkeiten im Dienst für den Staat und philanthropische Unternehmungen eingesetzt, unter anderem auf ausgedehnten Reisen nach Italien und in den Nahen Osten. Von dort hatte er eine bemerkenswerte Anzahl akademischer und mit Hingabe entstandener Übersetzungen mitgebracht, hauptsächlich aus dem Lateinischen, Hebräischen, Arabischen und Koptischen. Auf Anraten von Mrs. Stone fuhr der Marquis nach Tene-

riffa, um eine Krankheit zu kurieren – mit zeitweiligem Erfolg. In der Folgezeit festigte sich sein Glaube an die wohltuende Wirkung eines Urlaubs auf den Inseln.

Bute interessierte sich zudem für die archäologischen und ethnografischen Überreste aus der Guanchenzeit. In seinen Bemühungen, Material zu sammeln, kaufte er fast die gesamten Unterlagen der frühen kanarischen Inquisition auf, in dem Irrglauben, sie könnten Abschriften der Eingeborenensprache enthalten. Er ließ diese Unterlagen übersetzen und übergab die Originale dem Museo Canario in Las Palmas, womit die Kanaren die einzige Provinz Spaniens sind, die ihr Inquisitionsarchiv noch an Ort und Stelle haben. ∎

◀ **Der Hafen von Santa Cruz wurde für die Dampfschifffahrt vollständig umgebaut**
▲ **Der Marquis von Bute, fotografiert in ungewöhnlicher Kostümierung**

Odyssee einer Künstlerin

Marianne North, Künstlerin, Reisende und Junggesellin, verbrachte die meiste Zeit ihres Lebens in kaum erforschten Gebieten der Erde und hielt ihre ganz persönliche Naturgeschichte in einer Reihe von bemerkenswerten Bildern fest, die heute in der Marianne-North-Galerie in London zu sehen sind. Darunter Gemälde über die Flora und Fauna Teneriffas, das sie 1875 bereiste; sie hielt ihre Eindrücke in dem 1892 erschienenen Buch »Recollections of a Happy Life« (Erinnerungen an ein glückliches Leben) fest. Im Folgenden ein kurzer Auszug aus ihrem Werk:

»Am Morgen landeten wir in Santa Cruz. Noch am gleichen Tag fuhren wir die endlosen Serpentinen hinauf nach La Laguna, das wir auf dem Weg zur Villa de Orotava passieren mussten. Hier überbrücken die Menschen gern die heißen Sommermonate. Um die Jahreswende jedoch machte alles einen ausgestorbenen Eindruck, und die Häuser erinnerten mich an verlassene Klöster. Auf den Dächern blühte herrlich gelber Mauerpfeffer, an den Wänden wucherten Farne, Wolfsmilch und andere stachelige Gewächse.

Hinter La Laguna erblickten wir bald den berühmten Gipfel des Teide, den Alexander von Humboldt so wunderbar beschrieben hatte. Die ursprünglich vorhandenen Palmen und andere Bäume waren aber leider inzwischen gefällt und durch hässliche Kakteenterrassen ersetzt worden.

Es schien, als ob auf einigen der Terrassen weiße Papierhüte geerntet werden sollten. Ich fand schnell heraus, dass es sich dabei um weiße Stofflappen handelte, die man über Schalen voller Koschenille-Eier gelegt hatte und an denen nun die ausgeschlüpften Larven hafteten. Die Flicken werden dann mit den Stacheln anderer, eigens zu diesem Zweck gezüchteter Kakteen an einem nackten Feigenkaktus befestigt. Nach ein paar Tagen in der Sonne werden die Larven hungrig und kriechen auf die Blätter. Ist das geschehen, nimmt man die Tücher ab, wäscht sie und schlägt sie um

eine andere Schale. Man sagt, dem Koschenille-Kaktus seien die Stacheln durch wütende Eingeborene ausgerissen worden, die es satt waren, ihre Kleider daran zu zerreißen; schließlich habe der Kaktus es aufgegeben, sich neue wachsen zu lassen.

Die Straßen waren kahl, und der berühmte Ausblick auf den schneebedeckten Gipfel des Teide wurde durch den hässlichen Igelrücken im

Süden gestört. Die lange Abfahrt zum tiefblauen Meer hinunter war jedoch besonders schön: Dattelpalmen, Drachenbäume, Wolfsmilch und viele andere unbekannte Pflanzen gaben der Gegend einen ganz eigenartigen Charakter.

Wir fanden ein Hotel und mieteten den riesigen Ballsaal, in dem sich allerlei Hausrat, einige Spiegel und Hunderte von Stühlen stapelten. Zwar hatte der Saal Glastüren, und mehrere Zimmer öffneten sich zu ihm, aber zum Schlafen war er gut genug. Ich war gewillt zu bleiben, denn das Klima und der Ausblick waren herrlich.

Die Leute von Orotava waren sehr freundlich, die Gärten wundervoll. Die Adligen hatten das blaueste Blut Spaniens – reich aber waren sie

◀ Realistisches Stillleben mit Cochenillekaktus
▲ Marianne North ließ sich von der Natur inspirieren

nicht; selten nur verließen sie die Insel, weshalb sie sich die alten Sitten und Bräuche erhalten hatten. Die Frauen trugen *mantillas* und wedelten beständig mit ihren Fächern. Sie trugen immer die gleiche Garderobe, sogar am Abend; dann fügten sie vielleicht ein Schmuckstück hinzu und steckten sich höchst malerisch eine Blume hinter das Ohr. Trotz ihrer Erziehung, die sie bestenfalls in einer Klosterschule genossen hatten, waren sie echte Ladies. Eine alte Dame, die das Regiment zu führen schien, die Marquesa de la Florida, nahm mich unter ihre Fittiche und bat mich zu sich nach Hause.

Dr. Hooker hatte mir einen Brief für den Leiter des Botanischen Gartens in Orotava mitgegeben, einen Schweizer. Er war so freundlich, mich in vielen wunderschönen Gärten herumzuführen. Vom berühmten Drachenbaum, den Humboldt auf über 4000 Jahre schätzte, war nur noch ein großer Staubhaufen mit ein paar Resten Rinde übrig. Weiter im Inselinneren überlebten jedoch ein paar Exemplare. Eigenartige Luftwurzeln hingen von den oberen Ästen einiger Bäume herab, die sich schließlich wie eine neue Schicht um den Stamm legten. Ständig mussten die armen Bäume ihren eigenen Saft bluten, um einen Farbstoff, das so genannte »Drachenblut«, zu gewinnen. Als die Leute herausfanden, dass die Malerei seltsamer

Pflanzen mein Hobby ist, schickten sie mir allerlei verschiedene Arten.

Reisen auf dem Esel

Mein Gärtnerfreund arrangierte für mich einen mehrtägigen Besuch bei einem Bauern in der Barenca da Castro. Mit etwas Brot und einem Kissen versehen, schwang ich mich auf meinen Esel und ritt davon.

Auf wundervollen Feldwegen und über hohe Felswände erreichte ich schließlich mein Ziel – ein altes Gutshaus am Rande einer dieser eigenartigen Lavaspalten, die jäh bis zum Meer hin abfallen, in denen riesige Eichen und zehn Meter hohe Lorbeerbäume stehen; auf halber Höhe entsprang eine Quelle fröhlich aus dem hellen Kalkstein.

Süß duftende Veilchen blühten überall, Wasserkresse wuchs auf klaren Weihern am Eingang zur Höhle, und kleine Wasserfälle stürzten ein paar hundert Meter hinab auf die Lavafelsen am Strand. Beständig kamen und gingen die Menschen und Tiere. Die Männer trugen hohe Stiefel, hatten Decken um die Schultern geschlungen und große Rubens-Hüte auf dem Kopf. Die Frauen schlugen bunte Schals um Kopf und Schultern, die Röcke waren rot und schwarz gehalten. Sie waren alle sehr freundlich.

Mein Quartier in dem alten Haus war äußerst primitiv. Man räumte mir einen großen scheunenartigen Raum frei. Ich schlief auf einer Trage in der Ecke zwischen Kartoffel- und Kornhaufen. Hähne und Hennen saßen auf den Balken über mir, und ich hörte meinen Esel und anderes Vieh vor sich hinkäuen und tief atmen. Ich habe nie wieder so wunderbar geschlafen. Aus meiner Luke konnte ich den Teide schon bei Sonnenaufgang malen, ohne die anderen zu stören.

Über eine tiefer liegende Straße unterhalb der Steilküste, dicht bewachsen mit Mauerpfeffer, Aschenkraut und anderen Pflanzen, machte ich mich auf den Rückweg nach Orotava. Bei der *Rambla de Castra* legte ich eine kleine Pause ein – nur ein paar Schritte vom Meer entfernt, unter Palmen, Bambus und großen *Caladii esculentii*. Ein wunderschöner Anblick, doch das Licht war leider etwas zu grell.

Nach dieser kleinen Exkursion arbeitete ich in oder um Orotava, bis mich Mr. Smith am 17. Februar in sein Haus nach Puerto de Orotava einlud. Mr. Smiths zweite Frau war eine außerordentlich liebenswürdige Schottin. Trotz seiner 70 Jahre plante er, mich auf den Gipfel des Teide zu führen. Das Wetter blieb jedoch, Gott sei Dank, zu kalt für den 15-stündigen Ritt. Die Gegend kannte er vermutlich wie seine Westentasche und hatte sie wohl auch Piazzi Smyth gezeigt, der mir das Empfehlungsschreiben für Mr. Smith aufgesetzt hatte.

Pflanzen in Hülle und Fülle

Unter dem Dach hatte ich ein Zimmer, und über eine separate Treppe konnte ich in den Garten gelangen, in dem drei bis vier Meter hohe Myrten, Bougainvilleas, Zypressen (Mrs. Smith beklagte sich immer, dass sie soviel Arbeit verursachten) und riesige Lilien (oder jedenfalls lilienähnliche Gewächse) gediehen. Der Boden war voller abgefallener orangen- und zitronenfarbener Blüten, und die großen weißen Rosen bedeckten den ganzen Werkzeugschuppen mit ihren prächtigen Blüten; ich habe niemals so süße Rosen gerochen wie in diesem Garten. Über allem thronte der schneebedeckte Teide: majestätisch bei Sonnenaufgang und bei Sonnenuntergang, noch strahlender aber bei Mondlicht. Vom Garten aus konnte ich in die wilden Lavahügel hinein wandern, wo Mr. Smith die Inselpflanzenwelt sich selbst überlassen hatte.

Aloe, Kakteen, Wolfsmilch, Drachenwurz, Mauerpfeffer, Heidekraut und andere eigenartige Pflanzen standen in voller Blüte. Man hatte Eukalyptus-Bäume auf die Hügel gepflanzt, die dort gut gediehen, auch wenn die Rinde zerrissen und zerfetzt herabhing. Es verging kein Tag, an dem ich nicht irgendein neues Pflanzenwunder malen konnte. Ich verlebte eine Zeit vollkommener Friedfertig- und Glückseligkeit und gewann täglich neue Schaffenskraft durch meine vielen Freunde.

Puerto erstreckte sich direkt unterhalb des Hauses und war einst eine blühende Stadt dank der englischen Kaufleute, die sich dort niederließen. Ein paar Halbblut-Kinder, spanisch erzogen und der Sprache ihrer Väter auf kuriose Weise mächtig, war alles, was geblieben war. Mit einem Eselsjungen und ein paar Eseln zog ich für eine Woche an der Küste entlang nach Echod (Icod). Hinauf

und hinab ging es, und immer neue Aus- und Ansichten auf die Gipfel taten sich auf. In Echod jedoch war der Ausblick unübertrefflich; ein paar Meilen oberhalb des Ortes erstreckten sich kanarische Pinien von über 30 Metern Höhe.

Echod ist ein schöner alter Ort mit großartigen Häusern und Aussichten, doch leider regnete es die meiste Zeit. Die Marchesa de la Florida hatte ihrem Cousin, dem Conte de Santa Lucia geschrieben, der mir einige Aussichtspunkte an der Küste zeigte und darauf bestand, Arm in Arm über frisch gepflügte Felder und steile, schlüpfrige Wege zu wandern – was mir gar nicht behagte.

Andere Herrschaften blauen Geblütes mit furchtbar langen Namen waren sehr gastfreundlich, zeigten mir ihre Villen und Gärten in Corronel und Gorachico (Garachico) und baten mich innig, doch länger zu bleiben. Garachico wurde auf einen schwarzen Lavagletscher gebaut und wird wohl beim nächsten Vulkanausbruch ins Meer stürzen. Am Tag meines Besuches war es winterlich stürmisch und kalt. Weiß schäumten die Wellen und schlugen mit lautem Getöse gegen die dunklen Felsen.

Die Schönheit von Teneriffa lernte ich bald lieben. Ich blieb bei den netten Kaufleuten und den herrlichen Gärten, bis die »Ethiopia« mich am 29. April wieder aufnahm.« ∎

◀ **Drachenbaum, mit den Augen der Künstlerin gesehen**
▲ **Ein botanisches Gemälde aus der Sammlung der Kew Gardens Gallery in London**

Der Tourismus im Wandel der Zeit

Im späten 19. Jahrhundert kamen die ersten wenigen Besucher allein wegen des Klimas in das neu entdeckte »Kurzentrum Teneriffa«. Ernest Hart, Herausgeber des »British Medical Journal«, bereiste Teneriffa im Winter 1887 und schrieb damals: »... der endlos blaue Himmel, die alles durchdringende Sonne, die angenehme Wärme in Kombination mit der dennoch frischen Luft, all das zeugt davon, dass wir sicher und glücklich im Hafen der Ruhe gelandet sind und diesen vielversprechenden »Winterurlaub« in einem der auserwähltesten Gärten der Erde verbringen werden – in Puerto Orotava, der Perle der Glücklichen Inseln.«

Einige Jahre später trat eine gut situierte und elegante Gesellschaft in die Fußstapfen der Reise-Pioniere. Sie fand auf Teneriffa in Puerto de la Cruz im Grandhotel Taoro Unterschlupf, das 1892 auf Vulkanasche entstand und lange Zeit das größte Hotel Spaniens war. Dabei verwandelte man nackte Lavafelder in Gärten und Rasenflächen, auf denen Krocket und Bowls gespielt wurde, dazu legte man auf viereinhalb Hektar Land einen Park mit einheimischen und fremden Pflanzen an. In den knapp vier Jahrzehnten, in denen das Hotel florierte, zählten Angehörige der spanischen Königsfamilie, König Albert und König Leopold von Belgien, der Herzog von York (und spätere König George VI. von England) sowie die Herzogin von Kent zu den erlesenen Gästen.

Mit dem Grandhotel hatten die anderen Hotels der Stadt, das »Marquesa«, »Monopol« und »Martianez«, ernsthaft Konkurrenz bekommen. Die Hauptstadt Santa Cruz rühmte sich damals zweier Luxushotels, des »Quisiana« und des »Pino de Oro«, in denen vor allem die Seereisenden Zwischenstation machten.

Das »Taoro« war in dieser Zeit derart überlaufen, dass Herren, die unvorsichtigerweise kein Zimmer vorbestellt hatten, zuweilen auf oder unter den Billardtischen schlafen mussten. Ein unruhiges Nickerchen, unterbrochen vom Klang der Essengongs, dem dumpfen Schlag der Teppichklopfer oder den blechernen Melodien des Orchesters aus den Rokokopavillons im Garten.

1929 wurde fiel das halbe Hotel einem Brand zum Opfer. Das Feuer hatte katastrophale Folgen: Der zerstörte Flügel wurde nicht wieder aufgebaut, und das Hotel konnte nie mehr an seinen früheren Ruf anknüpfen. Unter dem Namen »Ca-

sino Taoro« erwachte es 1975 zu neuem Leben und ist heute eines der erfolgreichsten spanischen Spielcasinos.

Jahre des Booms

In der ersten Jahrhunderthälfte kamen die Touristen per Schiff angereist, da Flugreisen mit lästigen Zwischenstopps in Las Palmas verbunden und somit lang und anstrengend waren. Der zu dieser Zeit regelmäßig verkehrende Obstfrachter der Yeoward-Linie brachte neben den Touristen auch Ausflügler aus Liverpool nach Teneriffa. Die 16-tägige Rundreise mit Aufenthalt in Lissabon, Madeira und Las Palmas kostete damals zehn Guineen und war sehr beliebt.

◀ Frühe Reisende mussten sich mit einem Esel als Transportmittel begnügen
▲ Kutschen brachten die Gäste vom Hafen ins Hotel

Der eigentliche Touristenboom setzte dann Ende der 1950er Jahre ein, als die ersten Nonstop-Flüge auf Teneriffa landeten. Jetzt ging der Trubel richtig los. »Sonniger Winterurlaub, alles inklusive« lautete das Motto, das sich insbesondere auf Puerto de la Cruz auszuwirken begann. Die Vorauszahlungen der Reiseveranstalter boten die Grundlage für den Hotelbau mitsamt feiner Gartenanlagen, dem immer mehr Bananenplantagen weichen mussten. Das Goldene Zeitalter war angebrochen,

Kurklima

→ Das an der Südostküste Teneriffas gelegene Güímar hat angeblich das beste Klima der Insel. Der Ort galt schon sehr früh als Luftkurort, das Kurhotel »El Buen Retiro« genoss regen Zulauf.

als touristischen Zentren fiel noch einiges ab.

In den folgenden Jahrzehnten nahm der Tourismus weiter in rasantem Tempo zu, weshalb auch die Infrastruktur und die ärztliche Versorgung verbessert werden mussten. Vor allem die Vielzahl älterer Menschen, die hier ihren Urlaub verbrachten, erwarteten eine umfassende medizinische Betreuung.

doch wie so oft blieben Schattenseiten nicht aus. Zahlreiche alte und historische Gebäude fielen dem Modernisierungswahn zum Opfer, was ein kritisches Presseecho mit Schlagzeilen wie »Die Vergewaltigung der Hesperiden« oder »Der Verfall der Kanaren« nach sich zog.

In den 1960er Jahren herrschte aufgrund der enormen touristischen Nachfrage in Wirtschaft und Gesellschaft eine fast revolutionäre Aufbruchstimmung. Auch die Landwirtschaft profitierte davon, da neues Agrarland in nie gekanntem Ausmaß kultiviert wurde. Zwar fiel der Hauptanteil des Wachstums dank der reichlich vorhandenen Strände den östlichen Inseln zu, doch auch auf Teneriffa mit Puerto de la Cruz und Los Cristianos

Neue Ferienzentren im Süden

Da der Großraum Puerto de la Cruz dank immer neuer Unterkünfte aus allen Nähten platzte, war die touristische Erschließung des südlichen Teneriffa vorprogrammiert. Das kommerzielle Denken nahm extreme Ausmaße an, den Besitzern der zahlreichen Bananenplantagen wurde innerhalb der Stadtgrenzen sogar mit Enteignung gedroht, falls sie ihren Boden nicht als Bauland zur Verfügung stellten.

Viele Plantagenbesitzer besaßen sowohl im Süden als auch im Norden Land und entschlossen sich daher, die südlichen Ländereien zu terrassieren und zu bepflanzen. Die Erdkrume und die Stumpen der Bananenstauden karrte man auf

Lastwagen nach Süden. Das Wasserproblem löste man dadurch, dass man vom feuchten Norden Rohre in den trockenen Süden verlegte.

Damit stand gleichzeitig auch ausreichend Wasser für die touristische Erschließung zur Verfügung. Zunächst kamen die bereits besiedelten Kommunen von Los Cristianos, El Médano, Puerto de Santiago und Los Gigantes an die Reihe, später profitierten Playa de las Américas und die so genannte Costa del Silencio davon; letztere machte ihren Namen bis zum Bau des Flughafens Reina alle Ehre, wurde aber bis heute trotz des Fluglärms nicht umbenannt.

75 % des Bruttoinlandprodukts durch den Tourismus erwirtschaftet werden, der sich positiv auf den Arbeitsmarkt auswirkt und der einheimischen Bevölkerung einen hohen Lebensstandard sichert. Etwas eingeschränkt wird der Wohlstand allenfalls dadurch, dass durch die höhere Besteuerung das Leben nicht mehr so billig ist wie einst.

Jedes Jahr werden neue Besucherrekorde gebrochen; bald werden die Inseln jährlich von zehn Millionen Menschen überschwemmt, jeder Besucher hält sich im Durchschnitt zehn Tage lang auf. Und es gibt keinerlei Anzeichen dafür, dass dieser Trend in naher Zukunft gestoppt wird. ■

Sonne und Sand

Allen Warnungen über die Gefahren des Sonnenbadens zum Trotz strömen die Leute noch immer in Scharen auf Teneriffa, wo sich ihr Urlaub in der Hauptsache um Sonne, Meer und Sand dreht; dabei spielt es keine Rolle, dass letzterer eigens von der Sahara herangeschafft wurde, um künstliche goldene Sandstrände zu schaffen (s. S. 183). Das sonnige Klima bildet die Voraussetzung dafür, dass

Ruhe auf den kleinen Inseln

Auf La Gomera, La Palma und El Hierro war Tourismus früher ein Fremdwort. Nur erfahrene Globetrotter oder Abenteurer ohne Komfortbedürfnis kamen hierher; sie nächtigten entweder in einer Privatunterkunft oder in einer bescheidenen Fonda. Auf diesen Inseln, die weit länger als Teneriffa über keinerlei touristische Infrastruktur verfügten, finden mittlerweile vor allem Wanderer Gefallen an der rauen Vulkanlandschaft und der ursprünglichen Atmosphäre. Heute können sie aus einer Reihe von Unterkünften und Restaurants wählen.

◀ Teneriffa warb für sich als sonniges Winterziel
▲ Der Flughafen Los Rodeos Anfang der 1960er Jahre

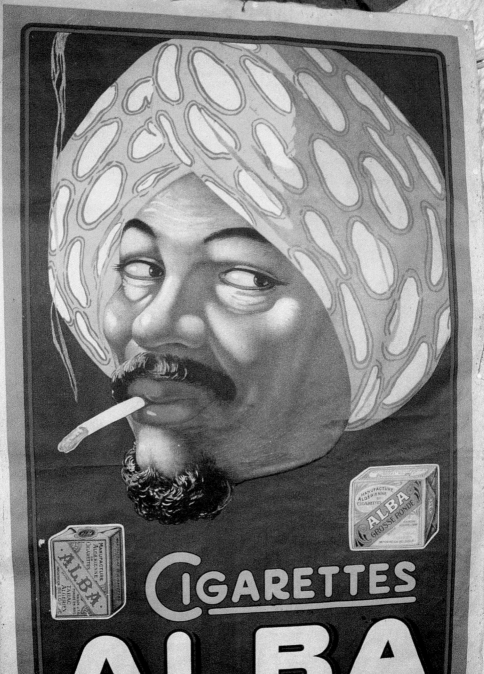

CIGARETTES
ALBA

LES ATELIERS D'IMPRESSIONS D'ART O. DE RYCKER, BRUXELLES-FOREST.

Brücke zwischen den Kontinenten

Als die erste Regierung der autonomen Region der Kanaren 1978 an die Macht kam, forderte sie mit dem Slogan »Eine Brücke zwischen drei Kontinenten«, die Wirtschaftsgrundlagen der Inseln zu verbessern. Ein überzeugender Werbespruch, denn geografisch liegen die Inseln zwischen Europa, Afrika und der Neuen Welt, und so war es bereits, als Christoph Kolumbus 1492 den Atlantik überquerte.

Die Verbindung nach Europa

Am offensichtlichsten ist vor allem aus politischen Gründen die kontinentale Brücke nach Europa. Die Inseln bestehen aus zwei Provinzen, die im modernen Spanien eine Autonome Gemeinschaft bilden; beide gehören zur EU und erfreuen sich innerhalb der Gemeinschaft eines Sonderstatus, die billigen Alkohol und mehrwertsteuerfreie Waren auf den Inseln garantiert. Die Zusicherung, ihre Agrarprodukte verglichen mit Ländern wie Marokko und Israel zu sehr hohen Preisen absetzen zu können, erschwert der kanarischen Landwirtschaft das Überleben jedoch eher.

Die Verbindung nach Spanien bestand bereits seit langer Zeit, das spanische Weltreich entstand noch vor der im späten 15. Jahrhundert einsetzenden Eroberung der Inseln. Kolumbus und seine Nachfolger nutzten den Kanarenstrom, um an der nordafrikanischen Küste entlang und dann zwischen den Inseln hindurch westwärts nach Amerika zu segeln.

Die Mehrzahl der ersten europäischen Kolonisten waren Spanier aus den Grenzregionen Estremadura und Andalusien. Portugiesen, Italiener und englische Kaufleute folgten rasch nach, als die Zuckerindustrie auf den Inseln am Aufblühen war.

Mit dem allmählich zuverlässigeren Schiffsverkehr zwischen den Kontinenten ließen sich auch immer mehr Spanier auf den Inseln nieder, während die Nachkommen der ursprünglichen Insulaner und die ersten europäischen Siedler nach Amerika weiterzogen. Während des 16. und 17. Jahrhunderts galten die Kanarischen Inseln als geschäftige Handelszentren, über die fast der gesamte Seeverkehr zwischen Spanien und Amerika abgewickelt wurde. Die Häfen von Las Palmas (Gran Canaria), Garachico (Teneriffa) und Santa Cruz de La Palma (La Palma) florierten, bis der Hafen von Garachico 1706 durch einen Lavastrom eines Vulkanausbruch verschüttet wurde.

Dieses Ereignis schweißte jedoch die kanarische Bevölkerung noch enger zusammen; auf einmal gingen die Europäer mit den geborenen Insulanern Mischehen ein. Das Schicksal der Inseln war jedoch so eng mit dem des spanischen Festlandes verknüpft, dass im 18. und 19. Jahrhundert mit dem Rückgang der Wirtschaft Spaniens auch in Las Palmas und den anderen Häfen der Umsatz stagnierte.

◀◀ Die Plaza del Charco de los Camarones in Puerto de la Cruz in einer Ansicht des 19. Jhs.
◀ Marokkanischer Einfluss
▲ Tanz für Touristen

Afrikanische Wurzeln

Die Ursprünge der ersten Ureinwohner der Kanarischen Inseln und ihre Verbindung zu den nordafrikanischen Berbern ist bereits erörtert worden (s. S. 25). Auf den kleineren Inseln und im gebirgigen Inneren der Hauptinseln existierten die Guanchen in kleinen Enklaven fort; sie waren lange Zeit imstande, sich den Eroberern weitgehend zu entziehen und lebten fast genau so, wie ihre ursprünglich aus Afrika stammenden Vorfahren es getan hatten. Als sich die Herrschenden während des 18. Jahrhunderts vermehrt dem Landesinneren zuwandten, wurde den Gemeinschaften durch die Macht der Inquisition jedoch das Christentum aufgezwängt. Um 1800 waren die meisten heidnischen Feste der Eingeborenen von der katholischen Kirche bereits untersagt, und die heidnischen Gottheiten verwandelten sich in unterschiedliche Verkörperungen der Jungfrau Maria. Im 18. Jahrhundert nahm der Volksglaube auf den Kanarischen Inseln seine heutige Form an.

Auswanderung nach Südamerika

Die Brücke zum amerikanischen Kontinent, von früheren Forschern unterbewertet, wurde durch die landwirtschaftliche Rezession des 19. Jahrhunderts gespannt. Denn die Ertragsrückgänge zwangen viele Insulaner zur Emigration nach Argentinien, Kolumbien, Venezuela und Kuba.

Im Jahr 1810, als britische und französische Truppen auf den Schlachtfeldern der iberischen

Schnelle Anpassung

Ein Beispiel für schnelle Integration ist die Bereitschaft der Insulaner, unmittelbar nach der Eroberung ihre neuen europäischen Herren zunächst bei Angriffen auf die anderen Inseln und später bei der Zerstörung des Azteken- und des Inkareiches zu unterstützen. Eingeborene aus Gran Canaria und Lanzarote waren während der Eroberung von Teneriffa Ende des 15. Jhs. meist an vorderster Front zu finden, und Mitte des 16. Jhs. zeigten kanarische Ringkämpfer dem spanischen Vizekönig von Peru zu dessen Unterhaltung Proben ihrer Tapferkeit.

Halbinsel um die Neuordnung Europas kämpften, formulierten die Kanarier in einer Erklärung zum ersten Mal ihr Verlangen, »alle Spanier loszuwerden und die Menschen dieses Landes an deren Stelle zu setzen«.

Ähnliche Parolen hörte man auch aus Spaniens amerikanischen Kolonien. Der Befreier weiter Teile Südamerikas, Simón Bolívar (1783–1830), sprach von »Spaniern und Kanariern« als einem ziemlich unterschiedlichen Menschenschlag, und in einem seiner Dekrete bezog er die Kanaren in die spanischen Kolonien ein, die es zu befreien galt. Bis Ende des 19. Jahrhunderts schließlich war das riesige Spanische Weltreich in Amerika auf Kuba und Puerto Rico zusammengeschrumpft.

Einer der politisch einflussreichsten kanarischen Emigranten des 19. Jahrhunderts war Secindino Delgado. Delgado, der von den revolutionären amerikanischen Führern lernte, hatte im Alter von 14 Jahren ein Angebot der spanischen Regierung angenommen, das jedem eine freie Überfahrt nach Kuba gewährte, mit der Bedingung, ein Jahr dort ohne Bezahlung zu arbeiten. Dieses Angebot von 1886, das die verlorenen billigen Arbeitskräfte ersetzen sollte, stammte aus jenem Jahr, in dem Spanien die Sklaverei abschaffte (erst über 80 Jahre später setzte Großbritannien das umstrittene Gesetz außer Kraft).

glieder der kubanischen Unabhängigkeitsbewegung kennen. Auf einer Reise in die USA traf er José Martí, den Vater der kubanischen Unabhängigkeit, und begann kurz danach, als Journalist der anarchistischen Zeitung »El Esclavo« für die kubanische Freiheitsbewegung zu arbeiten.

1896 musste er von Kuba fliehen und kehrte für kurze Zeit auf die Kanaren zurück, wo er seine Ideen über die zukünftige Unabhängigkeit der Inseln weiter entwickelte. Im Jahr darauf gründete Delgado in Venezuela die Zeitung »El Guanche«, die sich mit Nachdruck der kanarischen Unabhängigkeitsfrage widmete.

Auf dem Weg zur Unabhängigkeit

In der kubanischen Hauptstadt Havanna lebte Delgado »in größter Harmonie« mit den Kubanern, deren Charakter er als so völlig verschieden von dem »anmaßenden« der Festlandsspanier empfand. Er traf dort links orientierte Emigranten von den Kanaren und vom Festland und lernte Mit-

◀◀ **Emigranten suchen ihr Heil in der Neuen Welt**
◀ **Der Kubaner José Martí beeinflusste den kanarischen Separatismus**
▲ **Die kanarische Tracht entstand im 18. Jh.**

»El Guanche« scheint nur ein kurzlebiges Unternehmen gewesen zu sein, auch wenn sie 1924 neu gegründet wurde. Seitdem ist der Name für mehrere Zeitungen verwendet worden: zuerst von der Kanarischen Nationalistenpartei, dann von der Bewegung Freie Kanarische Inseln, der Bewegung Sieben Grüne Sterne und zuletzt vom Kanarischen Nationalistenkongress. Delgados Zeitung verfügte über genügend Einfluss, um 1909 während eines kanarischen Aufstandes einen dreitägigen Kampf um die Kontrolle von La Laguna anzuzetteln. Delgados erklärtes Hauptziel war es, einen Unabhängigkeitsgrad der Inseln von Madrid zu erreichen, der es ihnen erlauben würde, ihre Angelegenheiten selbst zu regeln.

Britische Interessen

Ein sehr eigenartiger Aspekt des kanarischen Nationalismus ist die Ansicht, dass die Kanaren besser gefahren wären, wenn die Miliz von Teneriffa im Jahr 1797 Nelson hätte Santa Cruz einnehmen lassen. Hintergrund dieser merkwürdigen Ansicht ist die Überzeugung, dass die Briten, die zu Delgados Lebenszeit (1872–1912) in zahlreiche Einrichtungen auf den Kanaren investierten, bessere Verwalter als die Spanier gewesen wären. Diese Aspekt führt uns zu einer weiteren Brücke, jener zwischen Großbritannien und den Kanarischen Inseln.

Die Briten, die wie bereits erwähnt sehr stark in den spanischen Weinhandel verwickelt waren (s. S. 40 f.), bauten später die Mehrzahl der Straßen auf den Inseln, richteten die ersten öffentlichen Versorgungsbetriebe ein und legten den reizvollsten Teil von Las Palmas, die Gartenstadt Ciudad Jardín, an.

Hinzu kam, dass sie mit dem Anbau von Bananen, Tomaten, Kartoffeln und weiteren Produkten die kanarische Landwirtschaft weiter entwickelten. Und als die kanarischen Bauern im späten 19. Jahrhundert in einer der tiefsten wirtschaftlichen Krisen steckten, sorgten sie mit der großzügigen Erweiterung des Hafens von Las Palmas und der Bereitstellung von Dampfschiffen für die dringend benötigte materielle sowie moralische Unterstützung.

Tatsächlich gab es 1873 einen Zeitpunkt, zu dem die Möglichkeit einer britischen Annexion so ernst genommen wurde, dass der Oberbefehlshaber der spanischen Inselgarnisonen die spanische Hauptstadt Madrid informierte.

Andere Bewerber für die Insel

Aber die Briten waren nicht die Einzigen, die an den spanischen Überseebesitzungen interessiert waren, in denen das spanische Reich unter Umständen endgültig aufgeteilt wurde. Die USA hatten seit der Vertreibung der Spanier von den Philippinen, Kuba und Puerto Rico im Jahr 1898 ein Auge auf die Inseln geworfen, obwohl es keinen konkreten Hintergrund für dieses Interesse gab.

Fast ein halbes Jahrhundert später schmiedete Hitler Pläne, die Kanaren während des Zweiten Weltkriegs von Frankreich aus einzunehmen. Auch der britische Geheimdienst hatte während des Krieges Kontakt zu den kanarischen Unabhängigkeitsgruppen, und es war wohl der inzwischen in Ungnade gefallene Doppelagent Kim Philby, der die Verbindung schließlich abbrach.

Die strategische Bedeutung der Inseln wurde seinerzeit sowohl von der NATO als auch vom Warschauer Pakt gesehen – immerhin liegen die Kanaren genau auf den Hauptschiffsrouten zwischen Europa, Südamerika und dem Süden der USA einerseits und zwischen Europa, Westafrika und Südafrika anderseits.

All diese historischen Verbindungen rechtfertigen die Rolle der Kanaren als eine Brücke zwischen Kontinenten und Kulturen. Zwar setzen die Inseln heute hauptsächlich dank des wachsenden Tourismus andere Präferenzen. Doch das ändert nichts daran, dass sowohl die jedem offen stehenden Flug- und Seeverbindungen – auf die lange Zeit die staatliche Fluggesellschaft Iberia und die Schifffahrtslinie Trasmediterránea das Monopol hatten – als auch die weltweiten technischen Verknüpfungen ermöglichen, dass die Brücken am Anfang des 21. Jahrhunderts bedeutend leichter zu überqueren sind. ■

◀ **Demonstranten zeigen Solidarität mit einer afrikanischen Befreiungsbewegung**
▶ **Im Karneval verwischen sich kulturelle Grenzen**

Kanarische Hunde

Nach der anerkanntesten Theorie, wie die Inseln zu ihrem Namen gekommen sind, landete vor ungefähr 2000 Jahren eine Galeere mit Forschungsreisenden aus Römisch-Mauretanien auf Gran Canaria und sah bei Ankunft, dass es vor Hunden nur so wimmelte. Doch es gab auch andere Theorien: Thomas Nichols, der im 16. Jahrhundert die Inseln beschrieb, stellt die These auf, dass sich die Inselbewohner von Hundefleisch ernährten. Der

spanische Historiker Francisco Gomara hingegen meint, dass überhaupt keine Hunde auf den Inseln waren, als die Eroberer ankamen und dass die Inseln nach einer roten Weintraube benannt wurden. Zahlreiche Archäologen glauben jedoch, dass sich der Name der Inselgruppe vom nordafrikanischen Stamm Canarii ableitet.

Eine Furcht einflößende Kreatur

Selbst wenn die anerkannte Theorie stimmt, wissen wir nicht, ob die von den Mauretanniern gefundenen Hunde tatsächlich mit den kanarischen Bulldoggen identisch waren. Diese waren auf Grund ihrer Grünfärbung als *verdino* bekannt, dem spanischen Wort für grün.

Der Verdino ist ein einfacher und glatthaariger, schwerer Wachhund mit breitem Kiefer, gewöhnlich gestreift, manchmal auch goldfarben, mit weißen Flecken auf der Brust. Er wiegt 40–50 kg. Ein Verdino in guter Verfassung ist ein Respekt gebietendes, kraftstrotzendes Tier, alles Eigenschaften, die dem Menschen jahrhundertelang in der Landwirtschaft geholfen haben. Guten Bekannten gegenüber ist er freundlich und sehr anhänglich, aber er weiß auch sein Revier zu verteidigen.

Professor Dr. Luis Felipe Jurado von der Veterinärmedizinischen Fakultät der Universität von Teneriffa hat sich über viele Jahre wissenschaftlich mit dem Verdino beschäftigt. Er befürwortet die Theorie, dass König Juba den Kanaren ihren Namen gab und ist davon überzeugt, dass die Hunde bereits vor den Menschen auf den Inseln waren. Nach seiner Theorie sind sie auf Flößen aus Afrika hier her gekommen, allerdings nicht auf von Menschen gebauten Flößen, sondern auf großen Bäumen, die der Sturm gefällt hatte und die nach Überflutungen der Festlandsflüsse auf den Atlantik hinausgetrieben wurden.

Als Raubhunde verfolgt

Wie oder wann sie auch immer ankamen: Die Verdinos gelten allgemein als mit der Geschichte der Inseln eng verbunden. Die Conquistadoren fürchteten diese Tiere so sehr, dass sie auf Teneriffa die meisten Verdinos umbringen ließen und jedem Schäfer nur noch einen einzigen Hund zum Hüten der Herde gestatteten.

Dieses im Mai 1499 erlassene Gesetz muss allerdings, nach der Häufigkeit seiner Veröffentlichungen zu urteilen, von den Inselbewohnern schamlos missachtet worden sein. Wer dem Gesetz zuwider handelte, musste mit der Prügelstrafe rechnen. Dennoch taten die Kanarier alles, um ihre kostbaren Tiere zu behalten. Da jedoch viele Ureinwohner bei den spanischen Eroberungskriegen ums Leben gekommen sind, verwilderten deren Verdinos und griffen die Ziegenherden an. Auf den Kopf dieser Hunde wurden schließlich Prämien ausgesetzt, und man bezeichnete sie damals als »schlimmer als Wölfe«.

Einmal wurde sogar jedem, der den Kopf eines Verdinos vorzeigen konnte, eine wertvolle Goldmünze gezahlt. In der Folgezeit erklärte der spanische Hauptmann Castillo, der sich in eine Guanchenprinzessin verliebte, den Verdino zu »einem ehrenwerten Hund, den er nicht verurteilen wolle«. Das Leben war weiterhin hart, und der Tod war in diesen schweren Zeiten für die Tiere ständig präsent. Auf Fuerteventura, wo die Verdinos jahrhundertelang Ziegen und Schafe gehütet hatten, wurden diese Raubhunde, wie man sie jetzt nannte, zur Tötung freigegeben.

Namensvariation

→ Der Verdino wird oft auch Berdino genannt, da die Buchstaben V und B beinahe untereinander austauschbar sind, insbesondere in der südamerikanischen und kanarischen Mundart.

Preis für einen reinrassigen Verdino ist stark gestiegen, falls Sie überhaupt Besitzer finden, die sich von ihm trennen wollen. Die Schäfer und Ziegenhirten auf Fuerteventura, wo der Verdino noch heute seine Arbeit verrichtet, wissen seinen Wert zu schätzen und haben die traditionelle Gofio- und Wasserkost durch proteinhaltigeres Futter ersetzt.

Auf Teneriffa veranstaltet der Club Español del Presa Canario (*presa* heißt Fanghund) regelmäßige Treffen und Wettkämpfe, die auf dem

Die gerettete Verdino-Rasse

Irgendwie hat der Verdino dann doch überlebt, auch wenn im 19. Jahrhunderts eine neue Spielleidenschaft der Engländer die Existenz der Hunde erneut bedrohte: der Hundekampf. Hierfür wurden eigens Bullterrier und andere englische und deutsche Kampfhunderassen auf die Inseln importiert. Da man durch Kreuzung noch stärkere und wildere Hunde für diesen grausamen Sport züchten wollte, war die Reinheit der Verdino-Rasse ernsthaft in Gefahr.

Der Hundekampf ist mittlerweile ganz verboten. Die Freunde des Verdinos fechten ihren eigenen Kampf um die Reinheit der Verdino-Rasse aus. Die meisten wehren sich strikt gegen ein selektives Züchten und wählen, ohne Mühen zu scheuen, Partner, die nicht miteinander verwandt sind. Verdino-Besitzer und Vereine wie die Solidaridad Canario bemühen sich um ein öffentliches Interesse an der Kanarischen Dogge. Die Kanarische Dogge ist derzeit noch keine eingetragene Rasse, obwohl der spanische Hundezüchterverband sie anerkannt hat und vorschreibt, wie ein reinrassiges Exemplar aussehen muss.

Doch langsam brechen für den Verdino bessere Zeiten an. Heute wird er so eifrig und liebevoll behütet, wie er einst zuverlässig seinen Herren behütete. Insgesamt hat das Interesse an diesem Hund in letzter Zeit stark zugenommen. Auch der

Hauptplatz von La Laguna, in Geneto, Tegueste und auch an anderen Orten ausgetragen werden.

Vielleicht sollte man das Schlusswort einfach dem spanischen Schriftsteller, Historiker und Naturkundler des 19. Jahrhunderts, Viera y Clavijo, überlassen, der den Verdino wohl am besten beschreibt: ».. . abgesehen von seiner grazilen Gestalt, seiner Lebhaftigkeit, seinem Mut und seiner Schnelligkeit besitzt er jenes feine und seltene Gespür, das es ihm gestattet, mit dem Menschen in Beziehung zu treten. Der Verdino versteht die Würde des Menschen, kämpft für dessen Sicherheit, gehorcht und hilft ihm, verteidigt und liebt ihn ... und weiß genau, wie er sich die Liebe seines Besitzers erwerben kann.« ∎

◀ ▲ **Die Moden der Züchter mögen sich ändern, aber das Verhältnis von Hund und Herrchen bleibt gleich**

Die Insulaner

Kanarischer Tourismus ist nie in diesem Ausmaß geplant worden, er entwickelte sich vielmehr über die Jahre von selbst. Heutzutage passt sich der Großteil der Inselbewohner den Umständen sehr gut an, doch es gibt viele Touristen, die während ihres auf Sonne und Vergnügen ausgerichteten Urlaubsaufenthalts nie aus ihren Touristenghettos ausbrechen und somit keinen einzigen Kanarier kennen lernen.

Denn der vielsprachige Empfangschef eines Hotels ist wahrscheinlich eher ein so genannter *godo* – ein Spanier vom Festland – als ein Kanarier. Ebenso sind viele Zimmermädchen, Kellner und Gärtner in den Aparthotels Andalusier und Galicier, angelockt von den verhältnismäßig hohen Verdienstmöglichkeiten.

Wie findet man also einen Kanarier? Und woran erkennt man, dass es auch wirklich einer ist? Auf Teneriffa ist es relativ einfach: Man mietet ein Auto und fährt ins Landesinnere oder schlendert durch die Straßen von Santa Cruz oder Puerto de la Cruz, die Touristenbars und Souvenirläden meidend. Oder man setzt auf eine der kleineren Inseln westlich von Teneriffa über und trifft dort auf jede Menge echter Kanarier, die zwischen den deutschen Hippies auf La Gomera sowie den britischen und schwedischen Astronomen auf La Palma leicht auszumachen sind.

Cho' Juáa – die Karikatur eines Kanariers

Die Karikatur eines Kanariers schlechthin ist der Cho' Juáa, ein beleibter Macho, der 1944 erstmals im »Diario de Las Palmas« auftrat. Sein enormer Bauch ruht auf dem Gürtel seiner rutschenden Hosen; irgendwo da, wo einmal seine Taille war, hängt ein breiter Stoffgürtel, aus dem der Griff seines *naife,* seines kanarischen Messers, herausragt. An seinen Füßen trägt er *closas,* übergroße abgelaufene Stiefel, und auf seinem Kopf sitzt ein ehemals schwarzer Homburg, der auch schon bessere Tage gesehen hat.

◀◀ **Die Einsamkeit einer Schafhirtin – Fischer an der Nordküste bringen ihre Boote an Land**
◀ **Im Trachtenlook**
▲ **Gut behütet**

Über seinem gut gefüllten Hemd trägt er eine offene und auch nicht zuknöpfbare Weste, während unter seinem »Banditen«-Schnurrbart ein Zigarettenstummel an der Unterlippe hängt; nur zu besonderen Anlässen und an Feiertagen wird dieser durch einen Zigarrenstummel ersetzt.

Cho' Juáa ist jedoch kein Trottel. Wie sein literarisches Pendant Pepe Monagas, der in einigen kanarischen Kurzgeschichten von Pancho Guerra

vorkommt, hat er ein Gespür für das Geschäft, bei dem ihm auch seine kluge und zänkische Frau Camildita hilfreich zur Seite steht. Cho' Juáa ist einfach gerissen, nichts ist ihm wichtiger, als gelegentlich seine Größe zu zeigen.

Eine neue Generation

Wie überall wirkten Karikaturen wie Cho' Juáas und Camilditas überzogen und sterben nun aus. Einige dieser Charaktere kann man noch auf den kleineren Inseln und in abgelegenen Dörfern finden, aber in den Städten ist für schroffe Verhandlungskünstler partout kein Platz mehr.

Cho' Juáa ist inzwischen immer abhängiger von seinen stadterfahrenen Nachfolgern geworden.

Die neuen Kanarier, die mit der Touristenflut aufwuchsen, sind besser ausgebildet, größer gewachsen und weniger korpulent. Sie können sich gewöhnlich im neuen Idiom des Strand-Englisch gut verständigen und sprechen manchmal sogar ein wenig Deutsch.

Manche kanarische Restaurants gleichen am Sonntag um die Mittagszeit einem Tollhaus. Mehrere Generationen einer großen Familie bemühen sich am selben Tisch um Aufmerksamkeit, und jeder Tisch wirbt wiederum um die Zuwendung des anderen. Die Kellner übertönen mittendrin durch ihre One-man-Show alles andere. Ein kanarischer

was wie eine nächtliche Straßenparty, oft am Vorabend eines wichtigen Festtages) und *trínqui* (Trinkparty) bis zu einer *mogollón* (Tag und Nacht andauernde Marathon-Straßenparty an Karneval). Die Einladung zu *tomar una copa* (auf ein Gläschen) bedeutet zu trinken, bis die Zunge sich gelöst hat und die Gespräche von selbst in Schwung kommen. Bevor sich der Abend seinem Ende zuneigt, werden oft *arranques* (einer für die Straße) bestellt.

Um in Top-Gesprächslaune zu kommen, stürmt der Kanarier unter Umständen in bester Cho'-Juáa- oder Pepe-Monagas-Tradition morgens um

Kellner ist fähig, die Bestellung im Tonfall eines Paradeoffiziers durch ein voll besetztes Lokal zu brüllen, aber am Tisch fordert er die höchste Aufmerksamkeit der Gäste heraus, weil er die Tagesmenüs mit leiser, fast flüsternder Stimme herunterrasselt. Man muss sich wirklich auf ihn allein konzentrieren, um herauszufinden, was die Küche am jeweiligen Tag bietet; und natürlich würde er es nie wagen, Sie zu beleidigen, indem er den Preis eines Gerichts nennt.

Die Fiesta – Partyzeit

Die Kanarier lieben wie die Festlandspanier alle Arten der *fiesta,* angefangen von einem *asadero* (Barbecue auf dem Land) über die *verbena* (so et-

neun in eine Bar auf einen Rum, um elf auf einen *gin tónica,* und zum Mittagessen gibt es dann eine oder zwei Flaschen *vino tinto* (Rotwein). Damit der Alkohol nicht allzu sehr zu Kopf steigt, isst man dazu meist eine *bocata* (Häppchen) oder auch ein paar *tapas.*

Ganz wichtig ist der Kaffee: wenig, stark und schwarz *(café solo),* wenig und schwarz mit dickflüssiger Kondensmilch *(café cortado)* oder eine Tasse oder ein Glas Milchkaffee *(café con leche).* Kaffee wird ausnahmslos – ebenso wie in Marokko und den übrigen arabischen Ländern – mit Unmengen von Zucker gesüßt, und auch der erfrischende Orangensaft, der aus den kleinen, an sich schon süßen Orangen gepresst ist, wird von Kanariern mit Vorliebe reichlich gezuckert. Eine Tradition, die ihre Wurzeln in jener Zeit hat, als die Kanaren ein bedeutender Zuckerexporteur waren.

Schlechte Gewohnheiten

Auch wenn Zucker, Rum und Tapas für den Hängebauch des Cho' Juáa verantwortlich sind, darf nicht vergessen werden, das die Kanarier ein verbindendes Hautplaster haben: den Tabak, der früher als eines der Hauptprodukte der Kanaren galt. In allen Bars und Kneipen hängt Tabakqualm in der Luft, und das vom spanischen Parlament beschlossene neue Antirauchergesetz wird auf den

wegs, dass er nicht auch an Frauen anderer Statur, Größe oder Haarfarbe interessiert bleibt; er hat ja schließlich seinen Ruf als Macho zu verteidigen.

Eine wichtige soziale Säule ist die Kirche. Selbst der nicht religiöse Kanarier geht mehrmals im Jahr in die Kirche – zur Taufe, zur Erstkommunion, zu Hochzeiten und Beerdigungen in seiner großen Familie, doch Gottesdienste sind weniger ein Akt der Gläubigkeit als vielmehr ein Akt in einem sich wiederholenden Lebensdrama. Der Priester predigt vor einem vollen Haus, aber die versammelte Zuhörerschaft ist ausgesprochen desinteressiert an seinem Vortrag oder der zentralen Botschaft.

Inseln mit der Geringschätzung aufgenommen, die man jeder Madrider Initiative gegenüber an den Tag zu legen pflegt.

Andererseits übernimmt der kanarische Mann in der Regel das traditionelle Verhalten der Festlandspanier gegenüber Frauen, Kindern und der katholischen Kirche. Er liebt Frauen *morena, bajita, gordita y con tetas grandes* (dunkel, klein, kräftig, mit großem Busen), doch das bedeutet keines-

◄ **Harte Arbeit hinterlässt Spuren im Gesicht eines Bauern**
▲ **Drei Generationen bei einem gemeinsamen Strandtag**

Kinder im Mittelpunkt

Kanarische Männer und Frauen sind gleichermaßen in ihre Kinder vernarrt. Für die Zukunft der Kleinen ist kein Aufwand zu groß: Desinteressierte genießen Privaterziehung, weniger Begabte kommen in Extraklassen, und an jedem Geburtstag und Namenstag, zu Weihnachten, am Dreikönigstag oder zur Erstkommunion werden Geschenke verteilt. Auf den Kanaren kennt man keine Trennung der Generationen: Auch die kleinsten Kinder begleiten ihre Eltern zu Fiestas, politischen Veranstaltungen, klassischen Konzerten, ins Kino oder in die Kirche.

Große Distanz zum Festlandspanier

Doch was unterscheidet den Kanarier von den anderen Spaniern, oder besser, wo sehen sie selbst den Unterschied? Vielleicht ist die kanarische Identität am besten mit den Worten *lo nuestro* (unser Eigenes) zu umschreiben. Dazu zählen *gofio* (fein geröstetes Weizenkorn) und Milch zum Frühstück, die geheime Vorliebe für Hahnen- und Hundekämpfe, die traditionelle Liebe zum kanarischen Ringkampf, den *lucha canaria,* die kanarische Musik und der kanarische Rum, vor allem aber sind es die Entfernung zum Festland und der eigene Dialekt. Die Kanarischen Inseln sind von

für Beschränkungen und unerwünschte Beamtenbürokratie. Einer dieser Bürden war, Franco 1936 als Militärgouverneur auf die Kanaren zu entsenden. Obwohl die autonome Regierung viele Verwaltungsaufgaben übernommen hat, sind die Kanarier immer noch verärgert über die große Zahl an *godos* in hohen Positionen sowie darüber, dass selbst geringfügige Änderungen der Genehmigung der Zentralregierung bedürfen. Die Bürokraten in Madrid sind bekannt dafür, dass sie lange brauchen, bis sie etwas entscheiden, und in den Augen mancher Inselbewohner behandeln sie die Kanaren immer noch als Kolonie.

Madrid nämlich weiter entfernt als von Dakar, der Hauptstadt des Senegal.

Für die Kanarier sticht die geografische Lage alles andere aus. Selbst Insulaner mit den klassischen romanischen Gesichtszügen und den spanischen Nachnamen, die so weit zurückreichen, wie man sie zurückverfolgen kann, schwören Stein und Bein, dass sie direkte Nachkommen reinrassiger Guanchen sind. Die meisten haben ein tief verwurzeltes Misstrauen gegenüber den *godos* und manche einen noch tieferen Abscheu gegenüber der *metrópoli* Madrid.

Die spanische Hauptstadt galt insbesondere während der Wirtschaftsrezessionen des 19. Jahrhunderts und während der Diktatur als Synonym

Es ist schwierig, *lo nuestro* einfach zu definieren. Es ist eine seltsame Mischung des spanischen *picaresco* (Spitzbubentum), des mittel- und südamerikanischen, unter anderem aus der dortigen Belletristik bekannten »magischen Realismus« (Kanarier sind immer ein bisschen größer als das Leben) und jener besonderen kanarischen Empfindung, die da heißt: *Canarias no es Europa, somos africanos* (»Die Kanaren gehören nicht zu Europa, wir sind Afrikaner«).

Sprachbarrieren

Die Entfremdung vom Festland zeigt sich besonders deutlich in der Sprache. Kanarier sprechen den Buchstaben »z« nicht als ein gelispeltes, englisches »th« wie auf dem Festland, sondern als ein »s« wie die Menschen Mittelamerikas. Die Insulaner sagen zum Beispiel »Lah Palmah«, »Ma'palomah« und »Santa Cru'« statt Las Palmas, Maspalomas und Santa Cruz. An zahlreichen Orten werden Konsonanten fast völlig verschluckt, so dass hier zum Beispiel aus Juan »Juáa« wird. Einige Wörter werden

Individualismo
→ Wenn es um die Missachtung kleiner Unannehmlichkeiten wie Rauch- und Parkverbote, Ampeln und Verkehrsschilder geht, sind Kanarier und Spanier auf einer Wellenlänge. Auf Spanisch nennt man diese Qualität, eine Art Kunstform, individualismo (Indivdualität).

ren manche Kanarier entweder verdutzt, oder sie starten eine Kampagne der sprachlichen Umerziehung, die Aussprache und Vokabular gleichermaßen beinhaltet.

Ein Wort wie *baifo* (junge Geiß) ist eine typisch kanarische Schöpfung und kommt aus der Eingeborenensprache. Andere Ausdrücke wie *naife* (kanarisches Messer), *chóni* (Fremder, vom englischen Namen Johnny), und *canbullonero* (aus »can buy on«, einem Ausdruck des Hafenjargons)

so zusammengezogen, dass sie selbst für Kanarier kaum mehr verständlich sind.

Auf einigen Inseln ist der örtliche Dialekt weniger anstrengend, und auf La Palma (nicht zu verwechseln mit »Lah Palmah«!) ist die Aussprache besonders weich und deutlich, wenn sie auch immer noch an ein mittel- und südamerikanisches Spanisch erinnert. Wenn man ein paar Brocken auf Festlandspanisch in ein Gespräch mixt, reagie-

◀ **Kinder werden in alle Lebenssituationen wie selbstverständlich einbezogen**
▲ **Mädchen auf einer Parkbank**

sind aus den Wirtschaftsbeziehungen mit den Briten entstanden. Das Wort für Kuchen ist *queque* (»cake«), und unter einem *yora* versteht man einen Passagier der Yeoward-Schiffslinie.

Ein weiterer charakteristischer Ausdruck, den die Kanarier schon früh vom lateinamerikanischen Spanisch übernommen haben ist *Ustedes* für die anerkannte Pluralform von »du« statt des festländischen *vosotros*. Auf dem Festland sind *Usted* und *Ustedes* (»Sie«) unter Leuten gebräuchlich, die sich nicht so gut kennen, oder wenn der Status auseinander klafft. Auf den Kanaren wird es jedoch auch unter engen Freunden und in der Familie verwendet, während *vosotros* beinahe als Beleidigung angesehen wird. ■

Kanarischer Kampfsport

Unter den Einheimischen ist die *lucha canaria,* der kanarische Ringkampf, mit großem Abstand die beliebteste Sportart. Die maßgeblichen Offiziellen des Sports hatten sogar versucht, die *lucha* bei den Olympischen Spielen in Barcelona 1992 als eine offizielle Disziplin anerkennen zu lassen. Dabei führten sie als Argument an, dass der Ringkampf auch international verbreitet sei, da kanarische Auswanderer den Sport sowohl im gesamten süd- und mittelamerikanischen Raum als auch auf der Iberischen Halbinsel populär gemacht hätten. Die Ablehnung des vermeintlich berechtigtes Anliegens seitens des Olympischen Komitees empfanden die Kanarier als eine erneute Missachtung Madrids gegen die kanarische Eigenständigkeit.

Historische Wurzeln

Man vermutet, dass die Wurzeln der *lucha canaria* bis in die Zeit der Guanchen zurückreichen. Wie kanarisch der Sport jedoch wirklich ist, bleibt unklar. Mit Sicherheit gab es die *lucha* bereits vor der Eroberung, anderseits sind ähnliche Kampfstile auch in Nordspanien, den Schweizer Alpen, im Westen Großbritanniens und sogar in Teilen Afrikas zu finden.

Die wichtigsten Veranstaltungen wurden von Chronisten aufgezeichnet. Aus diesem Grund ist bekannt, dass Ausscheidungskämpfe oft den Charakter eines Duells oder Dreikampfes hatten, die auch Streitigkeiten der Kontrahenten schlichteten. Ringkämpfe waren auch Teil der militärischen Ausbildung und dienten der Unterhaltung bei großen Festen; bei einer königlichen Hochzeit etwa galten sie als unterhaltsame Einlage.

Europäische Reisende wussten zu berichten, dass spezielle Austragungsorte für die Kämpfe auserwählt wurden. »Sie präparierten Plätze außerhalb des Dorfes, auf denen die Kämpfe stattfanden. Dort trennten sie mit Steinen einen Kreis ab und erhöhten den Kampfplatz, so dass jeder zuschauen konnte«, schrieb ein Besucher. Die Spani-

er versuchten vergeblich den Sport unter Kontrolle zu bringen, die *lucha* war nicht so einfach klein zu kriegen.

Im 19. Jahrhundert waren die »gebildeten Schichten« der Gesellschaft der Meinung, dass »Spektakel dieser Art der Vergangenheit angehören sollten«. Doch diese Ansicht fand in der Bevölkerung keine Mehrheit, und bis zum Ausbruch des Spanischen Bürgerkriegs 1936 bewahr-

te sich die *lucha canaria* sehr viel von ihrem ursprünglichen Charakter.

Während der Franco-Ära war die *lucha* ebenfalls verpönt, doch seit der Einführung der Demokratie 1976 stößt sie wieder auf öffentliches Interesse und fand sogar Sponsoren. Heutzutage sind die meisten Kampfplätze in moderne Sportanlagen oder Stadien umgebaut worden. Diese Kampfringe heißen *terreros* – ein Wort, das aus dem Portugiesischen kommt.

◀ **Der Stockkampf ist eine hohe, aber gefährliche Kunst**
▲ **Der kanarische Ringkampf kann auf eine lange Geschichte zurückblicken**

Die Kampfrituale

In der heutigen Form ist die *lucha* nicht mehr ein Einzel-, sondern Mannschaftssport. Jedes Team besteht aus zwölf Kämpfern, von denen jeweils einer gegen einen Ringer des gegnerischen Teams antritt. Die einzelnen Runden *(bregas)* werden in einem Sand bedeckten Ring von neun bis zehn Metern Durchmesser ausgetragen.

Zu Beginn einer Runde greift der Ringer mit der rechten Hand die rechte seines Gegners und mit der linken dessen aufgerollte Shorts. Während die Kämpfer einander näher kommen, streifen sie mit ihrer rechten Hand über den Sandboden des *terrero,* und der Kampf nimmt seinen Lauf.

Durch Beinstellen, Hochstemmen oder Körpereinsatz versucht jeder, den anderen immer wieder aus dem Gleichgewicht zu bringen. Wichtig dabei

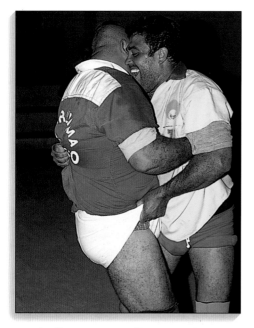

ist, die Shorts oder das Hemd des Gegners zu packen. Die Runde gilt als verloren, wenn ein anderes Körperteil als die Füße den Boden berührt; stürzen beide Männer, verliert derjenige, der zuerst den Boden berührt. Jedes Teammitglied muss wenigstens zwei von drei Runden gewinnen, um einen Punkt für sein Team zu ergattern. Der Gewinner wird nach langer Diskussion alleine vom Schiedsgericht verkündet. Die Rituale deuten darauf hin, dass es sich hier um die ehrwürdigste aller Sportarten handelt.

Die *lucha canaria* ist traditionell der Sport der Landbevölkerung, der an Feiertagen und in den Ferien auf Tennen praktiziert wird, wo einst das Stroh gedroschen wurde. Diese Festtage sind je-

doch rar, so dass es sich ein Kanarier aus der Stadt nicht nehmen lässt, während des Sonntagspicknicks auf dem Lande mit einem Freund oder Bekannten zu ringen. Sogar Einwanderer freundeten sich mit der *lucha* an: Zur Mannschaft von El Hierro gehören zwei deutsche Brüder, die auf der Insel aufwuchsen.

Kampf mit Stock und Stein

Eine weniger bekannte Tradition auf den Inseln ist der Stockkampf *(juego del palo),* obwohl er in letzter Zeit wieder beliebter wird. Für diesen Sport wurde eigens eine Kontrollbehörde eingerichtet, und auch in der *Universidad Laboral* steht er wieder auf dem Stundenplan.

Vor der spanischen Eroberung war der Stockkampf Teil eines gefährlichen Spiels. Wenn sich zwei Kanarier zum Duell herausforderten, begaben sie sich zu einem vereinbarten Platz, einer erhöhten Arena mit einem flachen Stein, der groß genug war, dass ein Mann aufrecht an jedem Ende stehen konnte. Jeder Kämpfer war mit drei großen Steinen zum Werfen bewaffnet, drei kleinen Steinen zum Schlagen und einem Stock, der *magodo* oder *amodeghe* genannt wurde.

Zuerst warfen sie die großen Steine, denen sie geschickt auswichen, indem sie ihre Körper hin und her drehten, ohne die Füße zu bewegen. Anschließend stiegen sie auf den Boden hinab. Nun standen sie sich mit dem *magodo* gegenüber und versuchten, sich die Unterarme zu zerschmettern. Dabei benutzten sie kleine Steine zwischen ihren Fingern als Schlagring. Nach der spanischen Eroberung verbot ein Gesetz den Inselbewohnern den Besitz von Waffen. Nur die Hirten waren von dieser Regelung ausgenommen, da sie einen Stock zum Schutz ihre Herden benötigten.

Der Stock ist ungefähr 1,80 Meter lang und 2,5 Zentimeter dick. Hierfür eignet sich jedes Holz, das gerade verläuft und nicht splittert. Am beliebtesten sind der kanarische Busch *membrillo* oder das Holz des importierten Kirschbaums. Eine Rute in entsprechender Länge wird noch grün geschnitten. Die Rinde wird entfernt, und dann setzt man den Stab der Witterung aus. Der gereifte Stab wird mit Schweinefett oder Leinöl eingerieben, das ihm die nötige Elastizität verleiht; doch kaum ein Profi wird offen zugeben, dass er statt Leinöl ein Fertigprodukt verwendet.

Wie bei der *lucha* zeigt auch dieser Kampf auf den verschiedenen Inseln ein völlig unterschiedliches Gesicht. Die »Schule« von Fuerteventura zieht einen eher defensiven kraftbetonten Stil vor, während Anhänger des Teneriffa-Stils mehr auf Schnelligkeit bauen. Auf Gran Canaria heißt Stock *garrote,* auf Teneriffa wie der Sport selbst *banot* und auf Fuerteventura *lata.*

Der *juego del palo* (Stockkampf) stammt ebenso wie das Ringen aus den ländlichen Gebieten, und die meisten seiner Anhänger waren deshalb Ziegenhirten. Vor nicht allzu langer Zeit trafen sich Hirten auf Fuerteventura gelegentlich zu einer »Beratungsrunde«, um über Streitigkeiten zu verhandeln. Kamen sie während der Gespräche

eintrafen. Die Knute der Kameltreiber, die etwa einen Meter misst, ersetzte nun den Hirtenstock.

1860 wurde der *palo camellero* auf Teneriffa eingeführt, und in den 1920er Jahren benutzten bereits die meisten Kämpfer auf den Inseln den kurzen Kameltreiberstock. Dieser Stil überlebte jedoch die Franco-Ära nicht.

Eine andere beliebte Kampfsportart auf den Inseln ist der Hahnenkampf, der noch immer erlaubt ist und in manchen ländlichen Gegenden die Massen begeistert. Auch wenn es auf Außenstehende barbarisch wirkt, ist er wesentlicher Teil der einheimischen Kultur. ■

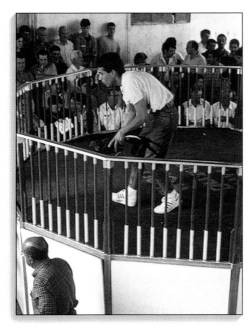

zu keinem Ergebnis, musste der Stockkampf über Recht und Unrecht entscheiden.

Vergessene Kampfsportarten

Eine Variante dieses Sports entwickelte sich im 19. Jahrhundert, als die ersten Kamele von Nordafrika als Last- und Arbeitstiere auf Fuerteventura

◀ **Kraftprobe in Puerto**
▲ **In ländlichen Gegenden kommt der Hahnenkampf noch vor**
▶ **Lucha Canaria gehört zum kulturellen Erbe der Altkanarier**

Wo die Kämpfe zu sehen sind

Sowohl »lucha canaria« als auch »juego del palo« sind zu beliebten Touristenattraktionen avanciert, die im Rahmen von Ortsfesten oft als Schaukämpfe zu sehen sind. Plakate kündigen die Wettkämpfe an, über die auch die Lokalpresse ausführlich berichtet. Im Hotel Tigaiga in Puerto de la Cruz finden jeden Sonntagvormittag Schaukämpfe des »lucha canaria« statt. Und wer sich das Spektakel live im Fernsehen in einer Bar zu Gemüte führt, fühlt sich innerhalb der begeisterten Menge direkt an den Kampfring versetzt.

Einheimische im Gespräch

Besucher fragen sich vielleicht, was die vornehmlich älteren Männer in den Bars oder auf Parkbänken gerade zu besprechen haben, die hier zum Teil Stunden lang ausharren. Vielleicht fragen sie sich auch, mit welchen Meldungen die lokalen Zeitungen gefüllt sind oder worüber im Radio so leidenschaftlich debattiert wird. Doch eigentlich unterscheiden sich die Gesprächsthemen der Einheimischen gar nicht von jenen der meisten ande-

ren Völker. Tatsächlich sind die eigene Belange immer wichtiger als nationale oder internationale Anliegen – und die Politik ist nicht unbedingt das Interessanteste.

Die Rolle der Lokalpresse

Der meisten Insulaner beziehen ihre Informationen aus Radio und Fernsehen, die lokalen Zeitungen spielen nur eine untergeordnete Rolle. Wer sich für internationale Politik interessiert, kauft die Tageszeitung »El País«, die täglich von Madrid eingeflogen wird, umfassend informiert und billiger als die örtlichen Zeitungen ist.

Die Lokalpresse berichtet nur in Kurzform auf den Innenseiten über internationale Ereignisse, weit mehr Raum wird den lokalen Sportnachrichten wie Ringen, Basketball und Fußball gewidmet. Da Feste jeder Art, vom Dorffest und dem städtischen Festival bis zum alles in den Schatten stellenden Karneval, am meisten Gesprächsstoff liefern, berichtet auch die lokale Presse ausführlich darüber. Der Karneval übertrifft an Spaltengröße und – länge alles andere, dann sind die Gazetten täglich mit mehreren Sonderseiten gefüllt. Es ist überhaupt erstaunlich, wieviel Zeit, Geld und Mühe die Kanarier für den Karneval aufwenden (s. S. 93 f.). Wenn sie diese Hingabe und Begeisterung auf ihr tägliches Geschäftsleben übertragen würden, wären sie innerhalb der EU vermutlich die stärkste Wirtschaftskraft.

Wachsende Kriminalität

Auch kriminelle Delikte wie Drogenhandel, Raubüberfälle und Verkehrsunfälle liefern häufig Schlagzeilen. Die Inseln ziehen auf Grund ihres Freihafenstatus und ihrer strategisch günstigen Lage zahlreiche Rauschgifthändler an. Die vielen tausend ausländischen Besucher und die milden spanischen Drogengesetze betrachten die Dealer als willkommene Einladung.

Darüber hinaus sind Einbrüche an der Tagesordnung, besonders in den Siedlungen, in denen Ausländer ihren Zweitwohnsitz haben. Der Polizei wachsen die vielen Anzeigen über den Kopf; es langweilt sie beinahe, in regelmäßigen Abständen immer die gleichen Missetäter zu belangen. Auto- und Taschendiebe sind in größeren Städten und Urlaubsorten ebenfalls gut unterwegs, dafür gibt es auf der Insel kaum Gewaltverbrechen.

In den späten 1990er Jahren berichteten Zeitungen von einem starken Anstieg an Verkehrsunfällen mit Todesfolge. Die Straßenverhältnisse auf Teneriffa sind im Allgemeinen gut; also sind überhöhte Geschwindigkeit, Alkohol oder Rauschgift die Ursachen für die meisten Unfälle, die sich meist am Wochenende und in der Nacht ereignen.

Bargespräche

Die Gesprächsthemen in den zahlreichen Bars hängen natürlich sowohl vom Typ als auch von der Lage der Bar ab. In den Weinschenken *(ventas)* auf dem Lande ist vermutlich die Kartoffelernte das spannendste und ergiebigste Thema. Doch auch beim Damenfriseur, auf eleganten Dinnerparties und beim Stehempfang werden die aktuellen Kartoffelpreise ähnlich heiß diskutiert wie in der Londoner City die Aktienkurse.

Eigentlich könnte man meinen, dass auf den Inseln, die vorrangig vom Tourismus leben, der Fremdenverkehr und die Fremden im Mittelpunkt der Gespräche stehen müssten, doch anscheinend interessieren sich nur Reisebürokaufleute, Hotelmanager und andere in der Wirtschaft Tätige für dieses Thema; in der Öffentlichkeit wird allenfalls ab und zu über die jüngsten Trinkexzesse in Playa de las Américas gelästert.

Mehr Sinn für Umweltschutz

Das Thema Umweltschutz wird neuerdings immer dann ins Spiel gebracht, wenn neue Feriensiedlungen oder Hotels gebaut werden. Wenn mit leidiger Regelmäßigkeit im Sommer wieder Waldbrände den Baumbestand von La Gomera, La Palma, Teneriffa und Gran Canaria dezimieren, liefert das naturgemäß jede Menge Gesprächsstoff. In den letzten Jahrzehnten fielen hunderte Hektar Kiefernwald den Flammen zum Opfer, obwohl dieser Verlust längst nicht so schlimm war wie der Großbrand 1984 auf La Gomera; denn dieser forderte sogar 21 Menschenleben einschließlich des neu ernannten Zivilgouverneurs von Teneriffa, der sein selbstgerechtes politisches Handeln mit dem Tod bezahlen musste.

Das einzig Gute an den schrecklichen Bränden ist, dass sie zu einer steigenden Mitgliederzahl in den Umweltschutzverbänden führen. Diese immer aktiveren Gruppen üben politischen Druck auf das kanarische Parlament aus und erzwingen somit eine Reihe die Umwelt schützender Gesetze. Das unkontrollierte und häufig unerlaubte Bauen von Betonburgen am Rand von Städten und Dörfern sowie die über viele Jahre gedanken-

◀ **Kleiner Gedankenaustausch in einer Dorfbar**
▲ **Die Kioskstandplätze für den Karnevalsumzug werden versteigert**

Lesemuffel
→ Die Lesebegeisterung ist auf Teneriffa nicht so stark ausgeprägt wie in den meisten anderen Teilen Europas, nur etwa 38 Prozent der Inselbewohner lesen regelmäßig eine Zeitung.

lose Entwicklung der Küstengebiete wird allerdings bis heute zwar weitgehend verurteilt, jedoch offensichtlich nicht gestoppt.

Separatistische Bestrebungen

Unabhängigkeit ist ein Wort, das in den Zeitungen und in Graffitis auf Mauern und Wänden häufig vorkommt, ein Schlagwort mit zwei Bedeutungen. Zum einen gibt eine kleine Gruppe radikaler Separatisten, die sich aus ethnischen Gründen komplett vom spanischen

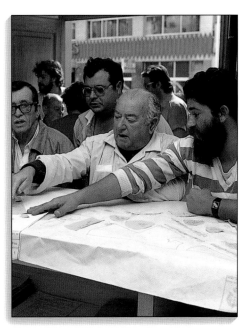

Mutterland lossagen will. Politisch wurde sie ursprünglich von der im Jahre 1963 gegründeten MPAIC vertreten, die sich heute AWANAK nennt. Das Symbol dieser separatistischen Partei ist das Spiralenlabyrinth, eine Aufforderung an die *godos,* sich von den Inseln zurückzuziehen.

Die meisten Kanarier verbinden mit Unabhängigkeit jedoch den speziellen Inselstatus, den eigenen Interessenschutz und die Abkehr von den Festlandsparteien. Sie fühlen ihre Interessen zum Schutz ihrer Identität in der Unabhängigen Vereinigung Teneriffas (ATI), den Kanarischen Unabhängigen (ACI) und der kanarischen Koalition, einer Wählergemeinschaft unterschiedlicher Splitterparteien vertreten. ■

Von Karneval bis Corpus Cristi: Fiestas

Den Tinerfeños, den Einwohnern Teneriffas, ist kein Weg zu weit, um bei einer richtigen *fiesta* dabei zu sein. Sie reisen ohne weiteres von einer Inselseite zur anderen, wenn es darum geht, mal wieder richtig »einen draufzumachen«.

Glaubt man den Einheimischen, findet jeden Tag irgendwo auf dem Archipel eine Fiesta statt. Oft handelt es sich allerdings um kleine lokale Festivitäten, wovon der Normaltourist selten etwas mitbekommt, es sei denn, er nimmt das leuchtende Feuerwerk am Nachthimmel wahr. Doch selbstverständlich gibt es auch wichtige Events wie den *carnaval* (Karneval) und die Feierlichkeiten rund um *Corpus Cristi* (Fronleichnam).

Der Karneval als Krönung

Für die Tinerfeños ist der Karneval in Santa Cruz die absolute Krönung. Während dieser Zeit wird ihr ganzer Alltag zu einer einzigen Fiesta, eine Art ansteckende Tollheit übernimmt dann langsam, aber sicher das Kommando und legt am Ende sogar die ganze Geschäftswelt lahm.

Die gängigste Theorie über den Ursprung des *carnaval* verweist auf das Lateinische *carne vale,* (»Fleisch ade«): Für fromme Katholiken beginnt die 40-tägige fleischlose Fastenzeit mit dem Ende des Narrentreibens. Bereits lange vor dem Christentum wurde der Karneval jedoch in den meisten Teilen Südeuropas als eine Art Frühlingsfest gefeiert, und die Fastentage fielen in die Zeit akuter Nahrungsengpässe, als die letzten für den Winter zur Seite gelegten Fleischreserven zur Neige gegangen waren.

In Spanien führten Felipe IV (1621–65) und der ihm folgende Carlos III (1759–83) als erstes die Maskenbälle auf venezianische Art ein. 1802 hatte der Karneval in Puerto de la Cruz (damals noch Puerto de la Orotava) bereits den Status eines beliebten Volksfestes erreicht; in den Auf-

zeichnungen des Grafen von Buen Paso, Juan Primo de Guerra, steht zu lesen: »Meine Schwester ... würde sich glücklich schätzen, vorausgesetzt, ich bin einverstanden, wenn sie für die Zeit des *carnaval* ein Haus in Puerto de la Orotava mieten könnte, um die Freuden zu genießen ...«

Viele Jahre später waren unter Franco öffentliche Karnevalsveranstaltungen in ganz Spanien verboten, da die diktatorische Führung befürch-

tete, unter dem Narrengewand könnten Kriminalität und subversives Gedankengut ungehindert Fuß fassen. Doch ähnlich wie in früheren Jahren bereits die *conquistadores* bekam auch Franco zu spüren, dass die Tinerfeños nicht so leicht unterzukriegen waren. Sie tauften ihren Karneval schlicht in *las fiestas de invierno* (Winterfeste) um und umgingen somit das Verbot.

Franco, der wusste, dass an Fasching Umsturzgedanken nicht ernsthaft zu befürchten waren, drückte ein Auge zu. Doch untersagte er religiöse oder militärische Maskierung. Seit seinem Tod im Jahre 1975 ist wieder alles erlaubt, einheimische und ausländische Persönlichkeiten werden an Karneval gnadenlos verspottet.

◄ ◄ **Für den Karneval geschminkt**
◄ **Einmal im Jahr darf man seine Fantasien öffentlich ausleben**
▲ **Zum Karnevalsvergnügen gehört auch das Parodieren von Politikern – z. B. von Fidel Castro**

Der Karneval heute

Inzwischen gilt der Karneval von Santa Cruz offiziell als einer der besten Europas und sogar der Welt, der nur von Rio de Janeiro oder New Orleans überboten wird; Puerto de la Cruz folgt dicht dahinter. Auch Las Palmas auf Gran Canaria beansprucht den begehrten Titel für sich, ob berechtigt, sei dahingestellt.

Der Karneval dauert in etwa zehn Tage, aber der absolute Höhepunkt ist der Faschingsdienstag, wenn die *corso* (große Parade)

Guinness-Rekord
→ Santa Cruz schaffte 1987 den Eintrag in das Guinnessbuch der Rekorde, als 240 000 Menschen auf der Plaza de España das größte Open-Air-Karnevalsfest der Welt feierten.

steckte Urinale für dringende Bedürfnisse.

Carnaval macht hungrig und durstig. Traditionelle Drinks sind *cubata* (Pampero-Rum und Cola), und an zahlreichen Kiosken kann man zwischen den Snacks *churrus* (eine Art Berliner) und *pinchitos* (gut gewürzte Schweinestücke) kaufen. Dabei ist das Gerangel um die besten Standorte zwischen den Imbissverkäufern sehr groß.

stattfindet. Jedes Jahr steht unter einem anderen Motto, die Vielfalt an Masken und Kostümen ist bemerkenswert. Der starke lateinamerikanische Einfluss ist unverkennbar, und immer mehr Männer verkleiden sich als »Tunte«. Die Tänzer werden oft von den *murgas* begleitet, einer Gruppe von Sängern, die satirische und aktuelle Lieder vorträgt.

Solch riesige Ereignisse bedürfen natürlich genauester Planung, wozu neben erhöhter Polizeipräsenz seit neuestem auch *pipis móviles* (fahrbare Toiletten) gehören, die die Stadt vor »Überschwemmungen« bewahren sollen. Viele der alten Häuser besitzen in den Eingangsfluren auf Grund eines alten Gesetzes ohnehin noch diskret ver-

Blumenteppiche an Fronleichnam

Die zweitwichtigste Veranstaltung des Jahres ist die bedeutsame religiöse Fiesta *Octavo de Corpus Cristi* (Fronleichnam), die Ende Mai oder Anfang Juni stattfindet und in allen katholischen Ländern acht Tage lang gefeiert wird. Auf Teneriffa wetteifern La Laguna und La Orotava darum, welche Stadt ihre Straßen und Plätze mit den schönsten und kunstvollsten Blumenteppichen und farbenprächtigsten Vulkansandbildern geschmückt hat. Kunstwerke dieser Art werden auch in Lateinamerika während der Karwoche, am eindruckvollsten in Antigua in Guatemala, gefertigt. Die Bilder, die in Monate langer akribischer Arbeit fertig gestellt werden und religiösen Bildern und Wandteppichen ähneln, werden während der feierlichen Prozession in Minutenschnelle von den Massen der frommen Teilnehmer zertrampelt. Der Geruch zermalmter Blüten und Erde bleibt jedoch bis zum Einbruch der Dunkelheit zurück.

Nach dem *Corpus Cristi* folgt traditionellerweise bald die *Romería* (Wallfahrt), ein buntes Fest mit Essen, Wein, Gesang und Tanz. Auf diesen Feiern ziehen Blumen geschmückte Ochsen zahlreiche in Tracht gekleidete *Canarios* mit dem Karren durch die Straßen, und Leckereien aller Art werden mit gutem Wein hinuntergespült. Das Fest ist so beliebt, dass zeitliche Absprachen zwi-

Weitere Anlässe zum Feiern

Selbstverständlich gibt es auch später im Jahr zahlreiche Feste. Mitte Juni findet in Puerto de la Cruz die *Fiesta de la Virgen del Carmen* statt, wo es am alten Hafen heiß her geht. Ende August veranstaltet Los Cristianos das Fest *Nuestra Señora del Carmen* mit Prozessionen, Feuerwerk und viel Atmosphäre. Mitte September feiert La Laguna *Santísimo Cristo* mit Feuerwerk, Oldtimer-Rennen und Ringkämpfen des *lucha canaria;* und die ganze Insel ist am 12. Oktober auf den Beinen, wenn am *Día de la Hispanidad* der Entdeckung Amerikas gedacht wird. ■

schen den einzelnen Gemeinden bestehen, um Überschneidungen zu vermeiden. Zwei der wichtigsten Veranstaltungen sind die *Romería de San Isidro* Mitte Juni in La Orotava und die *Romería de San Benito* in La Laguna etwa zwei Wochen später. Kleinere Feste finden im Juni in Icod, Güímar, Arico und Granadilla statt; über die genauen Termine geben die Touristeninformationen nähere Auskunft.

◄ **Blumenteppiche zu Fronleichnam in La Laguna**
▲ **Langes Feiern macht müde**
► **Bei Prozessionen als Träger mitzuwirken gilt als Ehrenamt**

Nuestra Señora de la Candelaria

Am 15. August strömen die Kanarier in einer großen Wallfahrt zu Ehren der Nuestra Señora de la Candelaria zur gleichnamigen Kirche (s. S. 173 f.). Eine Legende besagt, dass 1392 zwei Guanchenhirten an der Küste des heutigen Candelaria eine Madonnenfigur mit Kind entdeckten. Das an der Ostküste gelegene Candelaria ist die größte Heiligenstätte der Insel und der Kirchplatz an diesem Tag mit Tausenden von dicht gedrängen Menschen gefüllt. Das Datum fällt mit dem Nationalfeiertag Asunción (Mariä Himmelfahrt) zusammen. '

Karneval – der organisierte Exzess

Die überschwängliche und exzessive Ausgelassenheit der Tinerfeños an Karneval ist kein spontaner Energieausbruch, sondern basiert auf sorgfältigen Vorbereitungen das ganze Jahr über.

Kurz vor Karneval verfällt Teneriffa in eine mitreißende Partystimmung. Das Aufsehen erregende Fest in der Inselhauptstadt ist mittlerweile zu einem weltweit bekannten Event geworden, das seit Jahren seinen Platz im Guinness-Buch der Rekorde hat.

Santa Cruz ist der Hauptschauplatz der verrückten Tage, doch Puerto de la Cruz braucht sich der Metropole gegenüber nicht zu verstecken, was fantasievolle Kostüme und Feuerwerkszauber angeht. Auf Außenstehende wirkt die Karnevalsbegeisterung wie ein spontane Explosion der Gefühle, doch Feste dieser Größenordnung ziehen natürlich einen entsprechenden Organisationsaufwand nach sich; sobald die letzten Colabüchsen und der Papiermüll weggekehrt sind, beginnen schon die Vorbereitungen für das nächste Jahr. Nüchterne Nordeuropäer können nicht nachvollziehen, dass man so viel Energie und Geld in dieses kurzlebige verschwenderische Glück investieren kann, doch das sehen die Tinerfeños selbstredend anders.

Festrituale

Das größte Tanzfest der Welt zieht sich mit den Nachfeiern mindestens zwei Wochen hin. Zu Beginn wird die Königin gewählt, dann folgen spektakuläre Straßenumzüge mit kunstvollen Festwägen und kostümierten Tänzern. Vor allem am Faschingsdienstag laufen neben den Paraden jede Menge Konzerte, Tanzshows, Straßentheater und Kinderspiele ab, und über viele Stunden stehen die Straßen der Altstadt ganz im Zeichen der Salsabands.

Jedes Jahr können die Teilnehmer unter einem bestimmten Motto kräftig Dampf ablassen. Das Franco-Regime sah den Karneval einst als Gefahrenherd für Umsturzgedanken und Regimekritik. Heute sind keine heiligen Kühe mehr unterwegs, und jede sexuelle Haltung oder politische Meinung kann frei geäußert werden.

▶ **Augenblick des Ruhms**
In solche fantastischen Kostüme muss man viel Zeit und Geld stecken, aber den Tinerfeños ist es die Sache wert, auch wenn der Ruhm nur von kurzer Dauer ist.

▲ **Kopfschmuck**
Je größer desto besser, scheint das Motto für den Kopfschmuck zu sein, doch damit die Balance zu halten und noch zu lächeln, ist kein einfaches Unterfangen.

▶ **Lateinamerika als Vorbild**
Viele Karnevalskostüme haben eindeutig einen lateinamerikanischen Touch und ähneln in Farbe und Form den in Rio de Janeiro getragenen Gewändern.

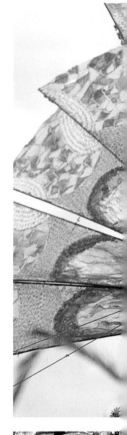

Das Begräbnis der Sardine

Seinen krönenden Abschluss erreicht der Karneval auf Teneriffa mit dem »Begräbnis der Sardine« am Aschermittwoch. Streng genommen ist das eigenartige Ritual eher eine Feuerbestattung als ein Begräbnis, das in einem spektakulären Feuerwerk gipfelt, nachdem die übergroße, reich geschmückte Sardine aus Pappmaschee im Hafenbereich angezündet wurde. Vorher wird der Fisch in Begleitung von Trommeln und Pfeifen würdevoll durch die kopfsteingepflasterten Gassen von Santa Cruz geleitet. Trommler hämmern dumpfe Rhythmen, und Menschen in Trauerkleidung schreien sich ihre gespielte Pein lautstark von der Seele. Dabei sehen sie unbeschreiblich lustvoll aus. Zuletzt wird der Fisch niedergelegt und abgefackelt, bis der Himmel voller sprühender Funken ist.

▲ **Straßenmusikanten**
Manche Band legt auf bunte Kostüme mindestens ebenso viel Wert wie auf flotte Rhythmen.

◄ **Nachwuchsnarren**
Kinder haben ihre eigenen Prozessionen und genießen den Karneval mindestens ebenso wie ihre Eltern.

▶ **Herumschäkern**
An Karneval werden wildfremde Menschen zu besten Freunden, auch wenn am nächsten Morgen keiner mehr weiß, wen er geküsst hat.

Immigrantenleben

Nach der letzten Zählung der Polizeihauptwache leben offiziell 23 224 Ausländer in der Provinz Teneriffa. Angesichts der Tatsache, dass die gesamte Bevölkerung nur knapp 700 000 beträgt und zahlreiche Ausländer gar nicht registriert sind, ist diese Anzahl beachtlich. Auch die vielen Zugvögel, die hier von November bis April nur überwintern, sind in der Zählung nicht inbegriffen.

Mit 11 000 Einwanderern stellen die Briten die größte Gruppe in der Provinz, doch zählt man die offiziell nicht registrierten Menschen hinzu, verdoppelt sich die Anzahl nach vorsichtigen Schätzungen sogar. Nicht registriert sind jene, die sich kürzer als sechs Monate auf der Insel aufhalten oder gefälschte Papiere vorlegen.

Das gleiche Problem hat das deutsche Konsulat mit den Bundesbürgern, die mit 6000 Registrierungen an zweiter Stelle rangieren. Dritte Kraft sind die Inder, die sich mit Elektro- und Souvenir-Shops auf den Handelssektor spezialisiert haben. Belgier stehen an vierter Stelle, gefolgt von den Skandinaviern und den etwa 1000 Franzosen.

Der weitaus größte Teil der ausländischen Gemeinde lebt auf Teneriffa selbst, im Norden bevorzugt in Puerto de la Cruz, La Orotava, Santa Ursula, El Sauzal, Tacoronte, Mesa del Mar und Bajamar. Einige wohnen in Santa Cruz oder Radazul und Tabaiba. Im Süden konzentriert sich die Mehrzahl der Gäste auf Los Cristianos, Playa de las Américas, die Costa del Silencio, El Médano, Callao Salvaje, Marazul und Puerto de Santiago mit Los Gigantes.

Ein paar unternehmungslustige Pioniere haben sich auf den kleineren Inseln La Gomera und El Hierro, vor allem aber in Los Llanos de Aridane auf La Palma niedergelassen, das sich inzwischen unter Deutschen und Briten auch dank des guten Weines großer Beliebtheit erfreut.

◄ ◄ **Die rekordverdächtige Sonnenscheindauer ist ein Hauptgrund für den Zuzug neuer Residenten**
◄ **Golf ist unter den Emigranten eine beliebte Beschäftigung**
▲ **Im Halbschatten lässt es sich gut aushalten**

Vorteile für Gesundheit und Geldbeutel

Von allen registrierten Emigranten sind 70 Prozent bereits pensioniert. Die meisten leben hier wegen des milden Klimas, das besonders für Herz- und Asthmakranke lindernd wirkt.

Andere wiederum glauben, die Kanaren seien immer noch das Steuerparadies, in dem man dem heimischen Fiskus ein Schnippchen schlagen kann. Ein Trugschluss, denn im Großen und

Ganzen ist die Einkommensteuer zwar immer noch niedriger als im übrigen Europa, doch seit mehreren Jahren haben die Inselregierungen eine Reihe von neuen Steuern erlassen. Wie in jedem scheinbaren Steuerparadies ist auch dieses Stück Erde für Steuerhinterzieher, Schwindler, Konkursbetrüger und andere, die vor dem heimischen Fiskus auf der Flucht sind, attraktiv.

Auf der anderen Seite gibt es natürlich auch eine große Anzahl an Anständigen, deren Arbeitserlaubnis sie zu selbstständiger oder angestellter Arbeit berechtigt. Die breite Auswahl an Stellen umfasst im Wesentlichen Jobs auf dem verhältnismäßig gut bezahlten Hotel- und Dienstleistungssektor, auf dem blühenden Immobilienmarkt sowie in geringer Anzahl im Handels- und Lehrbereich. Daneben streben auch deutsche und französische Bäckereien sowie ausländische Verlage auf den Markt, und Ärzte und Zahnärzte aus Deutschland und Großbritannien eröffnen eine Praxis nach der anderen.

Visa-Probleme

Seit 1992 dürfen sich Bürger aus EU-Staaten theoretisch zwar unbegrenzt lange auf den Kanaren aufhalten, doch nach sechs Monaten benötigt man eine Aufenthaltserlaubnis. Hierfür muss man seinen ständigen Wohnsitz auf die Kanaren verle-

Prominente Immigranten

Mit derlei Problemen mussten sich die Immigranten während des 19. und frühen 20. Jahrhundert noch nicht herumschlagen. Jene Zeiten, in denen der britische Reisende Alexander Baillon in seinen Memoiren festhielt, dass die Bediensteten ihre vornehmen Herren noch in Hängematten durch die Straßen trugen, weil diese voller Schlaglöcher und im Winter voll Schlamm waren; oder in denen Mitglieder des bekannten »British Games Club« von 1903 auf Weisung ihres eigenen Vereins sonntags nicht Tennis, wohl aber auf eigenem Rasen Krocket spielen durften.

gen und den Behörden gegenüber nachweisen, dass der Lebensunterhalt gesichert ist. Um diese bürokratische Hürde zu umgehen, arbeiten viele Emigranten illegal.

Die Statistiken des britischen Konsulats registrieren zwar die angemeldeten Arbeitnehmer in der Provinz, machen jedoch keine genaue Angaben über die zahlreichen Schwarzarbeiter. Die Risiken für illegale Arbeiter und ihre Arbeitgeber belaufen sich von hohen Geldstrafen über Ausweisung bis hin zu Gefängnisstrafen. Besonders im Krankheitsfall werden Arbeitnehmer doppelt bestraft, denn ohne Beitragszahlungen für eine Krankenversicherung kostet der Aufenthalt im Hospital eine Menge Geld.

Baillon war 1906 von den Falkland-Inseln angereist, um Fyffes Bananenplantagen nahe Adeje zu leiten; noch heute wohnen mehrere Familienmitglieder auf der Insel. Eine andere berühmte Immigranten-Familie waren die Reids, die in den Jahren 1878 bis 1973 die Vizekonsuln in Puerto de la Cruz stellten sowie von deutscher Seite die Ahlers-Familie, die bereits in der vierten Generation auf Teneriffa lebt.

Soziale Bindungen im Club

Zahlreiche ausländische Gemeinden gründen auf der Insel ihre eigenen Clubs und Organisationen und pflegen somit ihre eigenen sozialen Kontakte. In Puerto de la Cruz bietet der »British Games

Club« eine Auswahl an Bowls, Tennis, Krocket und Badminton. Selbstverständlich ist der Club auch für Spanisch oder Englisch sprechende Nichtbriten geöffnet, die inzwischen bereits mehr als ein Viertel der 220 meist älteren Mitglieder ausmachen. Sie können an den monatlichen Treffen der Englisch sprechenden Freunde teilnehmen oder sich die zweimal jährlich aufgeführten Schaustücke der ESTA (English-speaking Theatre

> **Immigranten**
> → Ab 1960 erhöhte sich mit der Entwicklung des Tourismus auch die Anzahl festländischer Einwanderer.

net, die von den zahlreichen britischen Residenten rege aufgesucht wird.

Die Lions- und Rotary-Clubs in Puerto de la Cruz und Playa de las Américas werden von Mitgliedern aller Nationen getragen. In Santa Cruz steht das eigens für die Insel errichtete stattliche britische Haus für Steinmetze, die über Jahre hinweg in Spanien in Ungnade gefallen waren und heute wieder im Kommen sind. In Guaza im Süden der Insel gibt es für die Kleinsten ein Kinderzentrum, und in den Wintermonaten

Association) ansehen. Eines dieser Schauspiele ist traditionellerweise immer eine Pantomime, die Erlöse beider Shows werden einem guten Zweck zugeführt.

Die englische Bibliothek im Parque Taoro in der Umgebung von Puerto de la Cruz kann sich mit mehr als 3000 Titeln brüsten. Ganz in der Nähe hat in Santa Ursula eine britische Videothek eröff-

◀ **Angestellte des Bananenproduzenten Fyffe bei einem Empfang auf Teneriffa**
▲ **Immigranten betreiben häufig eine Bar oder ein Restaurant**

trifft sich in Los Cristianos die Swallow-Gruppe zweimal pro Woche; hier tauschen Kinder und Jugendliche Bücher aus und vereinbaren Ausflüge und Spiele.

Für Deutsche ist die Zweigstelle des Altavista Clubs in Santa Cruz geöffnet, die auch Spaniern Eintritt verschafft. Das soziale Leben der Franzosen findet in erster Linie in der Alliance Française und der Union Française des Étrangers mit eigenem Video-Club statt.

Immigranten setzen auch auf ihre eigene Form des kirchlichen Glaubens und der Erziehung. In Santa Cruz findet sich in der St. George´s Anglican Church die Kirchengemeinde regelmäßig ein, und in Puerto de la Cruz gibt es in der 1890 erbauten All Saints´ Anglican Church eine eigens für Residenten errichtete Kapelle, in der jeden Sonntag und Mittwoch Messen stattfinden. Häufig ist die Kirche von deutschen, schwedischen und finnischen Gemeinden reserviert.

Verlorenes Paradies

Das Leben auf Teneriffa entspricht heute kaum noch dem utopischen Paradies, das sich die europäischen Einwanderer einst ausmalten. Das Klima ist wohl dasselbe geblieben, doch die Lebenshaltungskosten, die einst verglichen mit Europa sehr niedrig waren, steigen kontinuierlich. Bei rea-

listischer Betrachtung hält dieser Trend auch in Zukunft an. Seltsamerweise kostet ein Abend im Restaurant oft weniger als der Einkauf im Supermarkt. Manche Konsumgüter wie Tabak, Wein, Spirituosen und Diesel sind relativ billig, ebenso die Kommunalabgaben. Die steigenden Strom- und Wassergebühren machen die extrem niedrigen Heizkosten wieder wett.

Der Kundenservice ist bei weitem nicht so gut wie mancher erwarten würde: Man benötigt eine Menge Geduld und Durchhaltevermögen, um sich zum Beispiel auf die Unzulänglichkeiten der *Telefónica* (Telefongesellschaft) oder des *UNELCO* (Elektrizitätswerks) einzustellen, bei denen Kundenwünsche nur in den seltensten Fällen auf Gehör stoßen.

Wer ernsthaft mit dem Gedanken spielt, sich auf Teneriffa niederzulassen, sollte sich vorab darüber im Klaren sein, was er auf der Insel alles vermissen könnte.

Verheiratete Paare sollten genau abstimmen, ob beide Partner sich mit den Gegebenheiten vor Ort arrangieren können. So manche Ehe ist hier daran gescheitert, dass ein Partner die Insel liebte und der andere sie unerträglich fand.

Auch an die Zukunft muss gedacht werden, denn es gibt weder Krankenhäuser, die über längere Zeit Pflegefälle aufnehmen, noch Altersheime oder gar Essen auf Rädern. Jeder sollte sich mit der Situation vertraut machen, im äußersten Fall wieder in die Heimat zurückzukehren.

Nach Abwägen der potentiellen Gefahren sollte nicht verschwiegen werden, dass sich viele Ausländer auf der Insel ausgesprochen wohl fühlen. Wer sich hier einmal niedergelassen hat, genießt neben wachsenden sozialen Kontakten auch immer mehr Rechte. Dazu zählt die Möglichkeit, an Wahlen zu Stadt- und Gemeindeparlamenten teilzunehmen. Manchem Lokalpolitiker ist der wachsende Wahleinfluss eher ein Dorn im Auge, da viele Anliegen der Ausländer umweltpolitischer Natur sind. Dadurch besteht in einigen Gegenden die Gefahr, dass die altvertraute kommunale Klüngelei hinweggefegt wird. ■

Bleibende Erinnerungen

Straßennamen zeugen heute noch von großen europäischen Familien, die viel zur Entwicklung der Insel beigetragen haben. Wer durch Puerto de la Cruz oder Santa Cruz spaziert, wird auf Namen wie Valois, Cologan (auch Colgan) oder Dr. Ingram – den berühmten Arzt aus Edinburgh – stoßen. Zudem finden sich die Blancos, die Talgs, in deren Besitz sich immer noch das »Tigaiga«-Hotel befindet, und die Yeowards, Mitglieder einer berühmten Reederfamilie, sowie Buenaventura Bonet, ein bekannter Hautarzt, und viele andere mehr.

◄ Viele wissen den Lebensstil
der Inseln zu schätzen
► Frischer Fisch gehört zu den
Vorzügen, die man auf den Kanaren genießt

Essen und Trinken

Auf Teneriffa gibt es zahlreiche Restaurants, die köstliche Gerichte nach original kanarischen Rezepten zubereiten, trotzdem bleiben viele Touristen ihren Gewohnheiten treu und bevorzugen Pizza oder Hamburger, die in den großen Urlaubszentren praktisch an jeder Ecke angeboten werden. Allenfalls kommt bei einigen noch die typisch spanische Küche in Frage – *Paella, Gazpacho* oder *Tapas* kennt man eventuell schon von früheren Ferien auf den Festland. Doch es lohnt in jedem Fall, bei einem Ausflug in abgelegenere Regionen die typisch kanarische Küche auszuprobieren.

Essensgewohnheiten

Ähnlich wie auf dem spanischen Festland weichen die Essensgebräuche auf den Kanarischen Inseln von den nordeuropäischen Gewohnheiten ab. Das Frühstück besteht in der Regel aus einer Tasse *café con leche,* dazu höchstens ein Croissant oder ein Stück Kuchen. Selbst das Mittagessen, das gegen 14 Uhr eingenommen wird, fällt eher bescheiden aus: Entweder eine Suppe, ein Teller mit Tapas, ein kleiner Fisch, ein gemischter Salat oder ein belegtes Brot reichen aus. Erst Spätabends, meist gegen 21 Uhr oder noch später, wenn die Tageshitze abgeklungen ist, werden die großen Gerichte aufgefahren. Dann füllen sich die Restaurant mit Einheimischen, bis spät in die Nacht hinein wird gegessen, geredet und gelacht.

In den Touristenorten hingegen haben sich die meisten Restaurants auf die Wünsche der Gäste eingestellt und servieren auch schon mittags um 12 Uhr umfangreiche Hauptgerichte, sowie das Abendessen um 18 Uhr. Wer hingegen die typische kanarische Küche in ihrer ursprünglichen rustikalen Umgebung kennen lernen will, muss sich auch den Weg machen in Orte, die weitab vom Tourismus liegen.

Wie auf einer Insel mitten im Atlantik nicht anders zu erwarten, spielt der Fisch *(pescado)* eine wichtige Rolle in der kanarischen Küche. Rund um den Archipel liegen die besten Fischgründe der Welt, obwohl sich auch hier schon die rücksichtslose Ausbeutung durch industrielle Fangflotten so stark auswirkt, dass bestimmte Fische importiert werden müssen.

Fisch wird von den Einheimischen immer dort gegessen, wo er auch gefangen wird, also in den Fischerorten direkt an der Küste. Die Auswahl ist sehr vielfältig, kanarische lokale Fischsorten sind *vieja* (Papageienfisch), *cherne* (Zackenbarsch), *sa-*

ma (Rotbrasse) oder *sargo* (Weißbrasse), hinzu kommen weit verbreitete Arten wie *bacalao* (Dorsch), *merluza* (Seehecht), *atun* (Tunfisch) und *mero* (Barsch). Die Fische werden zumeist gewürzt und auf der heißen Platte gebraten *(a la plancha),* manchmal auch gegrillt *(a la parilla)* oder zu einem Fischeintopf *(sancocho* oder *cazuela)* verarbeitet. In guten Fischlokalen kann man sich den Fisch in der Vitrine selbst aussuchen, es gilt jedoch zu beachten, dass auf der Speisekarte häufig der Preis nach Gewicht angegeben ist. In den Touristenzentren sind klassische spanische Fischgerichte wie frittierter Tintenfisch *(calamares a la parilla)* oder frittierte Garnelen in Knoblauchsoße *(gambas al ajillo)* sehr gefragt.

◄ **Tapas – Vielfalt ohne Grenzen**
► **Fischstand auf dem Markt**
von La Laguna

Die kanarische Küche

In Touristenrestaurants stehen Fleischgerichte auf der Speisekarte, Schwein, Lamm und Kalb, hinzu kommen Rindersteaks, die meist aus Südafrika importiert werden, da der Bedarf durch heimische Rinderherden bei weitem nicht gedeckt werden kann. Typisch kanarische Fleischgerichte enthalten auch Huhn oder Kanninchen, wie *conejo en salmorejo* – Kanninchenstücke in Olivenöl angebraten mit einer Kräutersoße. Daneben gibt es auch schmackhafte Ziegengerichte *(cabrito)*.

Puchero canario ist ein typisches Eintopfgericht aus verschiedenen Fleischsorten und Gemüse. Po-

Man nimmt es zum Eindicken von Suppen und Soßen, manchmal wird es aber auch mit Wasser vermischt und dann als Beilage serviert. Der Geschmack ist jedoch sehr gewöhnungsbedürftig.

Desserts

Die Nachspeisen schmecken im Allgemeinen ziemlich süß und enthalten häufig Mandeln oder Honig. Der beste Honig kommt aus dem Teide-Nationalpark Las Cañadas und stammt aus dem Nektar des Ginsters *(retama)*. Das Honigmuseum *(casa de la miel)* in El Sauzal stellt die einzelnen Honigerzeuger der Insel vor.

taje de berros ist eine Suppe aus Wasserkresse, Schweinerippchen, Bohnen und Gemüse.

Nicht wegzudenken sind *papas arrugadas,* die kanarischen Schrumpfkartoffeln, die mit einer Salzkruste versehen sind. Dazu wird *mojo* gereicht, ein würzige Tunke, die in zwei verschiedene Schälchen auf den Tisch kommt. *Mojo roja* ist die scharfe Variante, deutlich an der roten Farbe der darin enthaltenen Peperonis zu erkennen. *Mojo verde,* die grüne Kartoffeltunke besteht vor allem aus Korianderkraut und ist entsprechend mild im Geschmack.

Eine weitere Besonderheit der kanarischen Küche, die noch aus der Guanchenzeit stammt, ist *gofio,* ein Mehl aus geröstetem Mais und Weizen.

Eine der besten und beliebtesten Nachspeisen ist *bienmesabe* (»schmeckt mir gut«), eine Crème aus Mandeln, Eiern und Honig. Gern gegessen werden auch *turrones de melaza* (Mandelkuchen) und *frangolla,* angemacht aus Gofio, Zucker und Milch. Hinzu kommt die allgegenwärtige spanische *flan* (Crème Caramel), sie wird zumeist mit frischen kleingeschnittenen Früchten oder mit Eis *(helado)* gereicht.

Exotische Früchte

Das ganze Jahr über reifen auf der Insel zahlreiche wohlschmeckende Früchte heran, darunter Mangos, Papayas, Kiwis und Guaven. Speziell in den Wintermonaten wird die Chirimoya angeboten, derer cremiges Fruchtfleisch von schwarzen Samenkernen durchsetzt ist. Zumindest einmal sollte man auch eine der orangefarbenen Kaktusfrüchte *(tunas)* probieren, die überraschenderweise sehr süß schmecken.

Die auf zahlreichen Plantagen kultivierten kanarischen Bananen, die bereits vor etlichen Jahrhunderten von Westindien eingeführt wurden, kommen ebenfalls auf den Tisch,

Ron

→ Auf Gran Canaria wird Rum destilliert. Häufig mischt man ihn mit Coca-Cola, um ihn als »Cuba Libre« am Pool zu servieren. Der Anteil an Rum wird dabei oft unterschätzt!

Wein und Hochprozentiges

Die meisten Käsesorten auf der Insel stammen von Ziegen- oder Schafsmilch. Sie variieren stark in Konsistenz und Geschmack, je nachdem, in welcher Jahreszeit sie hergestellt wurden; zumeist schmecken sie jedoch kräftig und etwas salzig. Als Zentrum der Käseherstellung gilt Arico an der Westküste Teneriffas.

Die Weinkultur auf dem Archipel reicht lange zurück, schon im 16. Jahrhundert wurde die Malvasia-Traube angebaut und ein

teils flambiert mit Rum, teils in Butter angebraten und mit Honig übergossen. Obwohl die kanarische Zwergbanane deutlich kleiner ist als die in Mitteleuropa bekannten Sorten aus Süd- und Zentralamerika, schmeckt sie viel intensiver und süßer. Trotzdem schafften es die kanarischen Bananen bis jetzt aus wirtschaftlichen Gründen nicht, in unsere Regionen exportiert zu werden.

◄ **Deftige Hausmannskost auf La Gomera**
► **Paprika, Knoblauch und Chili – Grundlage für eine rote Mojo-Sauce**

süßer Wein daraus gekeltert; heute hingegen dominieren herbe und trockene Sorten. Die besten Rotweine kommen aus der Gegend um Tacoronte in Nordwesten von Teneriffa, Weißweine werden weiter südlich in der Region um Icod gekeltert. Alle angebotenen Weine sind in Qualitätsstufen eingeteilt, wobei insgesamt die Qualität in den letzten Jahren weiter zugenommen hat. ¡Salud!

In den Barregalen stehen neben Rum (ron) auch süßliche Liköre mit unterschiedlichen Geschmacksrichtungen wie Banane oder Kokos. *Sangria,* das allgegenwärtige Gemisch aus Rotwein, Brandy, Limonade und Zitronenstückchen wird ausschließlich von Touristen getrunken, Einheimische meiden dieses Getränk. ■

Der Ursprung der Vulkaninseln

Zwar gibt es mehrere Theorien über die Entstehung der Inseln, doch die gängige Meinung der Geologen basiert auf der Theorie der Plattentektonik. Danach besteht die Erdoberfläche aus mehreren Platten, die sich ständig langsam gegeneinander bewegen. Diese Bewegungen entstehen durch die Aktivitäten der Hitzeströme, die wiederum aus dem flüssigen Erdinneren kommen. Im Laufe von Hunderten von Millionen Jahren trieben die Platten, auf denen heute Afrika und Südamerika liegen, auseinander und bildeten den Atlantischen Ozean. Als Afrika an die südliche Küste des europäischen Kontinents stieß, entstand durch den gewaltigen Druck das Atlas-Gebirge in Nordafrika, und bei dessen Auffaltung wurden riesige Schollen im Atlantik nach oben geschoben. An einigen Stellen entwich der Druck, und aus Spalten in den Felsblöcken quoll glühende Lava. Wo diese Bruchstellen den Meeresboden berührten, bildeten sich Vulkane.

Am Fuße der Caldera de Taburiente auf La Palma und an der Steilküste im Norden La Gomeras sind Teile noch sichtbar. Auf den westlichen Inseln sind sie etwa 20 Millionen, auf den östlichen, insbesondere auf Fuerteventura, fast 37 Millionen Jahre alt; sie sind durch tiefe Seegräben getrennt und waren mit hoher Wahrscheinlichkeit niemals mit Afrika verbunden.

Die Möglichkeit, heute noch eine Eruption zu beobachten, ist extrem unwahrscheinlich. Den letzten Vulkanausbruch erlebte 1971 La Palma. Der El Teide auf Teneriffa stößt ab und zu Schwefeldämpfe aus, und das Timanfaya-Gebirge auf Lanzarote glüht unter den Füßen. Es scheint eine Frage der Zeit, wann die Vulkane wieder zum Leben erwachen, doch ob morgen oder vielleicht erst in Millionen Jahren, steht in den Sternen.

Ebenso unsicher ist, ob bei einem bevorstehenden Ausbruch das Warnsystem funktionieren würde. Denn trotz großer Wohndichte und hoher Touristenzahlen haben die Kanaren nur ein sehr lückenhaftes Netz an Seismographen zur Aufzeichnung von Erdbewegungen aufgebaut. Katastrophenschutz- und Evakuierungspläne sind so gut wie nicht vorhanden. Die Ausbrüche während der letzten 500 Jahre erfassten kaum besiedelte Gebiete; doch wer garantiert, dass der nächste Ausbruch nicht über Puerto de la Cruz oder Los Cristianos hereinbricht?

Teneriffa

Die Insel Teneriffa entstand einst in zwei gewaltigen Explosionen, einer so genannten plinianischen Eruption und einer Peléetätigkeit. Während sich bei einem plinianischen Ausbruch eine kilometerhohe glühende Gasfontäne entlädt, sprudeln bei einer Peléetätigkeit kochende Lava und Gase lawinenartig den Vulkankegel hinab. Eine normale Lawine wird allein durch die Schwerkraft beschleunigt, diese *nuées ardentes* (Glutwolken) aber stürzen, von inneren kinetischen Kräften angetrieben, wesentlich schneller, vernichtender sowie viel weiter voran.

Durch diese Eruptionen entstand ein Riesenvulkan, bei weitem größer als der heutige Pico El

◀◀ **Vulkankrater im Teide-Nationalpark**
◀ **Sukkulenten sprießen aus einem Lavafeld**
▲ **Vulkanausbruch auf La Palma (1971)**

Teide, der mit 3718 m Höhe immerhin der höchste Berg Spaniens ist. Diese gewaltigen Kataklysmen leerten die Magmakammer unter dem Vulkan, und der obere Teil fiel kurze Zeit später unter seinem eigenen Gewicht zusammen. Die Grundmauern der Wände dieses riesigen Vulkans, die heute die kahlwandige Caldera (Kessel) bilden, sind der armselige Rest. Die flache Ebene, die sich zum Gipfel des El Teide hinzieht, wird als *cañadas* bezeichnet, der feine Sand und das lose Geröll stammen von den erodierten Caldera-Wänden. Vor vielen Jahrhunderten waren die Las Cañadas von Seen bedeckt.

Parque Nacional del Teide

Las Cañadas wurden inzwischen zum Nationalpark erklärt, zu dem auch der beeindruckende Gipfel des El Teide gehört. Er besteht eigentlich nicht aus einer, sondern aus zwei Calderas, die von einer Felsmauer (Los Roques de García) getrennt werden. Die Felsen heben sich durch ihre rosa und malvenartige Farbgebung deutlich von der weißen Umgebung ab.

Die Vulkanaktivitäten auf Teneriffa beschränken sich heute nur auf den El Teide und ein paar verhältnismäßig kleine »parasitäre« Kegel, die sich in der nördlichen Flanke der Caldera ausgebildet haben. Die letzten explosiven Eruptionen schufen einen kleinen Krater auf dem Gipfel des El Teide,

in dem seit vielen Jahren langsam ein neuer Kegel heranwächst.

Nach drei Ausbrüchen im 18. Jahrhundert wurde 1909 der vorläufig letzte des El Teide gemeldet. Als Christoph Kolumbus 1492 in die Neue Welt segelte, sah er, wie dunkle Rauchwolken und Asche aus dem Krater des Pico Viejo entwichen. Die Straße nach Chío schneidet heute eine Schneise durch die grauen Lavaströme und Schlacke. Kaum etwas wächst in der öden Landschaft, platt gewalzte Vulkanbomben prägen das Bild; der Untergrund ist derart zerklüftet, dass auch zu Fuß kaum ein Weiterkommen möglich ist. Die älteren Lavaströme im Park sind hingegen sehr viel glatter und farbenfroher.

Der El Teide ist ein klassischer Strato-Vulkan, der sich, bedingt durch unzählige Eruptionen, aus verschiedenen Lava- und Ascheschichten aufgebaut hat. Damit erklären sich die vielen Struktur- und Farbunterschiede der Felsen. Noch beeindruckender als die vielfältigen Felsstrukturen ist die Farbenpracht des El Teide: Dunkel- und rotbraune Lavaflüsse vermengen sich mit orange- und burgunderfarbenen Adern; hier und da glitzern tiefschwarze Obsidiane in der Sonne, und riesige Lavakugeln, die vom Hauptstrom abgetrennt wurden, liegen auf dem elfenbeinfarbenen Untergrund der Las Cañadas.

Die Las Cañadas und der Gipfel des El Teide sind heute leicht zu erreichen. Im Besucherzentrum des Nationalparks laufen Filme über den Park, eine Ausstellung erklärt die verschiedenen Felsformationen und geologische Entwicklung des El Teide; dazu nähere Informationen über die faszinierende Natur sowie archäologische Funde. Weiter erfährt man Details über das kleine violette Teide-Veilchen oder die eigenartige *tajinaste* (Natternkopf). Letztere zählt zu den endemischen Pflanzen und wächst auch in der Umgebung des Parador, von dessen Terrasse man eine herrliche Aussicht auf den El Teide und die bizarr geformten *Roques de García* genießt. Der Parador lädt nicht nur zu einer ausgedehnten Kaffeepause ein, sondern bietet auch die einzige Übernachtungsmög-

◀ **Ein Fußmarsch über Lavaschollen kann recht anstrengend sein**
▶ **Pahoehoe, seilähnliche Lavastränge, sind ein Phänomen im Teide-Nationalpark**

lichkeit im Nationalpark; es sei denn, Sie wandern auf den Gipfel und schlafen in der Schutzhütte *Refugio de Altavista.*

Zwischen dem Besucherzentrum und dem Parador liegt die Talstation der Seilbahn, die die Besucher bis knapp unterhalb des Gipfels transportiert. An manchen Tagen gelangen auf diese Weise Hunderte von Touristen in die Gipfelregion, sofern es die Bedingungen erlauben. Denn sobald der Wind auflebt oder die Kabel vereisen, wird die bequeme Steighilfe aus Sicherheitsgründen wieder eingestellt. Oben angekommen, machen die dünne, schwefelhaltige Luft und die Kälte den letzten

Aufstieg zu einem kräftezehrenden Unternehmen, das mit Sicherheit nichts für Leute mit Herzbeschwerden ist. Selbst gut durchtrainierten Bergwanderern macht die Höhe mitunter zu schaffen.

Teneriffas äußerst interessante Vulkangeschichte ist nicht auf den Nationalpark der Las Cañadas beschränkt. Der Küstenort Garachico wurde im Frühjahr 1706 vollständig durch Lava zerstört. Unter der schwarzen Lava-Halbinsel, die heute ins Meer hinausreicht, liegt der Hafen begraben, über den einst ein großer Teil des spanischen Seehandels mit der Karibik abgewickelt wurde. Die Stadt wurde auf und mit dieser Lava wieder aufgebaut,

Lavakunde

Die Kanarischen Inseln weisen viele verschiedene Lavastrukturen auf. Am El Teide findet man überwiegend Pahoehoe-Lava, deren Oberfläche häufig an aufgewickelte Seilstränge erinnert. Pahoehoe-Lava kühlt langsam ab und bleibt lange dickflüssig, sodass die Gase langsam entweichen können. Alah-Lava dagegen erkaltet sehr rasch, die Gase werden förmlich »ausgespuckt« und zerfetzen die Oberfläche zu scharfkantigen Blöcken. Selbst mit festen Wanderstiefeln sind Spaziergänge hier kein Vergnügen.

einzelne Häuser bestehen heute noch aus dem schwarzen Eruptionsschaum.

La Palma

1949 erlebte La Palma zwei fürchterliche Vulkanausbrüche, durch die die gesamte südliche Hälfte der Insel durch Lava von der Außenwelt abgeschnitten wurde. Zeitgenössische Beobachter teilten die Gefühle des italienischen Ingenieurs Torriani, der die Eroberung der Inseln im späten 16. Jahrhundert aufzeichnete und im Jahre 1585 angesichts des Tegueso-Ausbruchs nach den passenden Worten suchte: »Ich glaube, dass selbst der erfinderischste Geist nicht in der Lage ist, den Schrecken, die Angst, dieses Unheil zu beschreiben.« Bald gewann er die Fassung zurück, um dem Ereignis ein volles Kapitel zu widmen. »Der Tegueso brannte jeden Tag mit strahlenden Flammen und vielfarbigen Rauchfahnen furchterregender. Dieser Rauch änderte sich von goldenem Schwarz bis zum goldenem Weiß, Gelb, Himmelblau und Rot ...«

Hauptmann Andrés de Valcared war 1646 mehr vom Lärm als von den Farben beeindruckt: »Das Donnern und Grollen klang, als würden eine Vielzahl von Kanonen und Geschützen gleichzeitig abgefeuert. Man konnte es auf allen Inseln hören. Steine kamen in solchen Mengen über die

Lastwagenladungen Lava produziert hat, handelte es sich lediglich um eine kleine Eruption, die nur vom 26. Oktober bis zum 18. November dauerte. Der damals ausgetretene Lavastrom verlängerte die Insel um ein paar Meter.

Ähnlich wie beim Ausbruch 1646 flogen »Vulkanische Bomben« aus der Krateröffnung, Gesteinsbrocken, die durch die flüssige Lava im Schlund des Kraters »hindurchgeschossen« wurden und nun wie platt gedrückte Pasteten im Gelände herumliegen. Ihre Kruste ist glasiert und gibt den Blick auf den inneren, gehärteten Lavaschaum frei.

ganze Insel geflogen, dass man sie beinahe für Vogelschwärme halten konnte. Nachts sah man sie noch besser als bei Tage, denn dann sahen sie wie leibhaftige Feuerstrahlen aus.«

Alle diese Beschreibungen folgen einem Grundmuster: Vor der eigentlichen Eruption treten eine Reihe von Erdbeben auf, die sich immer öfter wiederholen und verstärken. Diese Beben reißen schließlich die Erde auf, aus der geschmolzenes Felsgestein austritt und mehrere schlanke Kegel bildet, die sich rasch vergrößern.

Der letzte Vulkanausbruch auf den Kanaren war die Eruption des Teneguía südlich des Ortes Fuencaliente auf La Palma im Jahr 1971. Bei dem Ausbruch, der schätzungsweise zwei Millionen

Obwohl sich die Lava des Teneguía längst verfestigt hat, fühlt sie sich jedoch auch heute noch warm unter den Füßen an, und durch die Risse strömen weiterhin heiße Gase. Die gesamte Südspitze La Palmas ist totes Land: überall schwarze Vulkanasche, Geröll und asphaltähnliche Lavaformationen.

Der kochende Kessel

Vulkane und Lavaströme sind überall auf La Palma zu finden, und das Wort *caldera* – von Geologen heute als Begriff für die große kesselförmige Aushöhlung in einem Vulkan gebraucht – rührt von La Palmas heutigem Nationalpark, der Caldera de Taburiente, her. Auf spanisch bedeutet *caldera*

Kochtopf oder Kessel, und wer vom Observatorium auf dem Roque de los Muchachos die schöne Aussicht genießt, kann den Sinn dieses Wortes am eigenen Leibe spüren. Denn das riesige Becken ist voller Dampf und kocht, brodelt und blubbert wie heißer Haferbrei.

Der deutsche Geologe und Paläontologe Christian Leopold von Buch, der sich im 19. Jahrhundert intensiv der Naturgeschichte Europas und der Kanarischen Inseln widmete, wendete zwar als erstes das Wort *caldera* als vulkanisches Charakteristikum an. Doch trotz der steil aufragenden Wände und besonderen Farbgebung der Lava und Asche ist die Caldera de Taburiente kein durchgängiger Vulkankrater, sondern ebenso das Ergebnis von Erosion und vulkanischer Aktivität.

Als sich La Palma langsam aus dem Atlantik erhob, schnitten sich Wasserläufe in die weiche Asche an der Oberfläche des Inselkörpers. Große Teile der Caldera-Wand stürzten in das Innere des acht Kilometer großen Beckens und wurden vom Wasser meerwärts abgetrieben.

Unterhalb der Wolkendecke ist die Caldera de Taburiente ein abgeschiedenes, nahezu unberührtes Waldparadies, das sich nur dem Wanderer erschließt. In der Mitte ragt eine messerscharfer Basaltmonolith empor, der Roque de Idafe, die den Guanchen früher heilig war.

La Gomera

Obwohl auf La Gomera keine Vulkanaktivitäten jüngeren Datums zu verzeichnen sind, gibt es hier dennoch reizvolle Vulkanlandschaften zu bewundern. Am beeindruckendsten ist wohl die Basaltsäulengrupe, die auf Grund ihrer Ähnlichkeit zu einer riesigen Kirchenorgel *Los Organos* (die Orgelpfeifen) genannt werden. Am besten kann man sie vom Meer westlich der Playa de Vallehermoso einsehen, zahlreiche Ausflugsboote fahren direkt zu den Klippen hin.

◀ **Das erstarrte Produkt mächtiger unterirdischer Energien**
▶ **Glatt gewaschene Lavaschichtungen am Teide**

> **Retama und Codesco**
> → Beide Ginsterarten werden bis zu 1 m hoch und sind die charakteristischen Pflanzen der subalpinen Hochgebirgs-Formation oberhalb der Kiefernwaldgrenze (ab 2000 m).

Als die Lava eines weit zurückreichenden Ausbruchs langsam abkühlte, schrumpfte sie zu diesen im allgemeinen sechseckigen Pfeilern zusammen. Wetter und Meeresbrandung taten ihr Übriges und kürzten die sehenswerten Gebilde auf heute annähernd 20 Meter Breite und 80 Meter Höhe.

Im Inselinneren sind aus den Schlotfüllungen ehemaliger Vulkane gewaltige Felsblöcke zurückgeblieben, die heute im Nationalpark Garajonay zu besichtigen sind.

El Hierro

Die kleinste Insel des kanarischen Archipels hatte in der Vergangenheit nur sehr wenige spektakuläre Vulkanausbrüche zu verzeichnen, obwohl zahlreiche Geologen davon ausgehen, dass sie in jüngster Zeit aktiver als La Gomera und die anderen Nachbarinseln gewesen ist. El Golfo im Westen der Insel hielt man früher für das halbkreisförmige Überbleibsel eines teilweise im Meer versunkenen Kraters. Heute weiß man, dass die mehrere hundert Meter hohen Steilwände El Golfos von der Meeresbrandung bloßgelegt wurden. Der größte Teil des ursprünglichen Basaltkerns der Insel hat durch Hunderte kleiner Krater ein pockennarbiges Aussehen. ■

Die Quelle des Lebens

Teneriffa und die kleineren westlichen Kanareninseln haben pro Jahr etwa die dreifache Wassermenge zu erwarten wie die östlichen Inseln. Natürliche Wasserquellen sind Regen, Schnee (sofern die Flanken des El Teide von Schnee bedeckt sind) und die Feuchtigkeit aus den Wolken, die bereits in den höheren Regionen durch die vielen Bäume und Büsche abgefangen wird.

Nur etwa 20 Prozent des auf diese Weise gewonnenen Wassers sickert in natürliche unterirdische Reservoirs, der Rest verdunstet oder landet durch Abflüsse wieder im Meer. Anders als auf den östlichen Inseln sind bisher auf den westlichen Inseln noch keine Meerwasser-Entsalzungsanlagen gebaut worden.

Die Wassergewinnung

Das Wasser wird durch in die Berge gesprengte *galerías* (Tunnel) gewonnen, mit denen die unterirdischen Depots angezapft werden. Allein auf Teneriffa sind mit dieser 1860 eingeführten Methode 940 Tunnel mit einer Gesamtlänge von 2000 Kilometern angelegt worden. Erkennen kann man die *galerías* an den ungewöhnlichen Aushöhlungen mit etwa 1,5 Meter Durchmesser im Fels, in deren Nähe ein kleines quadratisches Gebäude das simple Wasserverteilungssystem beherbergt.

Seit 1925 wird noch eine zweite Methode angewendet, bei der senkrechte Brunnen zu den *galerías* gegraben wurden. Neben diesen künstlichen Wasserhähnen gibt es auch einige natürliche Quellen, die an wasserundurchlässigen Felsschichten entstanden sind. Im Sommer ist der Wasserausstoß jedoch so gering, dass sie von der Straße aus nicht zu sehen sind.

Wasserfluss unter Kontrolle

Alle Wasserwerke auf den Kanaren befinden sich in Privatbesitz. Die Kommunalverwaltungen kaufen das teure Nass nach Bedarf und verteilen es dann an die Endverbraucher. Auch das Wasser für die Berieselungsanlagen wird von den privaten Wasserwerken oder Privatleuten verkauft. Abgerechnet wird nach der Zeit entweder in Stunden, Tagen, Wochen oder Monaten, die das Wasser durch standardisierte Rohre oder offene Kanäle fließt, gemessen wird in *pipas,* wobei eine *pipa* 480 Litern entspricht. In einer Stunde laufen ungefähr 100 *pipas* einen Kanal hinunter, also etwa 48 000 Liter pro Stunde.

Dient das Wasser Bewässerungszwecken, wird es in weit sichtbaren, offenen Tanks gespeichert, die wiederum von *galerías* oder Brunnen gespeist werden. Der Wasserkäufer muss die vereinbarten Mengen in jedem Fall, auch wenn es regnen sollte, abnehmen, damit ein Überfließen der Versorgungsreservoirs vermieden wird.

Besitzrechte

Wie heikel der Kampf um das kostbare Nass sein kann, zeigte sich 1985, als der Privatbesitz und die private Schürfung von Wasserquellen zu einem heiß debattierten politischen Thema avancierten. Das spanische Parlament in Madrid verabschiedete ein neues Wassergesetz, wodurch das

◄ **Labendes Nass aus uralter Quelle**
► **Die meisten Anwesen verfügen über ihre eigene Wasserversorgung**

alte aus dem Jahre 1879 seine Gültigkeit verlor. Trotz des Widerstands auf den Kanaren, wo meist bescheidene Kleinbauern Besitzer von Wasserquellen sind, setzte die Regionalregierung, die damals von der Sozialistischen Partei angeführt wurde, das neue Gesetz auf den Inseln in Kraft.

Als zum Ende der Legislaturperiode im Jahre 1987 in Spanien Wahlen abgehalten wurden, verlor die Sozialistische Partei auf den Inseln als direkte Folge der unpopulären Wassergesetze ihre Mehrheit.

Galerías
→ kommen vor allem auf Teneriffa und La Palma vor. Diese natürlichen Wasserreservoirs, umschlossen von undurchlässigen Gesteinen, werden durch Bohrungen erschlossen.

ger Gesundheitskontrollen seitens der Behörden sicher sein können, sollte man vorsichtshalber nur abgefülltes Flaschenwasser trinken.

Der Touristenboom im Süden Teneriffas wird in Zukunft jedoch den Bau von Meerwasser-Entsalzungsanlagen erfordern, und sei es nur, um das Brackwasser zu filtern und die Golfplätze zu sprengen. Im Gegensatz dazu kann sich die Landwirtschaft noch über Jahre hinaus mit den natürlichen Ressourcen über Wasser halten.

Galerías und Quellbaum

Mit etwa 64 Kubikzentimetern pro Jahr hat La Palma die größte Niederschlagsmenge aller Kanareninseln zu verzeichnen, weshalb sie sich den Titel »Isla Verde« (grüne Insel) verdient. Das Wasser kommt hier zumeist aus *galerías* und einigen Brunnen *(pozos)*. Eine Besonderheit sind die vereinzelten Bäche in der Caldera de Taburiente.

Auf El Hierro findet sich das komplizierteste und ungewöhnlichste Wasserversorgungssystem. Das Inselgestein ist derart porös, dass Wasser nur aus Brunnen zu gewinnen ist. Von dort wird es in die hoch gelegenen Orte gepumpt. Aus den alten Zisternen, die man noch überall auf der Insel antrifft, darf der Besucher nach altem Brauch jederzeit durch das Loch im hölzernen Deckel greifen und eine Flasche Wasser schöpfen.

Auf El Hierro sprudelt in Sabinosa noch heute die alte Heilquelle *Pozo de la Salud* (Gesundheitsbrunnen), deren Wasser bei einer Vielzahl von Krankheiten helfen soll. Ein Wasserproduzent besonderer Art war der den Guanchen heilige »Garoë-Baum«. Dieser Quell-Baum, ein Stinklorbeer, erlangte schon sehr früh Weltruhm. 1764 schrieb George Glas, »die Blätter des Baumes destillieren ohne Unterlass so große Mengen an Wasser, dass alle Lebewesen auf El Hierro mühelos versorgt werden können. Die Natur hat einen Ausweg gefunden aus der Trockenheit.« ■

Die neue Mitte-Rechts-Regierung hob die Durchführungsverordnungen des Wassergesetzes sofort wieder auf und erließ 1990 ein neues Wassergesetz, das die Besitzverhältnisse nicht antastet.

Abgesehen vom politischen Schicksal und den Kostenfragen brennt ein sehr viel naheliegenderes Problem unter den Nägeln: die Wasserqualität. Im Orotava-Tal auf Teneriffa, wo der Wasserverbrauch sehr hoch ist, mussten einige Brunnen schon wegen Verschmutzung geschlossen werden. Auf dieser Seite der Insel hat auch der hohe natürliche Fluorgehalt besonders bei Kindern zu Zahnkrankheiten geführt. Im Süden dagegen wird immer öfter ekelhaftes Brackwasser abgepumpt. Auch wenn sich Bewohner oder Besucher stren-

◄ Flüsse und Bäche auf Teneriffa verkommen vor allem im Sommer zu kläglichen Rinnsalen
► In den Wäldern von Gomera gibt es Wasser genug

Die westlichen Kanaren

Die Kanarischen Inseln bilden eine eigene Autonome Region innerhalb Spaniens, die wiederum aus zwei Provinzen besteht. Zur westliche Provinz Santa Cruz gehören Teneriffa, La Palma, La Gomera und El Hierro. Teneriffa zählt die meisten Einwohner und ist gleichzeitig der kulturelle Kristallisationspunkt des westlichen Archipels. Seine Hauptstadt Santa Cruz de Tenerife teilt sich im Wechsel mit Las Palmas auf Gran Canaria die Rolle der Hauptstadt der gesamten Region »Las Canarias«. Verwaltungsgebäude gibt es an beiden Orten, nur die Präsidentschaft der Kanarischen Inseln wechselt im festen Rhythmus. Der 3718 m hohe Teide beeindruckte schon sehr früh Wissenschaftler wie Alexander von Humboldt (18. Jh.) und Charles Darwin (19. Jh.) und wurde als europäischer Mount Everest bewundert.

Das Leben im Anagagebirge im Norden oder im Tenomassiv im Südwesten hat sich über die Jahrhunderte wenig verändert, während anderswo der Einfluss des Tourismus unübersehbar ist: Ausländische Investoren haben einen großen Teil der Bananenplantagen an der Nordküste um Puerto de la Cruz in Hotelanlagen verwandelt. An der einst fast unbesiedelten Südküste dehnen sich die Retortenstädte Los Cristianos und Playa de las Américas aus und haben die Landschaft einschneidend verändert: Es wurden schöne Strände und mehrere Häfen angelegt, und unzählige Apartmentanlagen erklimmen die Hügel. Bevor die Touristen kamen, lohnte sich für die auf die Landwirtschaft angewiesenen *tinerfeños* nicht einmal eine Investition in die Wasserversorgung dieser trockenen Region.

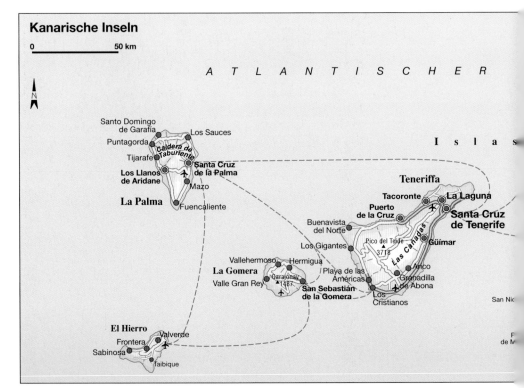

Am kleinen, kreisförmigen La Gomera hingegen, nur 32 km von Teneriffa entfernt, ging der Aufbruch Tourismus ins Zeitalter des Massentourismus fast völlig vorbei. Das bewaldete Inselinnere – als Nationalpark unter Naturschutz gestellt – beherrscht der Garajonay, der höchste Berg La Gomeras. Die großen Schluchten La Gomeras, sechs an der Zahl und lange Zeit im Terrassenanbau bewirtschaftet, liegen nach der Abwanderung der Bewohner heute größtenteils brach. Der Tourismus bewegt sich auf niedrigem Niveau, steigt jedoch stetig an. Mehrere kleinere Hotels, Pensionen und Restaurants haben sich darauf eingestellt, insbesondere die Wanderergemeinde, die es nach La Gomera zieht, zu versorgen.

La Palma ist unstrittig die grünste Insel. Auf ihrem höchsten Punkt, dem Roque de los Muchachos, thront eines der wichtigsten europäischen Observatorien. Häuser mit bildhübschen Balkonen zieren elegante Plätze in Santa Cruz de la Palma, der vielleicht schönsten Hauptstadt des Archipels. Im Süden erstrecken sich schwarze Sandstrände, im Norden hingegen der Nationalpark Caldera de Taburiente, ursprünglich ein Vulkankrater. Auch hier sind es vor allen Radler und Wanderfreunde, die sich gerne in der stellenweise noch recht unberührten Natur aufhalten.

El Hierro ist die touristisch am wenigsten entwickelte Insel. Das raue Hochland im Innern der Insel erinnert stark an europäische Mittelgebirge; die weite Bucht von El Golfo an der Nordküste hingegen sieht aus wie ein zur Hälfte im Meer versunkener, gigantischer Krater.

Die westlichen Kanarischen Inseln, insbesondere die kleineren, haben das zu bieten, was der entdeckungsfreudige Reisende sucht: charaktervolle *campesinos,* faszinierende *fiestas,* Wälder, die nicht kultiviert wurden, Straßen durch wilde Landschaften, oft im Nichts endend – und nicht zuletzt Badestrände und strahlenden Sonnenschein. ■

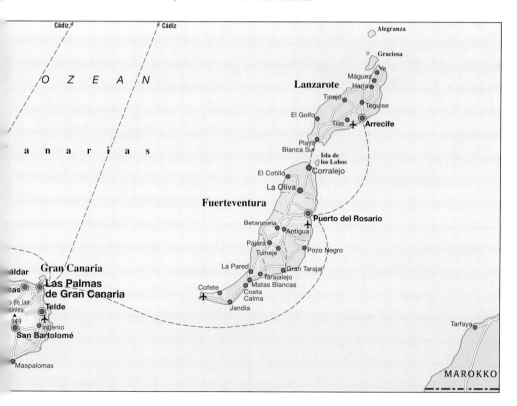

Teneriffa

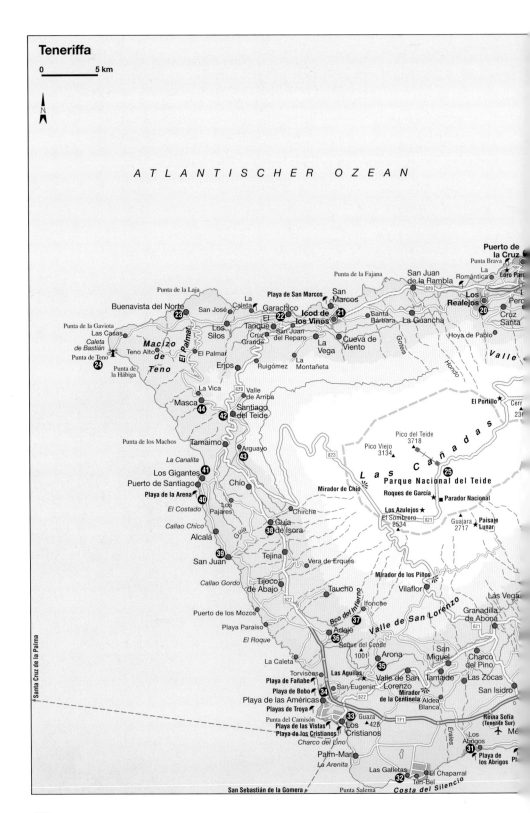

0 ————— 5 km

N

ATLANTISCHER OZEAN

Puerto de
la Cruz
Punta Brava
La
Punta de la Fajana   San Juan   Romántica   Loro Par
de la Rambla 820
Punta de la Laja   La   Playa de San Marcos   San   Los
Caleta   Marcos   Realejos   Per
Buenavista del Norte 23   San José   Garachico 22   Icod de   Santa   La Guancha   Cruz
Punta de la Gaviota   El   los Vinos 21   Bárbara   Santa
Las Casas   Los   Tanque   San Juan   Hoya de Pablo
Caleta   Tinerfe   Silos   Cruz   del Reparo   Cueva de   Valle
de Bastián   Teno Alto   El Palmar   Grande   La   Viento
Punta de Teno 24   Vega
Punta de   Erjos   Ruigómez   La
la Hábiga   Montañeta   Gotera
Macizo   Hondo
de   La Vica   820 Valle   El Portillo   Cerr
Teno   de Arriba   23
Masca 44   Santiago   Pico del Teide   Cañadas
42   del Teide   3718
Punta de los Machos   Tamaimo   Pico Viejo   Las
3134   C
43   Arguayo   823   a   ñ   a   d   a   s
Los Gigantes 41   Chío   L   a   s
Puerto de Santiago   Parque Nacional del Teide
Playa de la Arena 40   Los   Mirador de Chío   Roques de García   Parador Nacional
El Costado   Pajares   Chirche   Los Azulejos
Callao Chico   Guía   El Sombrero   Guajara   Paisaje
38   de Isora   2534 821   2717   Lunar
Alcalá   Guía   821
39   Tejina   Vera de Erques
San Juan
Callao Gordo   Tijoco   Mirador de los Piños
de Abajo   Taucho   Vilaflor   Las Vega
Puerto de los Mozos   822   Ifonche   Granadilla
Playa Paraíso   37   Valle de San Lorenzo   de Abona
El Roque   Adeje   821
36   Roque del Conde   San
La Caleta   1001   Arona   Miguel   Charco
Torviscas   Las Aguilas   35   Valle de San   Tamaide   del Pino
Playa de Fañabe   San Eugenio   Lorenzo   Las Zocas
Playa de Bobo 34   822   Mirador   San Isidro
Playa de las Américas   de la Centinela   Aldea
Playas de Troya   33   Guaza   Blanca   Reina Sofía
Punta del Camisón   428   TF1   (Tenerife Sur)
Playa de las Vistas   Los   Mé
Playa de los Cristianos   Cristianos   Los
Charco del Lino   Abrigos   31
Palm-Mar   Playa de
La Arenita   los Abrigos   Pl
Las Galletas   El Chaparral
San Sebastián de la Gomera   32   Ten-Bel
Punta Salema   Costa del Silencio

Santa Cruz de la Palma

130

Santa Cruz de la Palma

Punta del Hidalgo
Baja de la Caleta
Roque Bermejo
Faro de Anaga

Punta del Hidalgo
Roque de Taborno
Playa de San Roque
10 Almaciga
Chamorga **14**

5
Bajamar
Chinamada
13
706
Taganana
Chinobre 918
11
Lomo de las Bodegas

Baja de San Borondón
Tejina
Las Carboneras
El Bailadero
Punta de Anaga

Baja Izquierda
Taborno 1024
Mirador del Bailadero
8

Valle de Guerra
Tegueste
Pedro Alvarez
Cruz del Carmen
Mirador del Pico del Inglés
Punta de Antequera

Baja de la Media Luna
Las Mercedes
6 **7**
Iguestе
Ensenada de Zapata

Mesa del Mar
Las Canteras
Mirador del Valle de Aguere
2 **3**
Playa de las Gaviotas

Baja Negra
Guamasa
2
Playa de las Teresitas
San Andrés

Tacoronte
820
La Laguna
18
4

El Sauzal
Los Rodeos (Tenerife Norte)
TF5
La Higuerita

Punta del Puertito
19
824
La Cuesta
Barrio de la Alegría

Caleta Salvaje
1
Santa Cruz de Tenerife

Caleta de la Negra
17
La Esperanza
Taco

La Matanza de Acentejo
822
Hoya Fría
Barrio de Chamberí

El Rincón
La Victoria de Acentejo
820
Bosque de la Esperanza
Las Raíces
El Tablero

Santa Úrsula
Hondo
Canal de Araya
Santa Maria del Mar

Mirador Humboldt
Barranco Hondo
TF1

La Orotava
Araca

821
Iguestе
Las Caletillas

O r o t a v a
Araya
Las Arenitas

Ayosa 2073
Malpaís
26
Candelaria

Limón 2308
27
Arafo

824
28
822
El Socorro

Observatorio Astronómico del Teide
Güímar
Pirámides de Güímar
Punta de la Cruz

Mirador de Don Martín
Fredenal
Puerto de Güímar

La Medida

Tenazo
Herques
Lomo de Mena
El Escobonal

Fasnia

La Zarza

Madre del Agua
Fondeadero de Fasnia

Arico
29
Las Ceras

Arico el Nuevo

Lomo de Arico
Casa Blanca
Poris de Abona

822
Casas El Faro

Río niche
TF1
Viqua
Sanatorio de Abona

Ensenada de Abades

Ensenada Piedra de la Sal
San Miguel de Tajao

Punta del Camello
A T L A N T I S C H E R

añas
O Z E A N

senada de la Pelada

Cádiz

Las Palmas de Gran Canaria

Teneriffa

Teneriffa ist nicht nur die größte Insel der Kanaren, sondern gibt auch den Ton in Kultur und Wissenschaft an. Darüber hinaus bietet die Insel dem Besucher eine Fülle an Attraktionen, vor allem die vielfältige Natur fesselt den Betrachter immer wieder aufs Neue. Solch faszinierende Vulkanlandschaften sind selbst auf der Nachbarinsel Gran Canaria nicht zu finden, auch wenn die östlich gelegene Konkurrenz im Vergleich zu Teneriffa in anderen Bereichen Vorzüge aufweisen kann.

Die Küste Teneriffas zählt zumindest im Bereich der Urlaubszentren nicht zu den Aushängeschildern der Insel: Hier mischen sich nur wenige schwarze Sandparzellen zwischen die Felsen. Um der Sonneninsel echtes Badeflair zu verleihen, wurde mancherorts heller Saharasand aufgeschüttet. Etwas trostlos mutet auch das baumlose, staubige Hügelland im Süden und Osten an. Auf der anderen Seite werden all jene Lügen gestraft, die Anfang der 1990er Jahre prognostizierten, dass Teneriffa bereits an seine touristischen Grenzen gestoßen sei. Das Gegenteil ist der Fall: Inzwischen fließen wieder verstärkt staatliche Gelder in lukrative Spekulationsobjekte, die Betonmischmaschinen haben also wieder Hochkonjunktur; selbst unwirtliches Land wird in weitläufige Feriensiedlungen umgewandelt.

Auch wenn das gute Image auf Grund der Bebauung ohne Maß und Ziel immer mehr angekratzt wird, stellen die Ferienbroschüren Teneriffa immer noch als Paradies dar. Wer in den bunten Seiten herumschmökert und die von zauberhaften tropischen Gärten umgebenen azurblauen Swimmingpools betrachtet, wird darin – mit etwas Abstand betrachtet – ein weiteres schicksalshaftes Denkmal des Massentourismus erkennen. Die größeren Urlaubersiedlungen sind im Lauf der Jahre abgestumpft und begnügen sich mit der Rolle, die bedenklich ausgearteten Bedürfnisse des Pauschaltourismus zu befriedigen. Dennoch bleiben sie ein wichtiges Element der facettenreichen Insel.

Um die attraktivsten Stellen der Insel ausfindig zu machen, muss man sich allerdings vom Beckenrand des Pools weg bequemen. Nur eine oder zwei Autostunden entfernt tun sich im Inselinneren üppige Urwälder auf, canyonähnliche Täler mit Kakteenbewuchs und vom Wetter erodierten Felsen, wuchernde Bananenplantagen und bizarre Bergketten. Das meiste Aufsehen erregt die wilde Kraterszenerie rund um den alles überragenden Teide. Der Berg selbst wirft den weltweit größten Schatten auf das Meer und teilt die Insel in zwei Klimazonen ein. Obwohl der Riese seit zwei Jahrhunderten im Dämmerzustand verharrt, entweichen unaufhörlich Schwefeldämpfe.

Die meisten Urlauber verweilen in einem der bekannten Touristenzentren. Im Norden steht Puerto de la Cruz vor allem bei Stammgästen hoch im Kurs, die aus lieber Gewohnheit nach Teneriffa reisen und dafür einen häufig bewölkten Himmel in Kauf nehmen. Die grauen und schwarzen Sandstrände sind wenig verführerisch, doch dafür verwöhnt die Küste mit dichtem Grün und manch sehenswertem alten Gebäude.

Im sonnigen Süden trifft sich alles im dichten Ballungszentrum rund um Playa de las Américas, das seine Fühler ständig weiter ausstreckt und längst mit Los Cristianos zusammengewachsen ist. Im Nordwesten der Insel schmiegen sich in Los Gigantes die für die anspruchsvolle Gäste entworfenen Betonbauten wie Schwalbennester eng an die steilen Ausläufer des Tenogebirges an. ∎

◀ ◀ **Bananenplantagen auf Teneriffa – Die Casa de los Balcones in Orotava – La Laguna, das intellektuelle Zentrum der Insel**

◀ **Die Nordküste Teneriffas mit dem Pico del Teide im Hintergrund**

Santa Cruz

Seite
130
136

Teneriffas Hauptstadt lässt sich leicht an einem Tag zu Fuß erkunden –
die Kirchen, Museen und schattige Plätze liegen eng beieinander. Da bleibt sogar
noch Zeit für einen Einkaufsbummel oder den Besuch des nahe gelegenen
schönsten Strands der Insel, Las Teresitas.

Santa Cruz ❶ ist sowohl Wirtschafts- und Verwaltungszentrum als auch betriebsame Hafenstadt. Gerade weil der Massentourismus den Ort nicht überrollt hat, wird der Gast bei einem Glas Bier in einer Bar oder der Tourist, der im Kaufhaus eine Kamera ersteht, mit einer Freundlichkeit behandelt, wie sie in den Touristenzentren kaum noch anzutreffen sind. Auch die Kriminalität stellt trotz der Nähe zum Hafen kaum ein Problem dar.

Die Stadtgeschichte lässt sich bis ins Jahr 1464 zurückverfolgen, als der Spanier Diego de Herrera hier landete und mit den Guanchen Kontakt aufnahm. Im Einvernehmen mit den Ureinwohnern baute er eine Turmbefestigung, beschwor jedoch wenig später leichtsinnig eine Krise herauf, als er fünf Guanchen hinrichten ließ, die die Kühnheit besessen hatten, einen spanischen Soldaten anzugreifen. Daraufhin erstürmte der Anführer der Guanchen, der Mencey von Anaga, die Befestigung mit tausend Mann, und Herrera musste das Weite suchen.

Dreißig Jahre später versuchte der Abenteurer Alonso Fernández de Lugo sein Glück auf Teneriffa. Lugo unternahm mit seiner Armee mehrere Versuche, die Guanchen zu unterwerfen. Als ihm dies zwei Jahre später gelang, ließ er zum Dank ein Holzkreuz in der Bucht errichten, in der er an Land gegangen war, und dort die heilige Messe feiern. Als hier die ersten Häuser errichtet wurden, erhielt der Platz den Namen *Santa Cruz* (heiliges Kreuz). Da die Bucht hervorragende Ankermöglichkeiten bot, entwickelte sich rasch ein Hafen. Doch die wirtschaftliche Blüte lockte auch Beute Suchende an, wie etwa den Admiral Nelson, einen Meister des Seekriegs, der 1797 mit acht Schiffen

vor der Küste auftauchte. Den Angriff auf Santa Cruz musste er mit dem Verlust eines Arms bezahlen, als ihm im Gefecht eine Schrapnelle den rechten Ellbogen zerschmetterte.

Nach diesen Bewährungsproben konnte sich Santa Cruz in aller Ruhe gesellschaftlich und wirtschaftlich entfalten und wurde schließlich 1822 sogar Hauptstadt aller Kanarischen Inseln. Erst 1927 teilte man die Kanaren in zwei Provinzen auf: Die westliche Inselgruppe mit Santa Cruz de Tenerife als Hauptstadt und die östlichen Inseln, die von Las Palmas de Gran Canaria aus regiert werden.

◀ Das Zentrum von Santa Cruz
▶ Das Rathaus an der Plaza de España

Kaufhaus Maya
Maya an der Plaza de Candelaria verkauft auf mehreren Etagen Modeartikel, Luxusgüter und kanarische Lederwaren.

▲ **Die breite Calle del Castillo**

Im Stadtzentrum

Obwohl Santa Cruz über keine spektakulären Sehenswürdigkeiten verfügt, lohnt sich ein kurzer Bummel durch die alten Viertel mit zum Teil herrschaftlichen Häusern. Die Stadt lässt sich gut zu Fuß erkunden, da die Entfernungen zwischen den interessanten Plätzen nicht allzu groß sind. Im Grunde spielt sich alles in einem Dreieck zwischen Plaza de España, Parque Muncipal García Sanabria und Mercado de Nuestra Señora de África ab.

Die weit über 200 000 Einwohner von Santa Cruz scheinen zu Stoßzeiten alle auf der **Plaza de España** Ⓐ unterwegs zu sein. Der Platz mit dem gewaltigen Denkmal für die Gefallenen des Spanischen Bürgerkriegs liegt neben dem Hafen. Im Norden erhebt sich die zerklüftete Anaga-Bergkette, während im Süden der Blick auf das Hauptpostamt und den Palacio Insular, den Sitz der Verwaltung und des Fremdenverkehrsamts, fällt.

Neben der Plaza de España wird es schlagartig ruhig; hier beginnt die **Plaza de la Candelaria** Ⓑ, Fußgängerzone und beliebter Treffpunkt der Einheimischen. An einer Seite des Platzes interpretiert ein 1778 aufgestelltes Denkmal von Antonio Canova aus Carraramarmor, der »Triumph der Jungfrau von Candelaria« *(Triunfo de la Candelaria),* die spanische Eroberung als Sieg des Christentums über die Ungläubigen. Auf der Spitze eines Pfeilers thronend, erscheint die Muttergottes vier Anführern der Guanchen, die ihr an den Ecken des Pfeilers zu Füßen liegen.

Von der Plaza de la Candelaria führt die **Calle del Castillo** Ⓒ, die Hauptgeschäftsstraße der Stadt, westwärts. Im Gegensatz zu den Touristenorten, die nur auf die Bedürfnisse der Urlauber eingerichtet sind, kann man hier »richtig« einkaufen. Geschäfte bieten ein breit sortiertes Angebot, daneben profitieren vor allem asiatisch geführte Läden von den günstigen Zöllen auf den Kanarischen Inseln.

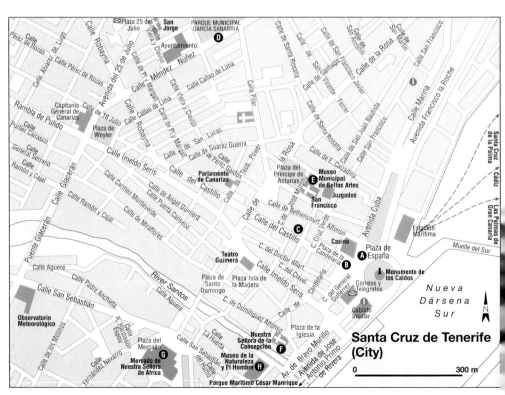

Museen und Märkte

Am oberen Ende der Calle del Castillo liegt die **Plaza de Weyler,** flankiert von Militärbauten, darunter die Capitania General, in der früher die Gouverneure, einschließlich Franco, residierten. Für eine friedliche Note sorgt der Liebesbrunnen in der Mitte der Plaza, gefertigt aus weißem Genueser Marmor. Fast schon bei den Ramblas liegt der **Parque Municipal García Sanabria ❶,** der in den 1920er Jahren angelegte Stadtpark. Heute werfen Bäume und exotische Pflanzen einen angenehmen Schatten auf die zahlreichen Bänke. Von einer internationalen Skulpturenausstellung im Park im Jahr 1973 blieben einige Stücke übrig, die von den Kindern gerne zum Klettergerüst umfunktioniert werden.

> ***gua gua***
> → nennen die Einheimischen einen öffentlichen Bus. Rückkehrer aus Kuba und Venezuela beeinflussten den Wortschatz der Inseln.

Vom Park weg führt die Calle Pilar direkt zur Plaza del Príncipe de Asturias, einer idyllischen Oase mit ehrwürdigen Lorbeerbäumen. An den früheren Klostergarten grenzt das **Museo Muncipal de Bellas Artes ❸** an. Eine ganze Abteilung im Museum der Schönen Künste (Mo–Fr 10–13.30 und 14.30 bis 18.30 Uhr, Eintritt frei) widmet sich der Kanarischen Kunst. Ein paar Schritte weiter passiert man die ehemalige Klosterkirche **San Francisco** mit einer charakteristischen Holzdecke im kanarischen Stil und hochbarockem Hauptaltar, und wieder zwei Straßen weiter steht man vor dem eher bescheidenen **Parlamentsgebäude.**

Die bedeutendste Kirche von Santa Cruz ist die **Iglesia de Nuestra Señora de la Concepción ❻** (tgl. tagsüber geöffnet), die nicht weit von der Plaza de España

Seite 136

▲ Statue im
Parque Municipal
García Sanabria
▼ Nuestra Señora
de la Concepción –
versteckt hinter
Bürgerhäusern

Orgelkonzerte
Die **Igesia de San Francisco** ist für ihre Orgel berühmt. Lassen Sie sich das Klangerlebnis nicht entgehen, wenn ein Konzert auf dem Veranstaltungsprogramm steht.

Richtung Süden steht. Ihr sechsstöckiger Glockenturm war lange Zeit ein Wahrzeichen der Stadt; ein Feuer hatte den 1502 erbauten Turm im Jahr 1642 so stark beschädigt, dass eine umfangreiche Restaurierung notwendig wurde. Den Hochaltar schmückt eine Marienfigur des im 18. Jh. gefeierten Bildhauers José Luján Pérez. Außerdem werden hier die nach Nelsons Angriff erbeuteten britischen Flaggen aufbewahrt; ebenso das *Cruz de la Conquista* (Kreuz der Eroberung), das Lugo bei seiner Ankunft errichtet haben soll.

Der Barranco de Santos verläuft zwischen der Kirche und dem **Mercado de Nuestra Señora de África ©**, der an eine nordafrikanische Kasbah erinnert. Umschlossen von Arkaden, stehen in einem nur vormittags geöffneten Hof Dutzende Marktbuden, die Lebensmittel und Blumen im Überfluss, daneben auch Kleintiere feilbieten. Jeden Sonntagvormittag findet in den Straßen um den Markt ein bunter Flohmarkt *(rastro)* statt.

Nur wenige Straßen weiter in Richtung Meer stößt man auf das 1998 eröffnete **Museo de la Naturaleza y El Hombre ⊕**, das Museum für Natur und Mensch (Di bis So 10–20 Uhr, So kein Eintritt). Es besitzt archäologische Funde der Guanchen-Kultur: Keramik, Werkzeug, Lanzen aus Pinienholz, Schmuck und sogar Schädel; eindrucksvoll sind die in Tierhäute eingeschlagenen Mumien. Lebensgroße Puppen zeigen, wie die Ureinwohner wohl einmal ausgesehen haben. Daneben wird die Natur der Insel an Land und unter Wasser dargestellt, Fossilien und Mineralien runden die Ausstellung ab.

Der Hafen

Auch der **Puerto de Santa Cruz** ist einen Besuch wert. Im Unterschied zu den meisten anderen Häfen darf man die Kai betreten – auch dies ein Hinweis auf die Offenheit der Santacruceros.

Im Hafen liegen riesige Kreuzfahrtschiffe neben Öltankern und russischen Fischtrawlern, daneben moderne Kühlschiffe schwer beladen mit Bananen und Tomaten; Schnellfähren machen sich auf den Weg zur Nachbarinsel Gran Canaria.

Südlich des Hafens wurde eine verfallene Industriezone in den **Parque Marítimo César Manrique** verwandelt, bestehend aus mehreren Felsenbecken, Liegewiesen und einem Palmenhain. Der inzwischen verstorbene Architekt und Künster, der auf Lanzarote zu Hause war, hat die Pläne für den Bade- und Erholungspark entworfen und dabei Ruinen des Castillo San Juan einbezogen.

Nachtleben

Anders als bei den Urlaubern beginnt für die Einheimischen der Tag meist schon um 8 Uhr morgens, da sind lange Nächte nicht ohne weiteres drin. Freitag- und samstagnachts ändert sich das jedoch schlagartig, Sperrstunden für Bars, Clubs und Diskotheken bestehen in Santa Cruz nicht. Vor 23 Uhr sind die beliebtesten **Diskotheken** in der Rambla General Fran

▲ **Blumenverkäuferinnen auf dem Mercado de Nuestra Señora de África**
◄ **Gestickte Tischdecken – ein beliebtes Souvenir bei Touristen**

co voll von Jugendlichen unter zwanzig. Die älteren Nachtvögel verabreden sich deshalb erst später, normalerweise trifft man sich in einer Bar, von der aus man dann die Nachtclubs abklappern kann. Die **Bars** in der Calle Ramón y Cajal sind zwischen 23 und 1 Uhr garantiert voll, das gleiche gilt für die Residencia Anaga.

Einheimische mit Pkw fahren oft nach Mitternacht in das 8 km entfernte **La Laguna,** in dem der dortige Stadtrat die Sperrstunde auf drei Uhr festgesetzt hat.

Die Strände der Stadt

Auf der etwa 10 km langen Küstenstraße in Richtung Nordosten erreicht man **San Andrés.** Eine stattliche Zahl von Restaurants an der Hauptstraße offerieren Fisch und Meeresfrüchte. Hier erstreckt sich auch der 1975 auf Beschluss des Stadtrats von Santa Cruz aufgeschüttete Strand **Las Teresitas ❷**; vier Mio. Sandsäcke wurden damals für den größten jemals von Men-schenhand geschaffenen Strand aus der Westsahara hergeschafft. Palmen spenden etwas Schatten, und künstliche Molen schützen die Badenden vor Strömungen. Über die Zukunft der Umgebung von Las Teresitas ist eine große Diskussion entbrannt, Geschäftsleute möchten am liebsten Hotels und Appartmentanlagen bauen, Einheimische und Naturschützer sind strikt dagegen.

Wem es am Wochenende am Las Teresitas zu voll ist, der braucht nur um die nächste Landzunge herumzufahren, um auf einem steilen Weg hinunter zur kleinen Felsbucht von **Las Gaviotas ❸** zu gelangen, benannt nach den über den Klippen kreisenden Seemöwen. Ein paar Bars sorgen am Wochenende und in den Sommerferien für das leibliche Wohl, ansonsten tummeln sich FKK-Anhänger auf dem dunklen Lavasand. Von dort hat man einen schönen Blick auf die wie Orgelpfeifen aufgereihten Klippen der **Punta de los Organos. ∎**

Seite 130 136

Disko KU
Seit 10 Jahren gibt es einen Ableger des früheren KU auf Ibiza. Die Diskothek ist ein ganz heißer Tipp, hier finden auch Misswahlen, Modeschauen und Live-Konzerte statt (Avenida Madrid, Do–So ab 23 Uhr geöffnet).

▼ **Das geschäftige Treiben im Hafen von Santa Cruz**

La Laguna und das Anagagebirge

Seite
130
144

La Laguna wurde erst im 18. Jh. von Santa Cruz als Hauptstadt abgelöst. Zahlreiche historische Gebäude erinnern an die bedeutende Vergangenheit der alten Universitätsstadt. Ein gutes Wegenetz erschließt das nahe gelegene Anagagebirge als Wanderparadies.

Mit etwas über 120 000 Einwohnern ist **La Laguna ❹** nach Santa Cruz die zweitgrößte Stadt Teneriffas. Sie liegt nur 8 km vom Zentrum der Hauptstadt entfernt im Aguere-Tal. Die Außenbezirke von beiden Städte gehen an der La-Cuesta-Autobahn ineinander über. Wegen der Höhenlage (550 m) ist es in La Laguna kühler als an der Küste, was das Leben in dieser historischen Stadt noch angenehmer macht.

La Laguna bedeutet »Teich« oder »kleiner See«. Vermutlich war dies der Hauptgrund für Alonso Fernández de Lugo, hier eine Siedlung zu gründen und sie 1496 zur Hauptstadt der Kanarischen Inseln zu machen. 1701 errichtete man in der Stadt die erste Universität des Archipels. Noch heute verbreiten während des Semesters die zahlreichen Studenten in den Bars und Restaurants eine Atmosphäre jugendlicher Ausgelassenheit.

Das alte Viertel

Den Rundweg durch die Altstadt von La Laguna beginnt man am besten auf der **Plaza del Adelantado ❹**, an der der **Ayuntamiento** (Rathaus) steht. In diesem schönen klassizistischen Gebäude wird die Fahne aufbewahrt, die de Lugo hisste, als er Teneriffa zum spanischen Hoheitsgebiet erklärte.

Vom Ayuntamiento sind es nur ein paar Schritte durch die **Calle Nava y Grimón** zum **Santuario del Cristo ❸**, wo die am meisten verehrte Christusfigur der Kanarischen Inseln aufbewahrt wird. Jahr für Jahr pilgern im September Tausende von Gläubigen aus ganz Spanien hierher. Von da geht es wieder ein Stück zurück in Richtung Plaza del Adelantado und dann rechts in die Calle San Agustín. Kurz vor

dem Palacio Episcopal ist auf der rechten Seite in einem alten Herrenhaus (Casa Lecardo) aus dem 16. Jh., das **Museo de Historia de Tenerife ❻** untergebracht (Di bis So 10–20 Uhr, Eintritt). Die Exponate stammen aus der Zeit seit der spanischen Eroberung, darunter einige der ältesten Karten der Kanarischen Inseln.

Anschließend geht es noch ein Stück die Calle San Agustín hinunter und dann links auf die Calle Sol y Ortega. Auf der linken Seite steht La Lagunas Kathedrale **Santa Iglesia ❼**, die 1515 erbaut wurde. Nachdem von der ursprünglichen Kirche nur noch eine Ruine vorhanden war, hat

◄◄ Eine Streusiedlung im Anagagebirge
◄ Zerklüftete Felsküste bei Taganaga
► Der Santuario del Cristo in La Laguna

man 1904–1915 die Kirche samt Kuppel und zwei Türmen wieder errichtet. Das Innere des überwölbten Kirchenschiffs wird durch farbige Glasfenster erhellt; in einem Winkel steht die goldverkleidete **Capilla de la Virgen de los Remedios,** die für einen endlosen Strom von Bittstellern eine Botschaft der Hoffnung auszustrahlen scheint. Hinter dem Hochaltar befindet sich das bescheidene Grabmal de Lugos,»Conquistador de Tenerife y La Palma, fundador de La Laguna«, dem Eroberer von Teneriffa und La Palma und Begründer von La Laguna.

Von der Kathedrale weg führt die **Calle Obispo Rey Redondo** vorbei am **Teatro Leal** zur ältesten Kirche von La Laguna, der **Iglesia de Nuestra Señora de la Concepción** ❺. Das 1502 errichtete Gebäude hat bereits den dritten Turm (um 1701) und wurde erst 1974 umfassend renoviert. Im Innern steht ein Taufbecken aus dem 15. Jh., in dem die Guanchenführer feierlich getauft wurden.

**Naturkunde-
museum**
Das Museo de la Ciencia y el Cosmos (Di–So, 10–20 Uhr, Eintrittsgebühr) ist nicht nur an Regentagen einen Besuch wert. Es gibt dort ein Planetarium sowie zahlreiche wissenschaftliche Experimente, die man selbst steuern kann.

▼ **Der Palacio de Nava y Grimón in La Laguna**

Das Anagagebirge

La Laguna liegt am Fuße des **Anagagebirges** *(Montañas de Anaga),* eines Höhenzugs aus Vulkangestein, der das nordöstliche Ende Teneriffas einnimmt. Die beste Verbindung in dieses dünn besiedelte Gebiet führt von La Laguna nach Norden über den Gebirgskamm mit seinen herrlichen Aussichtspunkten. Gleich hinter der Stadt erreicht man auf der baumgesäumten Straße das Dorf **Las Canteras.** Von hier zweigt eine Nebenstraße nach **Punta del Hidalgo** ❺ (16 km) ab, ein beschauliches, am Südwestrand der Anagahalbinsel im Schatten der 344 bzw. 308 m hohen Zwillingsgipfel **Dos Hermanos** (»Zwei Brüder«) gelegenes Städtchen. In dem Erholungsgebiet sind die zwei meerwassergespeisten Schwimmbädern sehr beliebt. Den Einheimischen zufolge kann man hier die schönsten und eindrucksvollsten Sonnenuntergänge auf der gesamten Insel erleben.

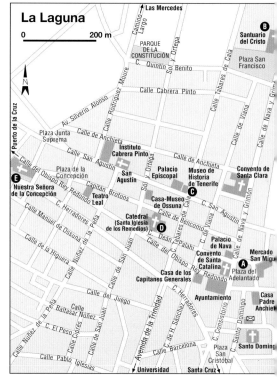

Seite
130
144

Hinter Las Canteras steigt die Straße zunehmend an, in Serpentinen geht es durch den **Monte de las Mercedes** hinauf, einen dichten Lorbeerwald, der als schönstes Gehölz Teneriffas gilt und ein Überbleibsel des ursprünglichen Waldlandes darstellt, das sich im Tertiär über den ganzen Mittelmeerraum bis nach Asien erstreckte. Nach 8 km kommt der **Mirador del Valle de Aguere,** von wo aus man einen wunderbaren Blick auf La Laguna hat. Kurz darauf stösst man auf **Cruz del Carmen** mit einer Kapelle und einer Statue der Nuestra Señora de las Mercedes. Dieser von Wald umgebene, 920 m hohe *mirador* (Aussichtspunkt) ist ein ideales Plätzchen zum Grillen und Picknicken. Zum **Taborno,** der höchsten Erhebung des Anagebirges, ist es jetzt nicht mehr weit. Der Gipfel

---

Lorbeerwälder

→ immergrüne Wälder mit hohem Wasserbedarf in subtropischen und temperierten Zonen; typisch ist ein reichlicher Unterwuchs mit Epiphyten und Farnen.

(1024 m) selbst ist jedoch für die Öffentlichkeit gesperrt, weil dort Funkfeuer für den Flugverkehr installiert sind. Dennoch hat man auch von etwas unterhalb eine grandiose Aussicht auf die Umgebung.

Nächste Station ist der **Mirador del Pico del Inglés ❼**, ein natürlicher »Balkon« in 960 m Höhe, von dem aus man einen wundervollen Blick über die ganze Insel genießen kann. Die gewundene Straße folgt nun weitere 10 km dem Kamm des Gebirges bis zum **Mirador del Bailadero ❽**. Die Guanchen trennten hier bei ausbleibendem Regen oder Futtermangel die Schafe und Ziegen von ihren Kälbern, um durch das Blöken und Meckern der Muttertiere die Götter dazu zu bewegen, es endlich regnen zu lassen. Aufgrund dieses Rituals galt El Bailadero lange Zeit als Versammlungs-

▲ Vom **Mirador del Pico del Inglés** genießt man eine vorzügliche Aussicht

▼ **Fischer an der Punta del Hidalgo**

ort von Hexen. Heute kommen höchstens noch Familien und Ausflügler hierher, um in den beiden dicht an den Abgrund gebauten Bars ihren Durst zu löschen.

Hinter El Bailadero stehen zwei Routen zur Auswahl: Die erste führt steil nach unten ins Dorf **Taganana** ❾ mit seinen weißen Häusern und weiter ins 4 km entfernte **Almaciga** ❿ an der Nordküste. Dabei fährt man durch einen Tunnel, der von einer Seite des Gipfelkamms bis zur anderen reicht. In Almaciga warten einige ruhige Strände auf den Reisenden, und bei wolkenlosem Himmel hat man einen herrlichen Blick bis hinauf zum Teide.

Die zweite Route windet sich an scharfen Felskanten vorbei nach **Chinobre,** von wo aus man erneut einen schönen Blick über den gesamten Norden der Insel hat. Nach weiteren 10 km erreicht man den sicheren Hafen von **Chamorga** ⓫, einer Siedlung mit weiß getünchten Bauernhäusern, die sich an die Steilhänge klammern, in die wie von Riesenhand Terrassen eingegraben sind. Im Dorfkern steht eine hübsche Kapelle zur Erinnerung an einen in den Bergen umgekommenen Mann.

Wandern in den Bergen

Von der Straße durch das Anagagebirge aus führt auf beiden Seiten ein sehr gut ausgebautes Netz von Wanderwegen *(senderos turísticos)* in die dichten Wälder und durch tiefe Schluchten zu versteckten Dörfern, einsamen Tälern und unberührten Stränden – Seiten des Gebirges, die nur wenige zu sehen bekommen.

Eine einfache, etwa 2 km lange Wanderung beginnt in **Las Carboneras** ⓬, das über eine nordwärts führende Serpentinenstraße von La Laguna aus erreichbar ist und zwischen Cruz del Carmen und Pico del Ingles liegt. Die Straße endet auf der Plaza de San Isidro von La Carboneras, an der auch die gleichnamige Kirche steht. Von hier schlängelt sich ein Pfad mit

Einheimische Küche
Deftig und preisgünstig speist man in den Fischlokalen am Strand Playa del Roque unterhalb von **Taganana** sowie im »El Bailadero« oberhalb des Ortes.

◀ In den Dörfern des Anagagebirges sind die Gassen oftmals sehr steil

Ratschläge für Wanderer
• Unabdingbar in der Bergwelt Teneriffas sind gutes Schuhwerk, warme und wasserdichte Kleidung sowie ausreichend Proviant und Getränke.
• Die Inselregierung hat die Wanderkarte der »senderos turísticos, Tenerife, Anaga, Zona 1« erstellt, die in den Touristeninformationen kostenlos zu haben ist. Der spanische Servicio Geográfico del Ejército (Vermessungsdienst der Armee) hat eine topografische Landkarte des Anagagebirges herausgebracht, die in Buchläden verkauft wird.
• Niemals ohne Begleitung aufbrechen.
• Halten Sie sich streng an die ausgeschilderten Wege. Versuchen Sie nach starken Regenfällen auf keinen Fall über Wege weiterzuwandern, die von einem Erdrutsch blockiert worden sind.
• Hinterlegen Sie bei Freunden oder im Hotel eine Notiz mit genauen Angaben der voraussichtlichen Wanderroute.

eingeschlagenen Stufen unter steilen Felswänden und am steilen Abgrund entlang.
Am oberen Teil des Hügels sind die terrassierten Anbauflächen noch gepflegt, später sind sie zunehmend verfallen – ein
unübersehbares Zeichen von Landflucht.

Höhlenwohnungen

Unvermittelt hinter einer Felswand
tauchen die weißen Häuser von **China-
nada** ⓭ auf. Von weitem unterscheiden
sie sich kaum von anderen Bauernhöfen
im Anagagebirge. Erst bei näherem Hinse-
hen erkennt man, dass Türen und Fenster
in Stein gehauen sind und die Bewohner
in Höhlen leben. Alle Gegenstände des
täglichen Bedarfs müssen die 30 Bewohner von Las Carboneras auf dem Rücken
hierher tragen; deshalb werden zahlreiche
Lebensmittel selbst angebaut.

Ein längerer und etwas schwieriger
Weg führt zum **Faro de Anaga,** einem
Leuchtturm im äßersten Nordosten, der
wagemutige Segelschiffe vor der rauen
felsigen Küste warnt. Beim Leuchtturm
(200 m NN) leben drei Wächter mit ihren
Familien, deren sämtliche Nahrungsmittel
und Gegenstände des Alltags aus Chamorga, einem 2 km entfernten Dorf herangeschafft werden müssen. Die Kinder haben
einen steilen Weg hinauf zur Schule und,
so sagen die Eltern, »rennen nach Schul-
schluß leichtfüßig wieder hinab zum Ende der Welt«. Die Wanderung beginnt am
Ende der Straße, die von El Bailadero über
das malerische Taganana und Almaciga in
das Dorf Benijo hinabführt. Über grüne
Hänge führt der Weg (zweieinhalb Stunden Gehzeit) weiter zum Leuchtturm.
Unterwegs hat man einen sehr schönen
Blick zum **Roque de Dentro,** der mit
178 m wie ein gewaltiger Backenzahn aus
dem Meer ragt, während der flache **Roque de Fuera** nur auf 64 m kommt. Der
Blick zurück reicht fast bis zur Punta del
Hidalgo, im Vordergrund erhebt sich der
gewaltige pyramidenförmige **Roque de
Taborno** (706 m). ∎

▲ Im Frühling er-
blühen die Wiesen
im Landesinneren
▼ Auf Teneriffa
trägt man zahl-
reiche Lasten auf
dem Kopf

Die Nordküste

Seite
130
152

Die Nordküste bietet überraschend viele Höhepunkte: Das elegante Urlaubsdomizil Puerto de la Cruz weiß mit seiner urbanen Architektur und den topmodernen Strandbädern ebenso zu gefallen wie das im alten Kolonialstil erbaute La Orotava, und die schroffe Felsküste in Richtung Punta de Teno sowie das üppig bewachsene Hügelland schaffen einen attraktiven landschaftlichen Rahmen.

Auch wenn in den letzten Jahren Playa de las Américas immer mehr ausländische Touristen angezogen hat, weiß **Puerto de la Cruz** ⓯ seine Kunden bei der Stange zu halten – und die Stadt ist gar nicht so unglücklich darüber, dass die jüngeren Besucher ihren Fun-Urlaub lieber im Süden verbringen.

Mit annähernd 40 000 Einwohnern ist Puerto die wichtigste Stadt an der Nordküste. Die günstige Lage zwischen dem fruchtbaren Orotava-Tal und der Felsküste des Atlantik zieht die Besucher bis heute in ihren Bann. Wer den traditionellen und etablierten Urlaubsort bevorzugt, wird dank der typisch kanarischen Architektur in Puerto und der erfrischend grünen Landschaft entlang der Nordküste auf seine Kosten kommen. Die üppige Vegetation rund um die Stadt resultiert aus dem feuchten Klima, das häufig viele Wolken mit sich bringt. Sonnenanbeter müssen also ihre Bräune eventuell andernorts auffrischen, was dank der schnellen Autobahnverbindung nach Santa Cruz und den Süden der Insel bequem zu machen ist. Wer eine andere Insel bereisen will, steuert den bei La Laguna gelegenen Flughafen Los Rodeos an.

Die Strände von Puerto unterscheiden sich deutlich von jenen der Südens. Die mit kleinen Buchten gegliederte Küste ist von natürlicher Schroffheit, oft prallt die starke Brandung mit Wucht gegen die Felsen. Die bizarre Szenerie macht einen erheblichen Teil des Urlaubsflairs aus. An stürmischen Tagen bieten Spaziergänge entlang der Fußgängerpromenade San Telmo unvergessliche Eindrücke der schäumenden Gischt.

Puertos Vergangenheit

Die Bedeutung von Puerto de la Cruz als Handels- und Verwaltungszentrum reicht annähernd drei Jahrhunderte zurück. Dabei profitierte der einstmals kleine Ort vom Unglück eines Nachbarortes: 1706 brach der El Teide aus und legte den 26 km entfernten damaligen Haupthafen Garachico in Schutt und Asche. Puerto wurde über Nacht zum wichtigsten Eporthafen für einheimische Erzeugnisse, vor allem von Wein.

◀◀ **Puerto de la Cruz**
◀ **Fischerboote im Hafen**
▶ **Die Uferpromenade von Puerto**

Gegen Ende des 19. Jhs. trafen hier die ersten wohlhabenden englischen Touristen ein, zudem war Puerto auf Grund seines milden Klimas die bevorzugte Zwischenstation für britische Kolonialbeamte, die auf dem Heimweg von Asien und Afrika waren. Die Reisepioniere nächtigten seinerzeit im Hotel Monopol oder im Taoro, in dem heute ein Kasino untergebracht ist. Heute kommen jährlich über 100 000 Besucher nach Puerto, in erster Linie Spanier, Briten und Deutsche. Im Februar zieht der spektakuläre Karneval zahlreiche zusätzliche Touristen an, und im Sommer fliehen die Spanier vor der extremen Hitze des Festlands an die kühle Nordküste Teneriffas.

Sehenswerte Altstadt

▲ Eine Christus-
statue wird
während einer
Prozession durch
die Stadt getragen

Der bedeutendste Platz und Zentrum des Soziallebens ist die **Plaza del Charco de los Camarones ❶**. Hier toben im Schatten von hohen Palmen und Lorbeerbäu-

men Kinder auf dem Spielplatz, Schachspieler messen unter den Augen eines fachkundigen Publikums ihre Kräfte, und abends treten mitunter Musikbands auf der großen Bühne auf. Auch der größte und geschäftigste Taxistand Puertos ist nicht weit.

Von der Plaza lohnt ein kurzer Abstecher durch die Calle de María abwärts und links abbiegend zur **Casa Iriarte ❷**. Das Haus, in dem 1750 der Schriftsteller Tomás de Iriarte y Nieves-Ravello geboren wurde, steht an der Kreuzung Calle San Juan und Calle Iriarte und ist eines der besterhaltenen Gebäude des 18. Jhs. auf der Insel. Heute sind dort kleine Kunsthandwerksläden und ein Marinemuseum untergebracht, auch der geschnitzte Holzbalkon und der begrünte Innenhof sind sehenswert.

Alternativ gelangt man rasch von der nordöstlichen Ecke der Plaza zum **Puerto Pesquero** (Fischereihafen) ❸. Im 18. Jh. wurden hier wichtige Exporte abge-

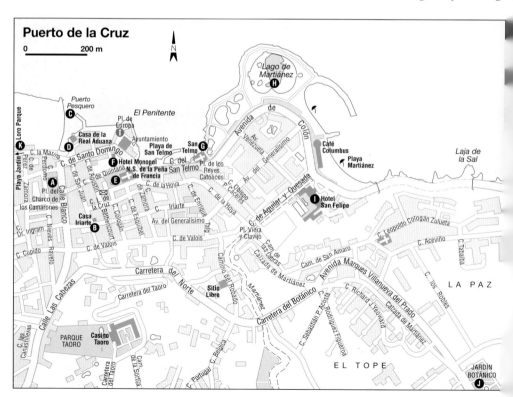

Puerto de la Cruz

0   200 m

Seite 152

wickelt, heute liegen nur noch einzelne Fischerboote vor Anker. Am östlichen Ende des Platzes steht die 1620 erbaute **Casa de la Real Aduana;** das königliche Zollhaus ❶ ist das älteste Haus der Stadt und war bis 1833 noch in Betrieb. Vor kurzem wurden die oberen Stockwerke in Wohnungen umgewandelt, während das Erdgeschoss und die angrenzenden Innenhöfe mit erlesenen antiken Möbeln und Geräten verschönert wurden. Die Stadt hat das Gebäude als Kulturerbe gekauft und will in Zukunft dort ein Museum für Kunsthandwerk eröffnen.

In unmittelbarer Nähe gruppieren sich auf der **Plaza de Europa** die Touristeninformation, das 1973 errichtete Rathaus und das Polizeihauptrevier. Gegenüber liegt die im Stil des 18. Jhs. erbaute **Casa**

> *Francisco de Miranda*
> → (1750–1816) Offizier, der das Ende der spanischen Kolonialherrschaft in Venezuela vorbereitete und an der Unabhängigkeitserklärung 1811 beteiligt war.

de Miranda, die einst im Besitz der Familie des venezolanischen Freiheitskämpfers Francisco de Miranda war und heute ein Dachterrassenrestaurant beherbergt.

Von hier führen die Stufen der Calle Punto Fijo zur Hauptkirche von Puerto, der **Iglesia de Nuestra Señora de la Pena de Francia ❺,** die 1684 bis 1697 erbaut und nach der Felsjungfrau von Frankreich benannt wurde; der hohe Turm kam allerdings als Erweiterungsbau erst 1898 hinzu. Das dunkle Innere der Kirche entfaltet durch den prachtvoll erstrahlenden Hochaltar eine glanzvolle Atmosphäre. Die Orgel wurde von Bernardo de Cologan, einem Insulaner irischer Abstammung, im Jahre 1814 aus London nach Puerto gebracht.

Neben dem Kirchplatz steht in der Calle de Quintana das **Monopol ❻,** eines der

Herrliche Aussicht
Im Viertel Punta Brava mit seinen engen Gassen genießt man von der Terrasse des Restaurants »Tambo« an der Plaza Ballesteros 4 einen reizvollen Blick auf die Playa Jardin (Tel. 922 38 00 10).

▼ **Die Casa de la Real Aduana**

ältesten Hotels der Stadt mit einem wunderschönen Patio und holzgeschnitzten Balkonen. Am Ende der Straße überblickt man von der Terrasse **Punta del Viento** aus die Felsküste und den Pool-Komplex von Costa de Martiánez. Darunter ist auf einem Felsvorsprung ein Restaurant untergebracht.

Die Promenade Calle de San Telmo führt von der Punta entlang der Küste an der schäumenden Gischt des Atlantiks vorbei zur weißen **Iglesia de San Telmo** . Diese Kapelle, unter der die Opfer der großen Sturmflut von 1826 bestattet sind, ist dem Schutzpatron der Seefahrer gewidmet. Auf der **Plaza de los Reyes Católicos** hinter San Telmo steht eine Büste des bereits erwähnten Helden Francisco Miranda.

Badefreuden
Wenn das Strandbad überfüllt ist, findet man an der östlich angrenzenden **Playa Martiánez** bestimmt noch ein freies Plätzchen. Der Badestrand wurde mit Saharasand aufgeschüttet und erst 1999 eingeweiht.

Agustín de Betancourt
→ Das Denkmal auf der Plaza de España ist dem in Puerto geborenen berühmten Architekten Agustín de Betancourt gewidmet (1758 bis 1824), der für Zar Alexander I. einst eine Schule für Brücken- und Straßenbau gründete.

Pools und Parks

In den letzten Jahren war die Stadtverwaltung bemüht, den Küstenbereich mit grünen Pool- und Parkanlagen aufzuwerten. Ein gelungenes Beispiel hierfür ist das auch unter San Telmo bekannte Strandbad **Lago de Martiánez** , auf das man etwas weiter stadtauswärts stößt. Entworfen wurde diese bezaubernde Wasserlandschaft mit Springbrunnen, Palmen und Skulpturen von César Manrique aus Lanzarote. Der 1992 bei einem Unfall verstorbene Architekt und Künstler hatte zudem ein Faible für Vulkane, sodass er die einzelnen Pools um die zum Meer hin führenden Lavazungen anlegte. Hier können die Badegäste das Meerwasser in Hörweite der abseits des Geländes gegen die Felsen donnernden Atlantik-Wellen gefahrlos genießen. Der günstige Eintrittspreis gilt für den ganzen Tag.

Westlich des Hafens ist nahe dem **Castillo San Felipe,** eine kleine Burg aus dem 17. Jh. mit wechselnden Kunstausstellungen, ein weiteres ehrgeiziges Küstenprojekt fertig gestellt worden: die **Playa Jardín.** Der neue künstlich mit Sand aufgeschüttete Badestrand schützt mit einem Wellenbrecher vor der Brandung und ist von einer autofreien Promenade und hübschen subtropischen Gärten umsäumt. Burg und Strand sind dem »Umweltguru« Manrique gewidmet.

Der Botanische Garten
Steuert man von der Plaza de los Reyes Católicos westwärts in die Avenida de Colón, stößt man am Ende der Straße auf das **Hotel San Felipe** . Das Hotel ist erwähnenswert, weil von hier Busse zu mehreren Touristenattraktionen abfahren wie den **Jardín Botánico** . Am meisten genießt man den Botanischen Garten an heißen Tagen, wenn die üppige tropische

◀ **Der Lago de Martiánez – ein vielbesuchtes Schwimmbad in Strandnähe** ora erfrischende Kühlung verspricht. er Garten wurde 1788 von König Car- ·s III. als Zwischenstation für exotische flanzen aus aller Welt auf dem Weg nach panien eingerichtet. Der offizielle Name utet deshalb auch *Jardín de Aclimata- ·ión de la Orotava.*

Leider gelang der Transfer nach Spani- n nicht immer, doch zumindest dieses flanzenparadies mit mehr als 4000 ver- :hiedenen Arten war von Erfolg gekrönt. auptattraktion ist die riesige Palmenart *'oussapoa dealbata,* ein mächtiger, fast ptisch anmutender Baum aus dem süd- nerikanischen Dschungel. Das über 200 ahre alte Wirrwarr aus Stämmen, Wur- eln, Zweigen und Rinde scheint nur auf en Nachteinbruch zu warten. Dann – so üstert man – fährt es seine riesigen Ten- keln aus, um im Park eingeschlossene ouristen zu erwürgen.

Mit dem Gratisbus zu den Attraktionen

Vom Hotel San Felipe fährt auch ein us kostenlos zum **Loro Parque** ❽ im unta-Brava-Gebiet, der mehr als 200 Ar- en bunt schillernder Papageien beher- ergt. In dem Vogelpark – einem der größ- en der Welt – können etwa 1500 Vögel esichtigt werden; weitere 2500 warten uf ihren Auftritt in nicht zugänglichen äfigen. Trainierte Tiere werden sowohl n der Trick-Show im Innern des Gebäu- es als auch in einer Flugdemonstration ußerhalb gezeigt. Im 180-Grad-Kino »Lo-) Vision« entstehen beim Fliegen oder ahren von rasenden Feuerwehrautos nd Rennwagen flaue Gefühle in der Ma- engegend. Die jüngste Errungenschaft ist uropas größtes, äußerst sehenswertes)elphinarium.

Bananenplantage

Ein ebenfalls freier Bus-Service besteht o der Station San Felipe zur **Bananera El ·uanche,** einem privaten Unternehmen, as einen lehrreichen Video-Film über die ananenstaude zeigt. Anschließend kann nan über beschilderte Wege das Gesehe- e nachvollziehen und exotische Früchte

wie Papaya, Mango, Ananas, Lychee, Gra- natapfel, Kiwi oder Pampelmuse bewun- dern. Zusätzlich werden Kaffee, Erdnüsse, Zuckerrohr, Tabak, Ginseng und Sapodil- la, der Rohstoff für Kaugummi, angebaut.

Seite 152

Alte Wohnhäuser

In Richtung der östlichen Stadtteile La Paz und Botanico gibt es eine Reihe alter Häu- ser zu besichtigen. Das **Abaco** ist ein gut restauriertes kanarisches Wohnhaus aus dem 17. Jh. Geführte Touren stellen die Hauptmerkmale und historische Bedeu- tung des Gebäudes und schönen Gartens in den Vordergrund (geöffnet täglich 10.30–13.30 und 15–17.30 Uhr; Eintritt; Tel. 9 22 37 01 07).

Das **Sitio Litre** ist ein weiteres würde- volles Wohnhaus. Das Grundstück beher- bergt mit einer großen Auswahl an Orchi- deen und einem Drachenbaum einen der ältesten Gärten Teneriffas. Hier wohnte einst die viktorianische Landschaftsmale-

▲ **Eine gelbe Bahn fährt Besucher durch den Vogelpark** ▶ **Austausch von Zärtlich- keiten im Loro Parque**

rin Marianne North (s. S. 57), zudem wird behauptet, dass dieses Anwesen in einer von Agatha Christies Krimis eine Rolle gespielt haben soll. Das schattige Café serviert vorzügliche, frisch gepresste Fruchtsäfte (geöffnet täglich 9.30–18 Uhr; Eintritt; Tel. 9 22 38 24 17).

Ausflug nach La Orotava

Um Puerto gibt es eine ganze Reihe von Orten, die mit Bus oder Auto leicht erreichbar sind. Das interessanteste Ziel ist **La Orotava** ⑯, das nur etwa 4 km östlich entfernt in dem gleichnamigen fruchtbaren Tal liegt. Vor der spanischen Eroberung gehörte La Orotava noch zu Taoro, dem wohlhabendsten der neun Guanchen-Reiche. Im Jahre 1594 schrieb Fray Alfonso de Espinosa überaus begeistert: »Um Orotava erschließt sich meilenweit das fruchtbarste Land der Insel, ja ganz Spaniens; alles nur Erdenkliche kann hier angebaut und gezüchtet werden.«

▲ **Die Iglesia de Nuestra Señora de la Concepción** ▼ **Ein kunstvoller Blumenteppich anlässlich des Fronleichnamsfestes in La Orotava**

Die Gemeinde entwickelte sich um die damalige **Iglesia de Nuestra Señora de la Concepción** aus dem 16. Jh., die allerdings in Folge der Erdbeben von 1704 bis 1705 zerstört wurde. Viele der engen, kopfsteingepflasterten Gassen und schönen Stadtvillen blieben jedoch erhalten.

Die heutige Kirche gilt als ein hervorragendes Beispiel barocker Architektur und wurde 1948 unter Denkmalschutz gestellt. Das Bauwerk entstammt dem 18. Jh., der marmorne Hochaltar des Italieners Gagini wurde aus den Trümmern der ersten Kirche nahezu unversehrt geborgen. Über dem dunklen Innenraum schwebt ein bläulicher Schein unterhalb der Kuppel und erleuchtet geheimnisvoll das Chorgestühl und die von Luján Pérez geschaffene wunderbare Statue Johannes' des Täufers.

Der klassizistische **Palacio Municipal** überragt die **Plaza de Franco.** An Fronleichnam werden hier religiöse Bilder von außerordentlicher Schönheit mit Vulkan-

asche, Sand und Erde des Teide-National-parks auf das Pflaster gemalt. Wer im Juni nicht direkt vor Ort ist, kann sich zumindest einige Postkarten mit Motiven dieser Malereien kaufen.

Unweit der Plaza sind in der **Calle San Francisco,** die **Casas de los Balcones** zu bewundern, Häuser aus dem 17. Jh. mit zweistöckigen Holzbalkonen. In einem der Häuser verkauft ein Kunsthandwerksladen handgefertigte Ware, von hier lohnt ein Abstecher in den schattigen, mit Palmen versehenen *patio.*

Etwas oberhalb steht das **Hospital de la Santísima Trinidad** (Hospital der heiligen Dreieinigkeit). Vor dem Hauptportal ist eine drehbare Trommel zu besichtigen, die in früheren Zeiten ausgesetzte Kinder aufnehmen sollte. Die Außenterrasse bietet einen hervorragenden Ausblick auf das üppig grüne Orotava-Tal.

Die östliche Umgebung

Östlich von Puerto de la Cruz rauscht die Autopista del Norte an den Nachbarorten **La Victoria de Acentejo** (der Sieg von Acentejo) und **La Matanza de Acentejo** (das Massaker von Acentejo) vorbei ⓱. Acentejo ist nach der Schlucht benannt, an deren Eingang 1494 Alonso Fernández de Lugo mit seinen Truppen eine vernichtende Niederlage durch die Guanchen hinnehmen musste. Eine Legende besagt, dass er nur dank einer List entfliehen konnte: Er drängte seinen roten Mantel einem Soldaten auf, der dann an seiner Stelle getötet wurde. So konnte der spanische Führer seinen Eroberungsfeldzug im folgenden Jahr fortsetzen und die Guanchen nach einem blutigen fünfstündigen Kampf besiegen. Auf Seiten der Guanchen gab es über 2000 Tote, während nur 64 Spanier ihr Leben lassen mussten.

Das 19 km von Puerto de la Cruz entfernte, hinter La Matanza im Valle de Guerra gelegene **Tacoronte** ⓲ ist ein klimatisch bevorzugtes Gemüse- und Weinbauzentrum. Abgesehen vom prächtigen Altar in der Pfarrkirche gibt es keine besonderen Sehenswürdigkeiten. An der

Ortsausfahrt in Richtung Tejina ist einer der ältesten Drachenbäume Teneriffas zu bestaunen. In der Nähe der Autobahnausfahrt **El Sauzal** ist in einem ehemaligen Gutshaus aus dem 17. Jh. das interessante Weinmuseum **La Casa del Vino La Baranda** untergebracht (geöffnet Di bis Sa 11–20, So 11–18 Uhr, Tel. 922 57 25 35).

Ausflug Richtung Westen

Westlich von Puerto führt eine gut ausgebaute Straße nach 5 km an **Los Realejos** ⓴ vorbei, wo die Guanchenhäuptlinge 1496 die Insel endgültig den Spaniern übergaben. Die 1498 erbaute **Iglesia de Santiago** ist die älteste Kirche Teneriffas.

Hinter dem Ort San Juan de la Rambla gelangt man durch weitläufige Bananenplantagen nach **Icod de los Vinos,** 19 km von Puerto entfernt ㉑. Der Name setzt sich aus dem Guanchenwort *Benicod* (schöner Ort) und auf Grund der umlie-

Seite
130/
131

Kaninchen mit Soße
Großen Anklang findet in den ausgezeichneten Restaurants von Tacoronte die Spezialität »conejo en salmorejo« (Kaninchen in scharfer Soße).

▶ **Lieblicher Garten einer Villa in Garachico**

Seite
130/
131

genden Weinbauregion dem spanischen *de los vinos* (der Weine) zusammen. Der hier seit langem angebaute Weißwein gilt als der beste der Insel. Die Hauptattraktion ist jedoch der »tausendjährige« Drachenbaum (s. S. 159). In den Läden werden seine Samen verkauft, aber man muss schon sehr lange warten, bis sie keimen.

5 km hinter Icod liegt **Garachico** ❷, das bis zum Vulkanausbruch im Jahre 1706 Teneriffas wichtigster Hafen war. Eines der wenigen übrig gebliebenen Gebäude ist das **Castillo de San Miguel,** von dessen Dach aus man die beiden erkalteten Lavaströme gut erkennen kann. Auch das **Convento de San Francisco** blieb unversehrt und dient heute als Kulturzentrum und Bibliothek.

Eine Darstellung des Vulkanausbruchs von 1706 kann man bewundern, wenn man dem Restaurant Isla Baja einen Besuch abstattet. Bei *gambas a la plancha* (gegrillten Garnelen) kann man ein Eruptionsmodell in Tischgröße studieren.

▲ **Kamelritte in der näheren Umgebung von Garachico sind sehr populär bei Touristen**
◀ **Der kleine Leuchtturm an der Punta de Teno**

Hotel mit Stil

In Garachico wurde kürzlich ein Patrizierhaus in das prächtige kleine Hotel **San Roque** umgebaut. Das phantasievoll mit Designer-Möbeln und modernen Kunstwerken eingerichtete hübsche Gebäude hebt sich von den stereotypen Betonklötzen der meisten Urlaubsorte wohltuend ab. Moderne Skulpturen und weiße Sofas schmücken die Innenhöfe und Verandas, und jedes Schlafzimmer ist individuell und modisch mit eleganten italienischen Stühlen und höchst unterschiedlichen Badezimmern geschmackvoll ausgestattet. Dazu vervollständigen der mosaikgefließte Pool und die extravagante Küche die Idylle, die zwar teuer ist, aber mit Sicherheit in Erinnerung bleibt. Die französische Besitzerfamilie Carayon hat mit der Schaffung dieses luxuriösen Urlaubsdomizils keine Mühen gescheut, doch als Lohn ist es nun in den Listen der weltweit originellsten Hotels geführt.

Nach Garachico biegt die Straße ins Inselinnere nach **Los Silos** ab, dessen Name von den Getreidespeichern herrühren soll, die von den Guanchen hier unterhalten wurden. Im hübschen Ort stehen am Wegesrand bisweilen noch die Öfen, in denen im 19. Jh. die Koschenille-Kulturen zu Farbpulver verarbeitet wurden.

Buenavista ❷, die westlichste Stadt Teneriffas, liegt etwa 10 km von Garachico entfernt in einer Ebene an der Küste, eingebettet zwischen tiefblauem Meer und den schwarzen Felsen des **Tenomassivs.** Sehenswert sind mehrere alte Häuser, eine 1513 eingeweihte Kirche mit Altaraufsatz und getäfelter Decke im Mudéjarstil. Hier endet die Hauptstraße, doch eine wenig benutzte Asphaltpiste führt zum 11 km entfernten Leuchtturm an der **Punta de Teno** ❷. Aus Sicht der Guanchen war hier die Welt zu Ende, auch wenn man jenseits des Meeres die wolkenverhangenen Berge von La Gomera erkennen konnte. Die Abbruchkante der Klippen verführt dazu, das gewaltige Schauspiel der Wellen zu beobachten, doch allzu große Sorglosigkeit kann gefährlich werden. ■

König der Drachenbäume

Obwohl es überall auf den Kanaren Drachenbäume gibt, ist das größte und älteste Exemplar in Icod de los Vinos mit einer Höhe von 17 m und einem Umfang von 6 m in der Gunst der Touristen unübertroffen.

Auf Grund seiner spanischen Bezeichnung »drago milenario« müsste er tausend Jahre alt sein, doch sein wahres Alter bleibt umstritten. Da »dragos« keine Jahresringe ausbilden, wird das Alter mühsam durch Zählen der Zweige ermittelt. Die Verästelung folgt jedoch keinem regelmäßigen Muster, weshalb die Altersbestimmung einem Lotteriespiel gleicht: Der deutsche Entdecker Alexander von Humboldt etwa schätzte ihn nach seinem Inselbesuch 1799 auf unglaubliche 6000 Jahre. Einheimische reduzieren sein Alter auf 2000 bis 3000 Jahre, doch manche Botaniker bestehen darauf, dass der Riese von Icod höchstens 500 Jahre zählt.

Immerhin sind sich die Historiker darin einig, dass der Baum eine besondere Rolle in Teneriffas Geschichte spielt. Die Guanchen sahen in ihm ein Fruchtbarkeits- und Weisheitssymbol, unter dem sie heilige Zeremonien abhielten. Einer dieser Kolosse im Orotava-Tal war über 18 m hoch, fiel jedoch 1867 einem Sturm zum Opfer.

Die Guanchen fertigten Kriegsschilde aus der Rinde und benutzten das Harz zu medizinischen Zwecken. Der sich an der Luft rot färbende Saft wurde sowohl als Heilsalbe als auch zur Einbalsamierung von Leichen benutzt. 1633 empfahl der Heilpraktiker John Gerarde das »Drachenblut« zur Behandlung von Hitzewallungen, triefenden Nasen, Durchfällen und Verstopfungen, Tuberkulose und Festigung von losen Zähnen.

Die kosmetischen Eigenschaften der Substanz wurden besonders von venezianischen Adelsdamen hoch geschätzt, da sie den Haaren goldenen Schimmer verlieh. Florentiner Steinmetze gossen das flüssige Drachenblut über erhitzten Marmor, um ihn rot einzufärben, und italienische Geigenbauer verwendeten das Harz als Lack. Darüber hinaus glaubte man früher an die Wunderkräfte des Saftes, auch dass er, getrocknet und verbrannt, Zauberer und Hexen fernhalten würde.

Heilende Eigenschaften werden auch heute noch bei einem Ritual zur Behandlung von Brüchen eingesetzt: Der Patient wird vor Sonnenaufgang zu einem Baum an einer Gabelung gebracht. Bei Tagesanbruch wird er hochgehoben, damit die nackten Fußsohlen flach den Baumstamm berühren können, der Fußumriss wird dann mit einem Messer in die Rinde eingeritzt. Wenn sich diese Baumwunden schließen, wird auch der Bruch innerhalb eines Jahres geheilt sein.

Heute ist der Drachenbaum von Icod in einem bedenklichen Zustand. Der Stamm musste mit Zement gestützt werden, ebenso setzte der Verkehr dem Baum zu. ■

▶ Junge Tinerfeñas unter dem berühmten Drachenbaum von Icod

Kanarische Architektur

Gotik, Renaissance und maurische Elemente prägen die Architektur der Inseln, zahlreiche noch gut erhaltene Gebäude versetzen die Besucher in vergangene Zeiten zurück. Die spanischen Eroberer, die im 15. Jahrhundert auf die Kanarischen Inseln kamen, brachten ihre eigene Architektur mit. Zu dieser Zeit löste gerade in Europa die aufkommende Renaissance den in die Jahre gekommenen gotischen Stil ab. Es war also eine konservative Entscheidung, die Gotik als Baustil für die Iglesia de la Asunción in San Sebastián auf La Palma zu wählen – jener Kirche, in der Kolumbus gebetet haben soll, bevor er zu seiner Epoche machenden Reise in die Neue Welt aufbrach.

Typischer für diese Zeit waren die Stadthäuser an der Plaza de España in Santa Cruz de La Palma, die im Renaissancestil erbaut wurden. Deutlich sind dort typisch klassische Elemente erkennbar, wie beispielsweise die korinthischen Kapitelle mit eingemeißeltem Laubwerk, auf denen die halbrunden Bögen ruhen, oder die schlanken Pfeiler. Es dauerte jedoch nicht lange, bis überall diese reinen Formen mit arabischen Elementen vermischt wurden, etwa durch hufeisenförmige Bogen über Türen und Fenstern sowie komplexe Arabesken, die den kunstvollen Mustern auf Gebetsteppichen ähnlich waren.

Arbeiten aus Holz

Aufgrund des Waldreichtums der Inseln wurde Holz als Baumaterial anstelle von Eisen und Stein bevorzugt. Da es zudem künstlerische Gestaltungsmöglichkeiten (insbesondere Schnitzwerk) bot, verwendeten die einheimischen Handwerker gerne das Holz zum Bau von Decken und Balkonen. Diese charakteristischen Elemente der frühen Kirchen und Herrenhäuser zeigen ein üppiges maurisches Dekor. Als eines der schönsten Werke aus dieser Zeit gilt die Holzdecke in der Iglesia de Nuestra Señora de la Concepción in Santa Cruz de Tenerife.

▶ **La Orotava**
Einwanderer aus Andalusien brachten während des 16. Jahrhunderts arabische Stileinflüsse mit, für die die Alhambra in Granada als Beispiel gilt.

▲ **Rathaus in Santa Cruz**
Ein Säulenportikus und reich ornamentierte Holzdecken prägen das Erscheinungsbild des 1569 erbauten Ayuntamiento.

◀ **Formvollendet**
Ein typisches Haus in Garachico: Die kanarische Architektur nimmt Anleihen bei der klassischen Würfelform der maurischen Häuser in Nordafrika.

▲ **San Francisco**
Glockenturm und Kloster des malerischen Städtchens Garachico gehen auf das 17. Jh. zurück.

▶ **Hotel Bahía del Duque**
Das Luxusresort in Playa de las Américas kopiert in seiner Architektur typische Bauwerke der ganzen Insel.

Die edlen Balkone von Teneriffa

◄ **Wahrzeichen**
Der siebenstöckige Turm von Nuestra Señora de la Concepción in La Laguna ist ein markanter Blickfang.

▼ **Neoklassizistisch**
An der Fassade der Kathedrale in La Laguna (19. Jh.) kontrastieren weiße Flächen und dunkel abgesetze Tuffsteinelemente.

Der Begriff »Kanarischer Stil« beschwört Bilder von alten Herrenhäusern herauf, mit Fensterläden, geschnitzten Türen sowie herrlichen Holzbalkonen, auf denen man die Abendsonne genießen kann. Weil andalusische Familien diesen maurisch inspirierten Baustil nicht nur auf die Kanaren, sondern auch in die spanischen Kolonien in Lateinamerika importiert haben, verbindet sich in Spanien damit auch der Begriff »Kolonialstil«. König Felipe II von Spanien (1527–98), ein strenger Verfechter der Gegenreformation, missbilligte zutiefst die für unchristlich gehaltene Architektur und verfügte per Erlass, die Balkone umgehend abzureißen. Doch das Schiff mit dieser Order kam glücklicherweise nie an, so dass wir heute noch die Casa de Colón in Las Palmas de Gran Canaria und viele Herrenhäuser in La Orotava oder La Laguna auf Teneriffa oder in Santa Cruz de La Palma in ihrer ursprünglichen Form bewundern können.

Im Teide-Nationalpark

Seite 130 166

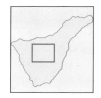

Der Besuch der einzigartigen Vulkanlandschaft rund um den majestätischen Gipfel des Teide zählt zu den herausragenden Erlebnissen auf Teneriffa. Dabei werden Spaziergänger, Biker, Wanderer und stille Landschaftsgenießer gleichermaßen in ihren Bann gezogen.

Es gibt viele Möglichkeiten, sich dem stolzen Vulkan El Teide zu nähern, der im Herzen des **Parque Nacional del Teide** ㉖ liegt. Für Erstbesucher ist der Weg über den Parkeingang **El Portillo** Ⓐ zu empfehlen, wo das **Besucherzentrum** (täglich 9–16 Uhr) Videofilme zeigt und ausführlich über den Park informiert; Wanderer finden hier detaillierte Karten und können sich nach geführten Touren erkundigen. Das Zentrum ist von marokkanischen Zedern umgeben, ganz in der Nähe ist ein Garten mit wild wachsenden endemischen Pflanzen zu bewundern. Die Anfahrt erfolgt entweder über die Straße von La Orotava oder über die lange Route von **La Esperanza.** Zwischen dem frischen Eukalyptus- und Kiefernwald lugt immer wieder der Teide hervor.

Diese Route ist auch bei den Insulanern sehr beliebt. Besonders am Wochenende steuern viele von La Laguna oder Santa Cruz zielstrebig die Picknickareale an. Im Winter wird die 1940 vom Militär gebaute Straße an wenigen Tagen durch Schneefall unpassierbar, die meiste Zeit des Jahres jedoch kann man die herrliche Aussicht in Ruhe genießen. Vor allem morgens und am späten Nachmittag leuchten Felsen, Bäume und die Heide in den schönsten Farben.

Auf der Montaña de Izaña im Osten erkennt man mehrere weiße Türme: die Teleskope des **Observatorio Astronómico del Teide.** Als die Astronomen 1965 ihre Arbeit in den zwei kleinen Silberkuppeln aufnahmen, war der Nachthimmel über Teneriffa noch so klar und dunkel, dass eine Beobachtung der Sterne sehr gut möglich war. Die industrielle Entwicklung Teneriffas und der Ausbau des Flughafens Reina Sofía veränderten die Lichtverhält-

nisse jedoch so stark, dass die Sternwarte schließlich nach La Palma verlegt werden musste; die Anlage auf dem Izaña wird heute nur noch zur Sonnenbeobachtung genutzt.

Folgt man der bezeichneten Straße Richtung Südwesten, erkennt man die Vulkankegel **Las Mostazas** und **Rajadas** zur Rechten, die von einem Ring tiefbrauner Lava umgeben sind. Überall liegen schwarze Obsidiansplitter am Boden, die von den Guanchen zur Herstellung von Schneidsteinen verwendet wurden. Linker Hand gelangt man zum **Mirador de San José** Ⓑ, von dem sich herrliche Blicke

◄ ◄ Winter im El Teide
◄ Ungewöhnliche Felsformationen in Las Cañadas
► Esel sind auf Tereriffa bis heute wichtige Lasttiere

auf die Vulkanlandschaft auftun. Viele verbinden den kleinen Abstecher mit einer Pause Picknickplatz **Arenas Blancas** unweit der Straße.

Vom nächsten Aussichtspunkt **Mirador del Tabonal ❻** hat man die **Montaña Blanca** gut im Blick. Von der glatten Oberfläche und hellgelben Farbe des Berges war schon Charles Piazzi Smyth im Jahr 1856 angetan: »An der Bergflanke laufen hier und da gelbe und rote Lavaabsonderungen wie zäher Sirup oder Maisbrei herunter.« Zum königlichen Astronomen ausersehen, kletterte der Brite die Montaña Blanca hinauf, um den Großen Bären hinter dem Teide versinken zu sehen.

Die Besteigung des Teide

▲ Der Teleférico bringt Besucher sicher in Gipfelnähe

Von der Montaña Blanca aus kann man den Teide in rund vier Stunden besteigen. Die meisten der jährlich 300 000 Besucher ziehen jedoch die Seilbahn vor. Der 1971 erbaute **Teléferico ❹** befördert die Touristen zwischen 9 und 16 Uhr nach oben, sofern der Wind nicht zu stark auflebt. An schönen Tagen muss man allerdings eine Wartezeit von mindestens einer halben Stunde einkalkulieren.

Die Zeiten sind vorbei, als die Besteigung des Teide noch eine anstrengende Tagestour war. Früher begannen Abenteurer dieses Unternehmen noch vor Morgengrauen auf dem Pferderücken in La Orotava, um nach acht Stunden die Montaña Blanca zu erreichen. Frauen und Kinder, die dabei waren, erholten sich dort in dem nur spärlich vorhandenen Schatten von den Strapazen, während die Männer sich mühsam weiter zum Gipfel vorkämpften.

Moderne Gipfelstürmer finden in **La Rambleta** heute einen gut markierten Aufstiegsweg vor, der allerdings häufig überlaufen ist. Zwar sind keine Hightech-Klamotten für den Aufstieg erforderlich, doch die Shorts und Bierdosen vieler

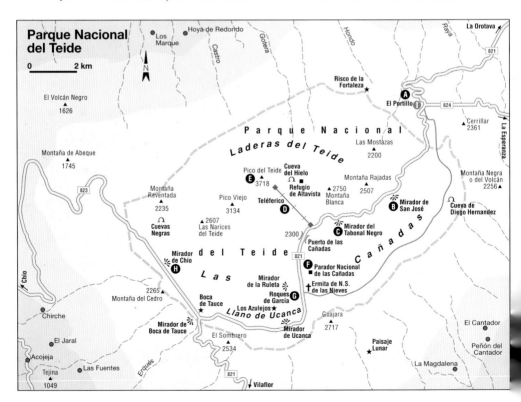

Seite
166

Jugendlicher sind ebenso unangebracht. Feste Schuhe, Hut und Sonnenbrille genügen vollauf. Die Luft wird ziemlich dünn, und man kommt nur langsam voran. Wer Herz- oder Kreislaufbeschwerden hat, sollte auf den Aufstieg besser verzichten.

Alternativ kann man zwei andere beschilderte Wege zum Teide wählen. Der erste führt an Schwefel-Fumarolen vorbei nach Westen zum Krater des **Pico Viejo,** der einen Durchmesser von annähernd 800 m hat. Der zweite geht gen Osten zum **Mirador La Fortaleza** über die Lava *bloques* und die *pahoehoe,* die beim letzten Ausbruch des Teides entstanden.

Mittlerweile ist der 3718 m hohe Gipfel nur noch mit einer Sondergenehmigung zu besteigen. Auf diese Weise soll der Erosion im Gipfelbereich Einhalt geboten werden, die durch den Menschenauflauf zwangsläufig entstanden ist. Doch trotz dieser Einschränkung genießt man immer noch eine fantastische Aussicht auf den Kiefernwald Richtung Anagagebirge, die weißen Streusiedlungen an der Nordküste, den dunklen Umriss von Las Cañadas und das Tenogebirge. Auch die Nachbarinseln La Palma, La Gomera und Gran Canaria sind häufig zu erkennen. Der Teide ist nicht nur der höchste Berg Spaniens, sondern auch eine wahrhaft majestätische Erscheinung. Kein Wunder, dass sich mit diesem Machtsymbol manch alte Legende der Ureinwohner verband. Die von einem Wolkenkranz umgebene Säule schien einst stark genug, den Himmel zu

> ### Pahoehoe-Lava
> → auch Fladen-, Strick-, Gekröse- oder Schollenlava genannt, hat eine glatte, wulstige oder durch Zusammenschieben der noch zähflüssigen Haut eine seilartig oder ähnlich verformte Oberfläche; darin enthaltene Gasblasen sind kugelig.

▲ **Am Eingang zum Nationalpark**
▼ **Künstliche Landschaft um Vilaflor**

stützen. Die Guanchen vermuteten einen Teufel im Inneren des Berges, der ihnen die Sonne stehlen könnte.

Von der Talstation ist es nur ein Katzensprung bis zum kürzlich renovierten **Parador Nacional de las Cañadas ➌**, der einzigen Übernachtungsmöglichkeit im Park. Die Gäste bewundern das Glühen der gelben Felsen von **Los Caprichos** während des Sonnenuntergangs und genießen die nächtliche Stille der Caldera unter dem funkelnden Sternenhimmel. Gegenüber steht eine kleine Kapelle zu Ehren von Nuestra Señora de las Nieves.

Faszinierende Felsgebilde

▲ Durch Erosion geschaffener kleiner Torbogen
▼ Der Parador Nacional de las Cañadas

In Sichtweite bilden die **Roques de García ➐** eine Art Trennwand zwischen zwei Kesselhälften. Jedes Jahr strömen knapp eine Million Menschen zu den meistfotografierten Felsgebilden der Kanaren. Der Weg zu dieser bizarren Felskette zerschneidet ein schwarzes Lavaplateau, an das sich ein ehemaliger See, der Llano de Ucanca, anschließt. Nahe den Roques stößt man auf durch Kupferoxid jadegrün getönte Steine, genannt **Los Azulejos** (die Kacheln).

Von Geologen werden zwei unterschiedliche Theorien vertreten, wie die heutige Caldera mit einem Durchmesser von 16 km vor etwa drei Millionen Jahren entstanden ist: Anhaltspunkt dabei ist der **Circo,** der innere Ring des Kraters. Die erste Theorie nimmt an, dass sich über dem größten Teil des Parks einst ein mächtiger 4880 m hoher Vulkankegel auftürmte, der zusammenstürzte und einen riesigen Krater bildete, von dem nach der Ausformung des Pico Viejo und des Teide zwei Millionen Jahre später allerdings nur die Südseite übrig blieb. Die zweite geht davon aus, dass bereits zwei Krater existierten, als der Teide ausbrach, die Felskette Roques de García also schon früher als Trennwand bestand.

Folgt man der Straße im Bogen durch die westliche Kesselhälfte der Cañadas, gelangt man zum **Mirador de Chío** ➊, von wo sich der Teide von seiner düstersten Seite zeigt: Schwarze Krähen sind die unangefochtenen Herrscher der toten, in Vulkanasche versunkenen Landschaft. Zwischen den erkalteten Lavaströmen schnauben die noch aktiven **Las Narices del Teide** (Nüstern des Teide) als Überbleibsel des letzten Ausbruchs im Jahre 1798. Von hier aus kann man der in weiten Serpentinen abwärts führenden Straße nach Chío folgen. Dabei geht die spärliche Lavavegetation bald in saftige Kiefernwälder über, etwas tiefer tauchen Terrassen mit wuchernden Feigenkakteen und Wolfsmilchkraut auf, bevor man den ersten Feigen- und Mandelbäumen am Wegesrand begegnet.

Alternativ kann man die Route über **Vilaflor** wählen, eine abwechslungsreiche Fahrt von der baumfreien öden Lavawüste in die dichte Wald- und Wolkenzone. Kenner des Parks bevorzugen die Anfahrt von dieser Seite, da sich die Straße hier an den zerklüfteten Kraterwänden im Süden des Parks empor windet, bevor sie schlagartig in die geheimnisvolle Welt des inneren Kraters Las Cañadas abtaucht.

Etwas oberhalb von Vilaflor zweigt eine holprige Kiespiste ab (Wegweiser »Madre del Agua«), von der nach etwa 6 km ein beschilderter Wanderweg in rund 45 Minuten Gehzeit zu den eindrucksvollen Tuffsteinsäulen **Paisaje Lunar** (Mondlandschaft) führt. Die Erosion des vulkanischen Auswurfs hat hier eigentümliche Sandsteinkegeln hinterlassen. ■

Seite 166

Lohnende Tour
Von Paisaje Lunar führt ein markierter Steig bis auf den 2715 m hohen **Guajara**, von dem man einen umfassenden Blick auf den Teide-Nationlpark genießt. Eine großartige Tour, die insgesamt allerdings 6–7 Stunden Gehzeit erfordert.

Die Einsamkeit entdecken

Wer im Park ausgedehntere Wanderungen unternimmt, muss die für die Berge üblichen Faustregeln beachten: Geeignete Kleidung, Ausrüstung und Karten mitnehmen und auf Solotrips verzichten, dann steht einer gelungenen Tour in der faszinierenden Bergwelt nichts mehr im Wege. Eine lohnende Wanderung beginnt südlich der Ermita und führt flach durch die Cañadas nach El Portillo (vier Stunden). Alternativ folgt man der Route zum Guajara-Pass, der ursprünglichen Verbindung zwischen dem Orotova-Tal und Chasna (Vilaflor), und besteigt den Guajara zuletzt steil von der Ostseite her (2 Stunden).

Die Parkflora wird jeden Wanderer begeistern. Im Winter ist der Teide zuweilen von Schnee bedeckt, die leuchtenden Teide-Gänseblümchen sind die einzigen Farbtupfer im ansonsten trostlosen Bild der Cañadas. Im Mai, wenn die allgegenwärtige Ginster (»retama del pico«) rosa und weiß blüht und der Natternkopf (»tajinaste«) rot hervorbricht, eröffnet sich dem Besucher eine völlig neue Dimension. Die extremen Temperaturen und Winde lassen eine ganz besondere Flora entstehen, die zwar nur kurz, aber dafür um so prächtiger blüht. Hierzu zählen auch das Teide-Veilchen und der hartnäckige Zedernwacholder (»cedro canario«) .

▶ **Wanderer und Radfahrer genießen gleichermaßen die bizarre Landschaft des El Teide**

Die Ostküste

Seite 130/ 131

Auf den ersten Blick wirkt die Ostküste abweisend, zumal die dominante Autobahn die verkarstete und staubige Landschaft nicht gerade aufwertet. Doch wer sich auf den Weg macht, um das Wallfahrtsziel der Tinerfeños, rätselhafte Pyramiden, versteckte Fischerhäfen und goldene Strände zu entdecken, wird die Küste aus einem anderen Blickwinkel wahrnehmen.

Die Autobahn *Autopista del Sur* verläuft parallel zur über 70 km langen Südostküste und ermöglicht den Autofahrern, in Windeseile von der Hauptstadt Santa Cruz in die Urlaubsorte des Südens zu gelangen. Die Landschaftstristesse aus öden Steinhaufen und verstaubten Kandelabereuphorbien begeistert nicht gerade, doch das Straßenprogramm der Inselregierung sieht vor, die Autobahn in absehbarer Zeit mit Bäumen und Blumen zu verschönern.

Wenn ausreichend Zeit vorhanden ist und die tief hängenden Passatwolken keinen Strich durch die Rechnung machen, ist es deutlich reizvoller, die Ostküste auf der alten Verbindungsstraße C822 zu erkunden. Bei klarer Sicht bietet der Abschnitt zwischen Güímar über die Orte Fasnia und Arico nach Granadilla immer wieder herrliche Ausblicke auf die tief unter einem liegende Küste. Die landschaftlich reizvolle Route ist allerdings kurvenreich und windet sich durch zahlreiche Barrancos. Die kleinen Siedlungen zeigen in Kontrast zu den künstlichen Ferienghettos das ursprüngliche Gesicht Teneriffas. Obst- und Gemüsegärten breiten sich entlang der wenig befahrenen Straße, vereinzelt werden Weinberge auf dem porösen Vulkangestein kultiviert. Stichstraßen führen zu den Küstenorten hinab, in denen sich langsam sanfter Tourismus entwickelt.

Wer Santa Cruz in Richtung Süden verlässt, steuert zunächst durch Ölraffinerien und Industriegebiete, um dann auf der Autobahn die Dunstglocke der Großstadt möglichst rasch hinter sich zu lassen. Erstaunlicherweise werden verstärkt Versuche gestartet, Touristen an die Ostküste zu locken. In den dicht aneinander liegenden Urlaubsorten **Las Caletillas** und **Las Arenitas** wurden neben einigen schwarzen Sandflecken ein winziges Waldhotel sowie einige Apartmenthäuser errichtet, obwohl ein riesiges Kraftwerk den Standort überschattet.

Von Candelaria nach Güímar

Etwas weiter südlich gelangt man in den bekannten Wallfahrtsort **Candelaria** ㉕, der ganz im Zeichen der massigen Basilika mit den hohen Türmen steht. Die moder-

◄ ◄ Die Ostküste – ein Paradies für Surfer
◄ Bronzebildnis eines Guanchen in Candelaria
► Die Iglesia de Virgen de Candelaria

ne Kirche beherbergt seit 1959 die heilige Schutzpatronin, und Mitte August pilgern Einheimische anlässlich des zweitägigen Festes **Romería de Nuestra Señora de la Candelaria** in Scharen zu der weiträumigen Plaza. Dann wird die heilige Jungfrau aus ihrem silbernen Altar gehoben und neben Blumen und Kerzen würdevoll durch die Straßen getragen.

Die tiefe Verehrung der Muttergottes reicht bis weit in die Guanchenzeit zurück. Eine Legende erzählt, dass 1392 das Bildnis einer braunhäutigen Frau vom Meer angeschwemmt

▲ Die Iglesia de San Pedro Apostol in Güímar
▼ Ruhig ist das Leben bis heute in den Dörfern des Landesinneren

und in einem Altar in einem Untergeschoss aufbewahrt wurde. 1826 wurde sie jedoch durch eine schwere Sturmflut in das Meer zurückgeweht, die heutige Nachbildung stammt aus dem Jahr 1830.

Koschenille

→ Aus den pulverisierten Schildläusen (Cochenille) wird ein roter Farbstoff gewonnen, der heute als Lebensmittelfarbe E 120 und zum Färben von Naturtextilien eingesetzt wird.

Der glatt gepflasterte Kirchplatz zieht Wallfahrer und Inline skatende Kinder gleichermaßen an. Zehn kräftig gebaute Guanchenhäuptlinge überblicken die Szene und wenden dem angrenzenden schmalen Sandstrand den Rücken zu.

Oberhalb von Candelaria liegt auf der Lavazunge des zuletzt 1706 ausgebrochenen Vulkans Monaña de las Arenas der kleine Ort **Arafo ㉗**. Der Hügel ist am letzten Samstag im August Schauplatz einer berühmten *romería* (Pilgerfahrt), dann erklingen Salsarhythmen und kanarische Folkloremusik über dem Tal.

Ganz in der Nähe liegt die Kleinstadt **Güímar ㉘**. Hier bauten bereits die Guanchen auf der mineralreichen Erde Früchte, Gemüse und Wein an. Das Innere der **Iglesia de San Pedro Apostol** aus dem

18. Jh. spiegelt den Reichtum der Bürger noch heute wider. Im alten Stadtkern von Güímar findet der Besucher Gefallen an den weiß gekalkten Häusern und dem von Kopfsteinpflaster umgebenen ehemaligen Dominikanerkloster **Dominican Convent,** in dem heute das Rathaus tagt. Eine Wandplakette erinnert hier an den jungen Isidro Quintero Acosta, der die Kochenille-Laus mit auf die Insel brachte. Am Ostausgang der Stadt scheint das stattliche Hauptquartier der Guardia Civil einem Baukasten entsprungen: Zinnen und Türme als Symbol papierener Spielburg-Grandeur.

Die Pyramiden von Güímar

Im oberen Stadtrand von Güímar erregte 1990 ein mysteriöser archäologischer Fund internationales Aufsehen, als der norwegische Abenteurer Thor Heyerdahl die ausgegrabenen sechs Stufenpyramiden mit der Guanchenzeit in Zusammenhang brachte. Zunächst hatten einige Forscher vermutet, dass es sich bei den Bauwerken um von Bauern aufgeschichtete Steinhaufen handelte, während andere darin einen bedeutsamen historischen Hintergrund sahen. Dann kam im Rahmen der von der Archäologischen Abteilung der Universität La Laguna durchgeführten Untersuchungen eine wichtige Erkenntnis ans Tageslicht: Die Pyramiden sind so angelegt, dass sie bei der Sommer-Sonnenwende in Richtung Sonnenuntergang und bei der Winter-Sonnenwende in Richtung Sonnenaufgang ausgerichtet sind.

Heute findet der Besucher im erst 1998 eröffneten Park neben den restaurierten Pyramiden das Museum Cas Chacona, ein modernes Auditorium mit Dokumentarfilm, blumengeschmückte Patios und einen themenbezogenen Kunstgewerbeladen vor. Zu besichtigen ist auch der Nachbau des Papyrusbootes »Ra«, mit dem Heyerdahl sich bereits in den 1950er

Seite 130/ 131

Pyramidenpark
Das weite Parkgelände lohnt durchaus einen längeren Aufenthalt. Planen Sie also Ihre Zeit nicht zu knapp (tgl. 9.30–18 Uhr).

▼ **Kakteen bedecken die verwitterten Lavafelder an der Ostküste**

Jahren von Afrika nach Mexiko über den Ozean treiben ließ, um mögliche kulturelle Verbindungen zwischen Ägyptern und Mesoamerikanern nachzuweisen.

Abstecher zu Höhlenwohnungen

Südlich von Güímar hat man vom **Mirador de Don Martín** einen überwältigenden Ausblick auf das von Hügeln umrahmte fruchtbare Tal, bei guter Sicht erkennt man sogar das Anagagebirge im Hintergrund. Der nächste erwähnenswerte Ort in Richtung Süden ist **Fasnia,** das im 17. Jh. gegründet wurde und von Blumengärten und Weinbergen umgeben ist. Die idyllische Lage täuscht ein wenig über die dunkle Vergangenheit hinweg. Denn 1705 versetzte der Ausbruch des benachbarten Vulkans die Bewohner in Angst und Schrecken. Die glühende Lava strömte direkt auf den Ort zu, bevor sie wie durch ein Wunder knapp oberhalb der ers-

Fischessen
In der Nähe des geschäftigen Hafens von Abona gibt es einige gute Fischrestaurants sowie einen abgelegenen Sandstrand, den man über einen Pfad in Richtung Leuchtturm erreichen kann.

◀ **Im Patio eines kleinen Landhauses in Arico**

ten Häuser zum Stehen kam. Aus Dankbarkeit errichteten die Bewohner exakt an jener Stelle die weiß leuchtende Kapelle **Nuestra Señora de los Dolores.** In der Umgebung von Fasnia leben auch heute noch einzelne Familien wie ihre Vorfahren in Höhlenwohnungen. Zwar gibt es in den bescheidenen Wohnstuben kein elektrisches Licht, doch dafür sind die Räume mit Fernsehantennen geschmückt.

Der hübsche Ort **Arico** ❷ besteht aus mehreren Wohnsiedlungen, im älteren Teil gibt es einige fotogene weiß gekalkte Häuser neben einer exotisch anmutenden Kuppelkirche. An den umliegenden Terrassen werden vorwiegend Tomaten und Kartoffeln angebaut. Von hier führt eine Straße zum Küstenort **Poris de Abona,** wo sich hauptsächlich deutsche Urlauber niederlassen.

Südlich von Arico gewinnt die Landstraße C822 bis **Granadilla** noch mal an Höhe. In diesem Ort, in dem Zitrusfrüchte und Mandeln heranreifen, ist die Nähe zu den Urlaubszentren des Südens am zunehmenden Verkehr bereits deutlich spürbar, zumal hier auch die befahrene Route über Vilaflor in Richtung Nationalpark abzweigt. Die C822 strebt der Küste zu und passiert dabei den Ort **Charco del Pino**, in dem noch Koschenillezucht betrieben wird, den von terrassierten Feldern umgebenen Ort San Miguel und den Aussichtspunkt **Mirador de la Centinela,** der einen wunderbaren Blick die umliegenden Vulkankegel freigibt.

Zurück zur Küste

Zurück an der Ostküste, breiten sich am Fuß der **Montaña Roja** die hellen Sandstrände von **El Médano** ❸ und Playa de la Tejita aus. Der 192 m hohe Vulkankegel beherrscht diesen Küstenstreifen derart, dass er beim Landeanflug auf den Flughafen Reina Sofía von den Passagieren deutlich wahrgenommen wird. Hier weht sehr zur Freude der Windsurfer und neuerdings Kitesurfer, die wie bunte Schmetterlinge auf den Wellen tanzen, an vielen Tagen ein kräftiger Wind. El Médano vedient sich das Image als Wettkampfort von internationalem Renommee.

Vom Nordostpassat abhängig sind auch die Propeller des Windparks **Parque Eolico,** wo man die Einsatzmöglichkeiten der alternativen Windenergie erforscht. Heute versorgt der Windpark rund 3000 Haushalte mit Strom, und eines Tages soll die Windenergie die eingeführten Mineralöle ersetzen.

Im winzigen Hafen von **Los Abrigos** ❸ gibt es hervorragende Fischlokale, deren aussichtsreiche Terrassen sich bereits zur Mittagszeit rasch füllen. Auch etwas oberhalb kann man gut und sogar billiger essen. Insgesamt der ideale Ort, um seinen Teneriffa-Urlaub vor dem Rückflug gemütlich ausklingen zu lassen, da der Flughafen von hier lediglich zehn Autominuten entfernt ist.

Etwas weiter westlich breiten sich an der Felsküste **Costa del Silencio** so weit das Auge reicht flach gebaute Ferienappartments aus. In Anbetracht des nahen Flug-

hafens macht die »Küste der Ruhe« ihrem Namen jedoch heute längst keine Ehre mehr, auch wenn es hier nachts im Vergleich zu den Touristenzentren Los Cristianos und Playa de las Américas immer noch ruhig ist (s. S. 179–183).

Beinahe zum Inventar gehören bereits die belgische Feriensiedlung **Ten-Bel** und in unmittelbarer Nachbarschaft **El Chaparral.** Hier machen vornehmlich behinderte Menschen Urlaub, da sich die gepflasterte Promenade gut für Rollstühle eignet, und Familien mit kleinen Kindern. Das Sportangebot ist gut, Golfspieler finden in der wüstenähnlichen Einöde mehrere Parcours.

Wer gerne unter Einheimischen verweilt, ist in **Las Galletas** ❸ mit seinem schmalen Strand und einer Uferpromenade gut aufgehoben. Der Fischereihafen ist einer der wenigen Orte an der Südküste, wo man den Fischern noch bei der Arbeit zusehen kann und einen Hauch von ursprünglicher Atmosphäre verspürt. ∎

▲ **Am Fischerhafen**
▼ **Abendstimmung in Los Abrigos**

Die Urlaubsorte im Süden

Seite 130/ 131

Wer Sonne, Meer, laute Musik und durchzechte Nächte liebt und nicht das Bedürfnis verspürt, dem Trubel des 21. Jahrhunderts zu entfliehen, ist in den Urlaubsorten des Südens bestens aufgehoben.

Die Südküste Teneriffas ist von der Montaña de Guaza geprägt, einem Höhenzug vulkanischen Ursprungs. Die Berge beobachten heute die rasante Entwicklung in den Urlaubsorten ebenso stumm wie bereits vor 500 Jahren die spanischen Eroberer, als sie hier die Kapitulation des Häuptlings Pelinor von Adeje entgegennahmen. Die Gipfelkulisse im Hinterland dient als Kontrast zur willkürlichen Bauwut in fast allen Winkeln der Südküste. Neue *urbanizaciones* zwängen sich in jede Bucht und breiten sich mit ihrer weißen, meist eintönigen Architektur unaufhaltsam wie ein penetrantes Bazillus aus.

Bis Mitte der 1960er Jahre gab es an dieser unfruchtbaren, baumlosen Küste nur wenige Fischerdörfer sowie die Orte Arona und Adeje im hügeligen Hinterland. Bauern rangen dem Ödland mühsam ein paar Bananen und Tomaten ab, bis einige Fantasten das Land als wahres Dorado entdeckten und im Handumdrehen in eine aufstrebende Welt wuchernder Eigentumsspekulation verwandelten. Die Touristen liefen Sturm, statt Bananen standen über Nacht die Immobilien in voller Blüte. Obwohl der Bauboom beispiellose Ausmaße erreicht hat, sind keinerlei Anzeichen einer Umkehr zu erkennen. Vor einigen Jahren erklärten die Inselbehörden noch, dass es in Playa de las Américas weder neue Baugenehmigungen noch Baugrund geben werde. Doch auch im neuen Jahrtausend schreitet die Bebauung der Südküste und der dahinter liegenden Hügel unaufhaltsam fort.

Können sich so viele Besucher aus so vielen Ländern wirklich täuschen? Sie kommen immer wieder, als ob diese hässlichen Bettenburgen die Bedürfnisse einer großen Anzahl von Leuten befriedigen würden. Kein Sinn für Kultur, Geschichte oder einheimisches Flair. Das einzige Motiv ist Spaß, und zwar von Sonnenaufgang bis zum nächsten Morgen. Alles, was die Spaßgesellschaft benötigt – Läden, Strände, Restaurants, Bars und Nachtleben –, liegt in angenehmer Reichweite. Wenn sich das ältere Volk langsam aus der Glamourwelt zurückzieht, steht die jüngere Generation bereit und nimmt dessen Platz ein. Wenn der europäische Time-Share-Markt austrocknet, übernehmen wohlhabende Spekulanten aus dem ehemaligen Ostblock das Regiment. Zumindest teilweise eignet sich Teneriffas boomender Eigentumsmarkt dafür, aus reiner Profitgier schmutzige Wäsche zu waschen.

◄ **Der Jachthafen von Los Cristianos**
► **Busse – ein günstiges Verkehrsmittel auf Teneriffa**

Siamesische Zwillinge

Der ältere Hafen von **Los Cristianos** ❸ und der stillose neue Urlaubsort **Playa de las Américas** ❹ scheinen entlang des Küstenstreifens am Fuß der trockenen Hügel im Süden wie siamesische Zwillinge miteinander verschmolzen zu sein. Natürlich macht man es sich einfach, die Orte pauschal als stereotype Einheit abzustempeln. Doch irgendwann werden die Leute auf dem Weg in ihre ausgedehnten Wohnsektoren im konfusen Labyrinth der Zufahrtsstraßen zur Besinnung kommen.

Die ausländischen Reiseveranstalter neigen dazu, beide Urlaubsorte als eigene Ferienziele anzupreisen, obwohl einige Gäste das Zwillingssyndrom sehr wohl erkennen. Eine sichtbare Trennlinie zieht allein die Natur mit dem ausgetrockneten Barranco, der direkt in Richtung Strände **Playas de Troya** verläuft. Die Schlucht markiert gleichzeitig die Grenze zwischen den beiden Verwaltungsbezirken Arona

▲ Autofähren verbinden Los Cristianos mit La Gomera
▼ Die Hotelburgen der Playa de las Américas

und Adeje, die nach den wesentlich älteren hoch in den Hügeln gelegenen Städten benannt sind. Hier haben sich die Guanchen über Jahrhunderte hinweg niedergelassen, um sich vor den Piraten zu verstecken.

Los Cristianos

Im Gegensatz zu früher, als der Hafen von Los Cristianos hauptsächlich vom Export der Tomaten lebte, hält sich das Städtchen heute vor allem mit Fischerei und der Fährverbindung zur etwa 30 km entfernten Nachbarinsel La Gomera über Wasser. Im November warten hier die Yachten auf günstige Winde, um wie einst Kolumbus im späten 15. Jh. in Richtung Karibik zu segeln. Unmittelbar hinter dem Hafen ist ansatzweise die alte Fischergemeinde zu erkennen, doch taucht sie zwischen den sie überragenden Feriensiedlungen völlig unter.

Während Meerpromenade und »Altstadt« überwiegend als Fußgängerzonen

dienen, sind die die Autostraßen während der Hochsaison zuweilen hoffnungslos verstopft und Parkplätze Mangelware. Souvenirläden, Bars, Klubs und Restaurants drängen sich an den Straßen nahe des modernen Kirchplatzes. Doch die größte Aufmerksamkeit fällt verständlicherweise der Strandszene zu, wo afrikanische Straßenhändler entlang der Promenade billige Sonnenbrillen, Schmuck und Lederwaren feilbieten, während selbsternannte Künstler zum Teil bemerkenswerte Sandgebilde kreieren.

Es ist gut möglich, von einem Urlaubsort zum anderen zu laufen, obwohl sich die Wege speziell an heißen Tagen ganz schön in die Länge ziehen können. Hinzu kommt, dass die schlechte Beschilderung zum Teil die Orientierung erschwert. Bequemer ist es, auf den häufig verkehrenden Bus oder das relativ günstige Taxi umzusteigen. Nähere Informationen erteilt das Touristenbüro.

Playa de las Américas

So weit das Auge reicht wurden der grauen und oft felsigen Küste künstliche Strände abgetrotzt; der helle Sand ist importiert, und Molen schützen vor der Brandung. Somit findet wirklich jeder auch während der Hauptsaison einen freien Liegeplatz. Strohschirme und Sonnenliegen können allerorten ausgeliehen werden, das Angebot an Wassersport ist groß und reicht von Tretbootfahren bis Parascending. Leicht erreichbar sind die zentral gelegenen Strände Troya, Bobo und Vistas. Die Strände San Eugenio, Torviscas und Fañabe nördlich des Hafens **Puerto de Colón** sind neueren Datums und deutlich exklusiver. Puerto de Colón, der »Hafen des Kolumbus«, ist das Wassersportzentrum des südlichen Teneriffa, elegante Hochseeyachten und diverse Ausflugsboote, die mit Piratenfahrten und Walexkursionen Werbung machen, liegen dicht an dicht vor Anker.

Das Übernachtungsangebot ist in diesem riesigen Urlaubsort gigantisch, obwohl zahlreiche Unterkünfte zwangsläufig fernab der Küste inmitten chaotischer

Straßensysteme liegen. Zum Ausgleich versucht man nach Leibeskräften, die Betonsiedlungen mit grüner Vegetation aufzupäppeln. Zahlreiche größere und anspruchsvollere Hotels und Apartmentanlagen verfügen über hübsche Gärten mit weiträumigen, einladenden Swimmingpools. Sowohl außerhalb als auch innerhalb der Gebäude wachsen Schling- und herrlich blühende Pflanzen. Während manche der älteren Retortensiedlungen stereotyp und geschmacklos hochgezogen wurden, wirken einige Neubauten durch ihre fantasievoller Architektur überaus gefällig. Der überraschenderweise vielfältige Baumix reicht von schwerfälligem Marmor-Neoklassizismus über kanarischen Landhausstil bis hin zu postmodernen Spiegelglas- und Stahlbauten.

Zwei Hotelkomplexe lohnen einen Besuch. Das **Jardín Tropical** nahe Puerto Colón ist mit seinen weißen Ecktürmchen, Kuppeln und Bögen maurischer Anmutung eine architektonische Augen-

Seite 130/131

Adressenangabe
Statt Hausnummern ist es üblich, nur den Namen der Hotelanlage oder des Centro Comercials anzugeben, zu der oder zu dem ein Restaurant oder ein Laden gehört.

▲ **Zahlreiche Agenturen bieten Whale-Watching-Trips**
▶ **Diskos und Bars gibt es in Los Cristianos zu Genüge**

Seite 130/ 131

weide. Dahinter verbirgt sich ein weitläufiger Garten mit prachtvoller Vegetation und abgeschiedenen Winkeln. Eine Mahlzeit in einem der erstklassigen Restaurants oder ein Besuch in einem der Strandklubs wird jedem in guter Erinnerung bleiben. Das vor kurzem eröffnete extravagante Fünfsternehotel **Gran Bahía del Duque** am nördlichen Ortsrand belebt die Hotelszene durch seine fantasievolle Erscheinung. Die komplexe Anlage umfasst mehrere Häuser und Villen, die im Stil der Jahrhundertwende erbaut wurden. Der künstlich angelegte Privatstrand kommt bei den Gästen gut an. Für jeden zugänglich sind die sechs Restaurants mit elegantem Ambiente, in denen man ausgezeichnet speisen kann.

Shoppingfreuden

Von eminenter Bedeutung für Touristen in Playa de las Américas ist der Einkaufsbummel. Die meisten ausländischen Besucher wohnen nicht weit von Supermarkt, Agentur, Souvenirshop, Zeitungshändler, Apotheke, Autoverleih oder Wechselbüro entfernt und können sich somit problemlos der wichtigsten Nebensächlichkeit im Urlaub widmen.

In jedem Ortsteil findet sich mindestens ein riesiges *centro comercial*. Hier wird ein reichhaltiges Spektrum an Elektronik- und Lederware, Souvenirs, Sportartikeln und Strandmode zur Schau gestellt. Die drei größten Einkaufszentren sind der Parque Santiago, San Eugenio und Fañabe. Flohmärkte finden sowohl sonntags in Los Cristianos als auch donnerstags und samstags in Torviscas statt. Die Hoffnung ist begründet, dass die Besucher einiges Geld für das angebotene Kunsthandwerk lassen.

Die Gegend aufwertende Kunst- oder Naturkundemuseen oder anspruchsvolle Kulturveranstaltungen sucht man indes vergebens. Abgesehen von einer Statue aus dem Zweiten Weltkrieg an der Promenade verfügt Playa de las Américas über keinerlei historische Denkmäler. Dafür protzt der Ort ohne Schamgefühl mit seiner modernen Glamourwelt, die nicht nur Familien mit Minigolf, Hüpfburgen, Bootsfahrten und Videospielen Unterhaltung ohne Ende bietet.

Tagsüber kann man sich auf abwechslungsreiche Weise die Zeit mit Grillen am Strand, Delfinausflügen, Eselsafaris, Jeepexkursionen, Spaziergängen in Kakteenparks oder Kamelreiten vertreiben; Verkaufsunterhändler warten an jeder Ecke; Harley's Superbowl verführt Teenager zum Kegeln und Hamburger-Verzehr nahe der Playa Fañabe; der Aquapark Octopus in **San Eugenio** umwirbt die Kids mit Rutschen, rasanter Wildwasserbahn und Delfinarium; **Las Aguilas del Teide** an der Straße nach Arona zeigt inmitten einer tropischen Oase Flugvorführungen, in denen Greifvögel nach Beute jagen; und das in Puerto Colon abtauchende Yellow Submarine verspricht eine Reise zum Meeresgrund, wo man das vielfältige Leben unter Wasser durch verglaste Bullaugen beobachten kann. ■

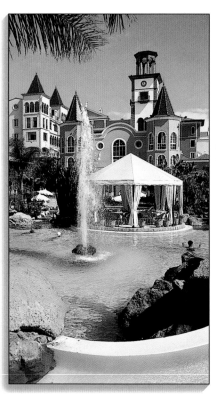

▲ Swimmingpool eines Luxusresorts
◀ Das Fünfsternehotel Gran Bahía del Duque

Strandzauber

Im Vergleich zum Mittelmeer sind Teneriffas Naturstrände allenfalls Durchschnitt, da sie meist aus kurzen mit Kieselsteinen bedeckten Küstenabschnitten bestehen, unterbrochen von kleinen Sandflächen. »Wie können die bloß aus so wenig Strand ein solches »Sonne-Meer-Urlaubswunder« gezaubert haben?« wundern sich nicht wenige Touristen beim Anblick des Strandparadieses.

Die Antwort ist im Genie der Inselplaner zu suchen, die in den letzten Jahrzehnten rund um die Insel künstliche Strände gebaut und Schwimmbäder aus Felsen und Buchten gezaubert haben. Anfangs waren die Strömungen das größte Problem, die zwar für Wasseraustausch und Wellen sorgten, das Baden jedoch gefährlich machten. Eine Lösung lag im Bau von Meerwasser-Pools, die durch Felsen und Zement von der Küste abgetrennt wurden. Eine neuere Version findet sich in Puerto de la Cruz, wo das von Cesar Manrique entworfene Freibad »Lago de Martianez« den Strand überflüssig erscheinen lässt.

Ein weiteres Problem ergab sich aus dem Mangel an Sand. Die Strände der Nordküste sind erst vor relativ kurzer Zeit entstanden, da der schwarze Lavasand oft weggewaschen wurde und somit nur Kieselsteine übrig blieben. Im Süden treibt der Wind den Sand landeinwärts, der zudem durch zerriebene Muschelschalen mitnichten in goldenem Glanz erscheint.

Ein spektakulärer Vorstoß gegen dieses elementare Stranddefizit war 1970 der Bau von Las Teresitas im Norden von Santa Cruz, ein ehrgeiziges mit Palmen aufgewertetes Objekt. Hierfür importierte man eigens 98 000 Kubikmeter Sahara-Sand auf die Insel und verhinderte durch Wellenbrecher aus Felsen, dass die kostbare Fracht gleich wieder ins Meer gespült wurde.

Doch auch ohne künstlich geschaffenes Strandparadies fühlen sich die Sonnenanbeter offensichtlich wohl. Neuerdings scheint die Einsamkeit oft wichtiger zu sein als der Komfort oder die Farbe des Sandes.

Manche riskieren gar ihr Leben, um über steile Felswände an idyllische kleine Strände zu gelangen, und Großfamilien brechen über abgelegene Buchten herein, wo sie friedliebende Nudisten und Hippies verschrecken.

Insgesamt geht der Trend jedoch zurück zu der bewährten Methode, Wellenbrecher aus Betonklötzen im Wasser zu platzieren. Überall reichen die künstlichen Arme weit in das Wasser, damit der Sand von der Meeresbrandung nicht gleich wieder abgetragen werden kann und gefahrloses Baden möglich ist. Als Baumaterial dienen Felsbrocken aus den Steinbrüchen der umliegenden Hügel.

Ein klassisches Beispiel für künstlichen Strand ist die Playa de la Vistas westlich von Los Cristianos, ein Sandstrand mit Schirmen und Sonnenliegen, wo zufriedene Besucher langsam in der Sonne rösten. ■

▶ Weiße Sandstrände mit Palmen – der Traum eines jeden Teneriffa-Urlaubers

Die Westküste

Seite 130/ 131

Ruhige Dörfer und abgelegene landwirtschaftliche Gegenden liegen auf Tuchfühlung mit modernen Touristenzentren, und hoch über allem thront herrlich und unantastbar das Tenogebirge.

Weit genug vom Bauboom im Tal entfernt liegen die Dörfer Arona und Adeje in den Hügeln, bemüht, die beschauliche Atmosphäre der Haciendazeiten vorzutäuschen. Doch Jahr für Jahr kommen die Neubauten ein Stück weiter den Hügel hinauf. Ins neue Gefängnis von **Arona** ❸❺ karrt die Guardia Civil betrunkene Touristen, die gröhlend ihre Unschuld beteuern. Die neuen weißen Häuser sind meist in ausländischer Hand; Fremde und erfolgreiche Kanarier bauen sich hier ihre Villen, damit sie den Anblick der Betonwüsten nicht ertragen müssen, die sie geschaffen haben.

Casa Fuerte und wilde Barrancos

In **Adeje** ❸❻ auf der anderen Seite des 1001 m hohen Roque del Conde erhielt sich ein elitäres Flair. Eine Lorbeerbaumallee führt zur Kirche von **Santa Ursula** (16. Jh.), die sich einiger eher zufällig aufgehängter Gobelins rühmen kann. In dieser Stadt hielten die Guanchenkönige Hof, bis die Grafen von Gomera die Macht übernahmen.

Die **Casa Fuerte** am oberen Ende der Stadt ist nur noch ein schwaches Ebenbild des fortähnlichen Herrenhauses, das die Grafen 1556 hier bauten. 30 Jahre später von Piraten geplündert und im 19. Jh. durch ein Feuer zerstört, blieb von der Burg nur eine einzige Kanone übrig, die vor diesem heute von einer Tomatenkooperative genutzten Gebäude steht. Eine Anzahl hölzerner Schlagstöcke in einem der Häuser erinnert an dunkle Zeiten, in denen Sklavenhändler an der Südküste Teneriffas Sammellager einrichteten, bevor sie ihre Menschenware weiter nach Amerika verschifften.

Geht man von der Casa Fuerte ein kurzes Stück den steilen Hügel hinauf, erreicht man den Einstieg zur tiefsten Schlucht der Kanaren, des **Barranco del Infierno** (Höllenschlucht) ❸❼. Planen Sie mindestens drei Stunden für eine Wanderung ein, die sich auf grund der geringen Höhenunterschiede gut zur Akklimatisation eignet. Der Weg, der an steil abfallenden Felswänden entlangführt, erfordert mehrmals das Überqueren eines Baches, dessen Ufer dicht mit Weiden und Eukalyptusbäumen bewachsen sind. Im Sommer herrscht hier eine große Hitze, doch die geradezu paradiesische Fauna und Flora entschädigt für die Strapazen. Zudem sorgt ein brausen-

◀ **Der Yachthafen von Puerto de Santiago** ▶ **Neue Apartments in Los Gigantes**

der Wasserfall im grünen Herzen der Schlucht für eine willkommene Abkühlung. Für die Wanderung sind feste, bequeme Schuhe erforderlich, außerdem sollte man ausreichend Trinkwasser und Proviant mit auf den Weg nehmen.

Entwicklungsperspektiven

Die ausgedörrte Hügellandschaft an der Westküste wird immer wieder von Barrancos zerschnitten, die die kleinen Dörfer entlang der neuen Straße nach **Guía de Isora** ⊕ voneinander isolieren. Einst wuchsen hier Kiefern fast bis ins Tal, doch heute beherrschen Tomatenfelder und Bananenplantagen das Bild. Doch die Idylle trügt: Ein Großteil der landwirtschaftlichen Flächen ist bereits parzelliert und an ausländische Investoren verkauft. Von der Hauptstraße zweigen schon die ersten Wege hinunter zum Meer ab, in einigen Jahren werden dort die ersten Hotels

▲ Campesino aus dem Tenogebirge
▼ Das Dorf Guía de Isora

stehen und den Touristenstrom an die Costa Adeje lenken.

Bedrohlich schweben die Baukräne auch über **San Juan** ⊕, bereit, Bananenstauden auszureißen und Hotels hochzuziehen. Schon dümpeln kleine Boote, die Entdeckerfahrten anbieten, neben den bunten Fischerkuttern; und die sonntags überfüllte Kirche, wird bald – wie in Los Cristianos – durch ein größeres Gebäude ersetzt sein. Doch der aufblühende Tourismus hat zumindest den einheimischen Fischfang belebt: In San Juan kann man nicht nur sehr gut im Meer schwimmen, man kann auch vorzüglichen Fisch essen, natürlich kanarisch zubereitet mit *papas arrugadas* und Mojo-Sauce. Und an klaren Tagen scheint die Nachbarinsel La Gomera nur einen Steinwurf entfernt zu sein.

Der weiter nördlich liegende Hafenort **Alcalá** ist weniger interessant, doch zumindest ist er in seiner ursprünglichen Form erhalten geblieben. Fast scheint es so, als er sei da, um als Korrektiv zu den

Baufieber zu dienen, das die gesamte Region erfasst hat. Wie Bienenwaben entstehen in **Puerto de Santiago** die weißen Ferienapartments an der Steilküste. Erst an der **Playa de la Arena** ❹ kann man sich wieder von dem Anblick erholen.

Los Gigantes ❹, der nächste Touristenort, gibt sich ein Jet-set-Image durch einen privaten Yachthafen. Mit fast beispielloser Geschwindigkeit hat sich der Platz zum wichtigsten Touristenzentrum der Kanarischen Inseln entwickelt.

Durch die steil abfallenden Klippen ist in Los Gigantes Bauland rar, zudem fallen die Strände aus schwarzem, feinem Lavasand recht schmal aus. Alles liegt dicht beieinander, gleich vom Meer weg führen steile Straßen in Serpentinen durch die Apartmentsiedlungen. Eine künstlich angelegte Kaimauer verlängert

> ### Los Gigantes
> → Der Name stammt von den hohen Felsen, die ganz in der Nähe steil ins Meer abfallen und die vielen Ausflugsboote zwergenhaft erscheinen lassen.

den natürlichen Strand, im Hafen werden Bootsfahrten angeboten. Hier unten sind die Häuser noch im kanarischen Stil gebaut und mit schönen Holzbalkonen versehen.

Das Tenogebirge

Eine Bootsfahrt entlang der Küste bietet den besten Ausblick auf die steil abfallenden Felsen im Süden der **Macizo de Teno** (Tenogebirge), einer wilden Basalt-Halbinsel, die heute von Tälern und gezackten Bergkämmen geprägt wird, die durch die Erosion entstanden sind. Außer an der Nordküste hat die Halbinsel Teno späteren Lavaströmen widerstanden und mag auch den Wellen der Besiedlung trotzen, die an der Westküste heraufschwappen.

Seite 130/131

Oficina de Gestión
Bei El Palmar im nördlichen Teil des Tenogebirges erhält man im Büro der Naturparkverwaltung eine Wanderkarte mit den Hauptrouten (Mo–Fr 8–15 Uhr).

▼ **Das Meer vor Los Gigantes ist ein Dorado für Taucher**

Seite 130/131

Los Gigantes war früher Exporthafen für die landwirtschaftlichen Erzeugnisse – Bananen, Kartoffeln und Trauben aus **Tamaimo,** die dort auch heute noch angebaut werden. Oftmals sieht man ganze Haufen von Tomaten am Straßenrand liegen, die zu klein für den Export waren und dem Wanderer einen willkommenen Imbiss verschaffen.

Weiter im Landesinnern stößt man in einem Hochtal auf **Santiago del Teide** ⏁, wo auch die neu gebauten Häuser mit kanarischen Balkonen versehen sind. Die kleine Kirche ist im Dezember hübsch mit Weihnachtssternen und Orangen dekoriert. Die Straße nach Norden klettert hinauf zu unerwartetem Grasland und überquert am **Erjos del Teide** (1117 m) den Pass zur Nordküste.

Man kann Santiago auch von **Chío** aus über **Arguayo** erreichen, dessen Mandelbäume Ende Januar in voller Blüte stehen. An der Strecke türmen sich riesige Felsbrocken des letzten Vulkanausbruchs auf

Teneriffa. Im Januar 1909 floß zehn Tage lang die glühende Lava mit einer Geschwindigkeit von einem halben Meter pro Minute Richtung Santiago del Teide – das Grollen der Montaña de Chinyero war bis nach La Orotava zu hören. In Arguayo gibt es ein kleines Keramik- und Heimatmuseum, das **Centro Alfarero** (Di–So, 10 bis 13 Uhr und 16–19 Uhr, Eintritt frei). Die Töpfereien werden hier immer noch ohne Scheibe wie zu Zeiten der alten Guanchen hergestellt und in einem traditionellen Brennofen mit Holz gebrannt.

Bilderbuchdorf

Bis in die 1960er Jahre war das in den Senken des Tenogebirges versteckt liegende **Masca** ⏁ ein wahres Paradies. Damals konnte man den steilen Abstieg nur zu Fuß oder mit dem Esel über enge Pfade wagen, inzwischen windet sich eine Asphaltstraße ins Dorf. Ein kleines privates Museum hat allerlei *objets trouvés* zusammengetragen. Auf der Bougainvillea-Terrasse des Restaurants fangen Romantiker an, vom verlorenen Paradies zu träumen. Viele kommen hierher, um durch die enge Schlucht von Masca hinunter zum Meer zu wandern, eine der schönsten Wanderungen auf Teneriffa. Man geht ungefähr zweieinhalb Stunden durch den Barranco abwärts, am Ende öffnet sich plötzlich die Schlucht, und man steht an einem verlassenen Strand am Meer. Bei ruhiger See nimmt nachmittags hier ein kleines Boot die Wanderer auf und bringt sie zurück nach Los Gigantes. Ansonsten bleibt nur der anstrengende Aufstieg zurück in den Ort.

Die enge und steile Straße nach Masca ist auf keinen Fall etwas für nervöse Beifahrer. Wilder Lavendel und Ringelblumen säumen den Straßenrand. Auf dem Grat wartet ein weiterer *mirador* mit einer Aussicht auf das Land um **El Palmar.** Dunkelrote Vulkanschlacke färbt das Bild und liefert das Baumaterial für viele Häuser; vor nicht einmal 20 Jahren erhellten hier noch Öllampen und Kerzen nachts die Zimmer. ■

▲ Bauer mit Erntefahrzeug
◄ Masca – versteckt in den Bergen
► Charakterkopf aus dem Tenogebirge

Üppige Inselflora

Teneriffas Klima und seine vielseitige Topografie begünstigen das Wachstum seltener und endemischer Pflanzen, aber auch zahlreiche importierte Arten gedeihen hier prächtig. Dass die vielfältige Vegetation noch im tiefsten Winter für farbenfrohe Lichtblicke sorgt, macht die Insel für sonnenhungrige Nordeuropäer besonders attraktiv. Scharlachroter Hibiskus blüht auf Terrassen, rosafarbener Oleander säumt die Straßen, und Bougainvillea in verschiedenen Farbtönen klettert an den Häusern bis zur Dachrinne. Auf königlichen Befehl wurden aus den spanischen Kolonien der Neuen Welt viele neue Arten eingeführt, mit dem Ziel, sie in dieser Zwischenstation an das europäische Festlandklima zu akklimatisieren. Die Inselflora ist für Botaniker von großem Interesse. Abseits der Urlaubsorte werden in tropischen Gewächshäusern Schnittblumen gezüchtet, die auf der fruchtbaren Vulkanerde prächtig gedeihen.

Vegetationszonen

Über 2000 verschiedene Arten wachsen wild auf der Insel, 400 davon sind endemisch. Nach ihrem Vorkommen in bestimmten Höhen lassen sich klare Vegetationsstufen unterscheiden. Bis in eine Höhe von 600 Metern überleben Kakteen und Sukkulenten in den natürlichen Steingärten trockener Schluchten. Die »candelabra spurge« (Euphorbia canariensis) und die stämmige Dattelpalme (Phoenix canariensis) sind typische einheimische Arten. In den Ausläufern des Anagagebirges breitet sich im Nebel des Passatwindes ein Dschungel an Farnen, Heide, Wacholder und Lorbeerbäumen aus. Über der 1000-Meter-Grenze fühlt sich die Kanarische Palme (Pinus canariensis) wohl, die dank ihrer langen Nadeln im Stande ist, Feuchtigkeit aus den Wolken zu »melken«.

▶ **Paradiesvogel**
Die Strelitzie, auch Paradiesvogel genannt, ist die erfolgreichste Schnittblume, die auf den Kanaren angebaut wird.

▶ **Feigenkaktus**
Er wurde im 19. Jh. importiert, um den Koschenille-Läusen als Wirt zu dienen. Heute ist er auch außerhalb der ummauerten Plantagen weit verbreitet.

▲ **Ein heiliger Baum**
Der Drachenbaum (Dracaena Drago) wächst sehr langsam. Diesem berühmten Exemplar in Icod de los Vinos sagt man ein Alter von 1000 Jahren nach.

Unter all den Pflanzen, die im Teide-Nationalpark gedeihen, ragt der Teidenatternkopf (Echium wildpretii) majestätisch hervor. Kein Wunder, dass im Volksmund neben dem spanischen Namen Tajinaste auch der Spitzname »Orgullo de Tenerife« (Stolz Teneriffas) geläufig ist. Die rote Blütenkerze der endemischen Pflanze wächst im späten Frühjahr bis zu zwei Meter hoch, bevor die stolze Pflanze Anfang Juli umkippt wie ein sterbender Schwan. Wer den Teidenatternkopf nicht mit eigenen Augen im Nationalpark entdeckt, kann ihn im Besucherzentrum El Portillo bestaunen. Sein Bestand ist wie der zahlreicher anderer Pflanzen im Nationalpark gefährdet, so dass er unter strengem Naturschutz steht. Warnschilder weisen allerorts darauf hin, insbesondere im Besucherzentrum.

◀ Codeso
er Geißklee (Adenocarpus scosus) ist eine gelb blühen-, besenähnliche Strauchart, e in Höhen zwischen 2000 d 2700 Metern sehr häufig rkommt.

Cardón
eses Wolfsmilchgewächs phorbia canariensis) det man vor allem in trocke-n Schluchten vor.

▲ Wacholder
Sabina heißt eine endemische Wacholderart, die auf El Hierro wächst. Der Baum nimmt eine eigentümlich verkrümmte Form an.

◀ Weihnachtsstern
Die Poinsettia wird in Natura baumhoch – kein Vergleich zur zarten Topfpflanze an Weihnachten.

Wild und bergig

La Gomera, die nach El Hierro zweitkleinste Insel des Archipels, ist ein fast kreisrundes Eiland mit 24 km Durchmesser. Dominiert wird die Insellandschaft vom Nationalpark Garajonay mit dem 1487 m hohen gleichnamigen Gipfel als höchsten Punkt der Insel; von hier fällt das zentrale Hochland sternförmig in sechs steile Hauptschluchten ab. Der Park erfüllt auch eine wichtige Funktion als Wetterscheide: Während im südlichen Teil ein regenarmes und mildes Klima vorherrscht, ist es im Norden deutlich kühler und feuchter. Häufig hängen sich die vom Nordostpassat herangewehten Wolken an den nordwärts ausgerichteten Hängen tagelang fest, wo sich im Gegensatz zu den von der Sonne ausgedörrten Südhängen üppige Vegetation entfalten kann.

Lange Zeit war La Gomera die einzige Kanareninsel ohne Flughafen, bis er nach siebenjähriger Bauphase 1998 doch noch eröffnet wurde. Befürchtungen von Umweltschützern, dass es mit dem Inselfrieden damit vorbei sein könnte, haben sich bis heute nicht bestätigt. Denn der Flughafen bietet nur Flugverbindungen zu den benachbarten Inseln, kann also nicht als Nonstop-Ziel von Mitteleuropa aus angeflogen werden. Aus diesem Grund setzen die meisten Besucher von Teneriffa in 90 Minuten mit der Fähre oder 40 Minuten mit dem Tragflächenboot auf La Gomera über; die Fähre von El Hierro benötigt immerhin drei Stunden.

Mit den Fähren kommen wahre Menschenhorden auf La Gomera, um die Insel in einem Tag zu erkunden. Doch das anziehende Inselflair kann während einer eilig gedrehten Runde im Reisebus nicht annähernd aufgesogen werden. Die Insel gibt vielmehr ihre wilde Schönheit nur jenen Wanderern preis, die sich auf verschlungenen Pfaden durch das Dickicht des Lorbeerwaldes schlagen oder die tief eingeschnittenen Barrancos auf eigene Faust erkunden.

Wer sich länger auf der Insel aufhält, quartiert sich in der Hauptstadt San Sebastián, Valle Gran Rey im Westen oder Playa de Santiago im Süden ein; hier gibt es nicht nur eine Fülle an Ferienhotels und Selbstversorger-Apartments, sondern auch die schönsten Sandstrände der Insel. Für den Wanderurlaub hingegen eignen sich die restaurierten Landhäuser besser als Stützpunkt, die über die ganze Insel verstreut inmitten majestätischer Palmenhaine liegen und weitgehend von der Zivilisation abgenabelt sind.

Der absolute Höhepunkt eines Inselbesuchs ist der Wanderpfad durch den oft in Nebel gehüllten Lorbeerwald, der weite Teile des Nationalparks Garajonay überwuchert. Der von der UNESCO mittlerweile als Weltnaturerbe anerkannte Nationalpark steht auf Grund seiner einzigartigen Vegetation und geologischen Bedeutung unter strengem Naturschutz.

Die Einwohner La Gomeras sind eine Mischung aus Guanchen, den aus Nordafrika stammenden Ureinwohnern der Insel und spanischen Kolonialisten. Da viele Bewohner jedoch nach Süd- und Mittelamerika ausgewandert sind, ist die Bevölkerungszahl in den letzten 50 Jahren drastisch gesunken. Wie die anderen kleinen Inseln litt La Gomera unter dem wirtschaftlichen Aufschwung des Kanarischen Archipels, obwohl es dank fruchtbaren Schwemmlands wesentlich mehr anbauen kann als etwa die Sonneninsel Fuerteventura. Doch der Anbau von Wein, Bananen, Tomaten und Kartoffeln lohnte sich immer weniger, sodass manche Orte heute wie ausgestorben wirken. Ähnliches gilt für die Fischindustrie der Insel, die wenigen Verbliebenen sind, sofern sie nicht vom Tourismus leben, relativ arm. ■

◀ ◀ **Feldarchitektur um Epina –**
Nebelwald im Garajonay-Park
◀ **San Sebastián vom Meer aus**

La Gomera

Seite
200

Die kleine, kreisrunde Insel ist ein Wanderparadies erster Güte. Verschlungene Wege führen durch dichten Lorbeerdschungel, in atemberaubende Schluchten, über alte Pilgerpfade und zu steil abfallenden Klippen, und von überall bieten sich immer wieder grandiose Ausblicke.

Viele Bewohner La Gomeras verlassen die Insel über den Atlantik in Richtung Venezuela und Uruguay, um in der südamerikanischen Ölindustrie Arbeit zu finden und Teile ihres Einkommens an ihre Familien zurückzuschicken. Kein Wunder, dass in fast allen Cafés der Insel häufig heiße Latinorhythmen erklingen, wo sich die Einwohner bereits zum Frühstück mit einem Schluck venezolanischen Rums erwärmen.

Die Emigranten folgen dem Kielwasser des Christoph Kolumbus, der von hier zu seiner zweiten Entdeckungsreise nach Amerika aufbrach. Warum er gerade La Gomera als Ausgangspunkt gewählt hatte, ist ungeklärt: Die einen behaupten, es lag an der Gräfin Beatriz de Bobadilla, einer vom spanischen Hof verbannten Nymphomanin, andere wiederum glauben, dass La Gomera für ihn einfach nur der letzte bekannte Ablegehafen vor der Reise in den unbekannten Westen war.

Streifzug durch die Hauptstadt

San Sebastián ❶, Hafen und Hauptstadt der Insel, hat sich seit Kolumbus' Zeiten kaum verändert. Die Stadt liegt im ödesten Gebiet La Gomeras und vermittelt dem Ankömmling nicht gerade ein verlockendes Bild.

Von Teneriffa verkehren vom südlichen Hafenort Los Cristianos mehrmals täglich Fährschiffe. Nach deren Ankunft schwärmen die Busse aus, um Tagesausflügler aus Teneriffa, Briefe, Zeitungen und Bier auf der Insel zu verteilen. Die drei Inselbuslinien verbinden San Sebastián je viermal täglich mit Santiago, Vallehermoso und Valle Gran Rey, der Abfahrtsplan rich-

tet sich dabei im Allgemeinen nach der Ankunft der Fähren.

Vom Hafen ist es entlang der Promenade nur ein Katzensprung bis zu der monotonen Häusersiedlung, in der die meisten der 6200 Einwohner San Sebastiáns leben. Unterwegs passiert man das Hafendenkmal **Marina,** das vermutlich auch heute noch vom Geist der Kolumbusflotte, namentlich *Niña, Pinta* und *Santa María,* umweht ist.

Die eigentliche Stadt beginnt an der großzügigen **Plaza de las Américas,** wo stattliche Lorbeerbäume reichlich Schatten spenden. Der ideale Ort, um bei

◀ **Das Valle Gran Rey**
▶ **Das Gebäude der Guardia Civil in San Sebastián**

einem *café con leche* oder frisch gepresstem Orangensaft am Kiosk das muntere Treiben der turtelnden Tauben und Einheimischen zu beobachten.

Zwischen Hafen und Plaza stehen einige großartige Häuser im kanarischen Kolonialstil, in denen heute die Bibliothek und einige Büros der Stadtverwaltung untergebracht sind. Der *cabildo* selbst tagt in einem kleineren Gebäude in der Calle del Medio, flankiert von bunten Fahnen. In der nördlich der Plaza wegführenden Hauptstraße sind auch die Mehrzahl der Stadthotels, Einkaufsläden, Banken und das Touristenbüro (Calle del Medio 1, Tel. 922 14 15 12) anzutreffen.

Kolumbusbrunnen
In dem ehemaligen Zollhaus aus dem 17. Jh. ist der **Pozo de Colón** zu besichtigen, jener Brunnen, aus dem Christoph Kolumbus 1492 das Wasser für seine Überfahrt nach Amerika geschöpft haben soll.

Der westlich der Plaza hinter dem Strand aufragende **Torre del Conde** wurde zwischen 1447 und 1450 von Hernán Peraza dem Älteren als Fluchtburg vor aufbegehrenden Inselbewohnern gebaut, die sich noch lange nicht mit der Kolonialisierung durch die Spanier abgefunden hatten.

Auf Kolumbus' Spuren

Herreras Sohn Hernán Peraza heiratete die berühmt-berüchtigte Beatriz de Bobadilla, die angeblich mit Kolumbus ein kurzes Verhältnis hatte. Obwohl das Paar anscheinend ein ausgeprägtes Sexualleben genoss, verliebte sich Peraza leidenschaft-

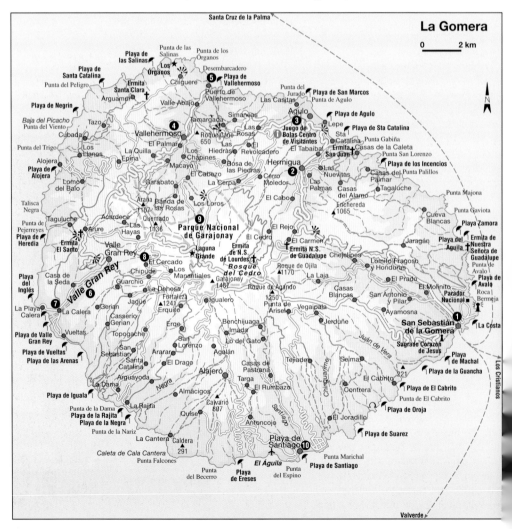

lich in die Guanchenprinzessin Iballa. Später wurde er auf dem Weg zu einem geheimen Rendezvous in einer Höhle von zwei Guanchenhäuptlingen überfallen und vom Berg gestürzt. Diese Stelle der Hinrichtung, nicht weit von den Roques de Agando entfernt, wird heute noch *Degollada de Peraza* genannt.

Hinter der Calle del Medio liegen versteckt einige schöne *patios;* sehenswert sind die Innenhöfe der Pension »Gomera« und des Restaurants »Gomera Garden«. Abends fällt das Licht der *patios* auf die Straßen, und die Stadt, die tagsüber vor sich hindämmert, wird erstaunlich lebendig. Das bekannteste und beliebteste der zahlreichen Restaurants ist das **El Pajar** in der Calle Ruiz de Padron 44, das von außen einer Bar ähnelt, jedoch vorzügliches Essen serviert.

Wer die Straße hoch geht, sieht sich auf halber Strecke der zwischen 1490 und 1510 erbauten **Iglesia de la Asunción** gegenüber, in der Kolumbus vor seiner Reise

zum letzten Mal gebetet haben soll. Ursprünglich im gotischen Stil errichtet, erhielt sie ihre Seitenschiffe in der Barockzeit. Das Innere schmücken Altarbilder und eine verblasste Wandmalerei des gomerischen Künstlers José Mesage, die den erfolgreichen Widerstand der Gomeros gegen englische Angreifer im Jahre 1743 darstellt.

Ein kleines Stück weiter trifft der Spaziergänger auf die **Casa de Colón** (geöffnet Mo–Fr 10–13 und 16–18 Uhr, Eintritt frei), die Kolumbus' letzter Aufenthaltsort in der Alten Welt gewesen sein soll, bevor er 1492 seine Eroberungstour in die Neue Welt startete. Das relativ unauffällige Gebäude, das man nach einem Brand 1618 wieder errichtete, wurde von der Kommunalverwaltung aufgekauft und für Ausstellungen restauriert. Gleich dahinter verbirgt sich mit der düsteren **Ermita de San Sebastián** das älteste Gebäude der Stadt, das an frühe Missionskirchen in den Vereinigten Staaten erinnert.

▲ Pause vor der Iglesia de la Asunción
▼ San Sebastián und sein Hafen

Parador und Strand

Direkt über dem Hafen steht heute auf dem *Lomo de la Horca* (Galgenhügel) an der Stelle einer Kirche San Sebastiáns staatliches Hotel **Parador Nacional,** eines der besten Hotels auf den Kanaren und deshalb ständig ausgebucht. Im Jahr 1976 im insularen Kolonialstil erbaut, gewinnt es durch die großzügige Verwendung von teurem, dunklem Holz eine elegante Atmosphäre. An den Wänden ist fast die gesamte gomerische Geschichte abgebildet. Im Garten, dessen Wege mit Kieselsteinen ausgestreut sind, wachsen um den Pool herum zahlreiche, für die Kanaren typische Sträucher.

Hinter dem Parador führt die Straße durch hässliche Vororte am Leuchtturm vorbei und verengt sich hin zur **Playa de Avalo** am Ende eines verlassenen Tals, von wo häufig der Gipfel des Pico del Teide zu erkennen ist. Der Pfad windet sich dann um die Landspitze herum zur **Ermita Nuestra Señora de Guadalupe.**

Feierliche Prozessionen
Alle fünf Jahre im Oktober (das nächste Mal 2003) ist die Ermita Nuestra Señora de Guadalupe feierlicher Schauplatz des größten Festes auf Gomera. Dann wird die Madonnenstatue in einer Prozession zu Wasser gelassen und auf einem geschmückten Boot nach San Sebastián gebracht.

Die nördliche Route

Über dem Tal von **Hermigua ❷**, einem entlegenen 2656 Einwohner zählenden Ort im Norden der Insel, geht die Sonne spät auf und früh unter. Der unter dem Bergrücken durchführende 450 m lange Tunnel trennt das feuchte, fruchtbare Tal von der trockenen Halbwüste rund um San Sebastián ab; faszinierend, wie sehr sich das Klima beiderseits des Tunnels unterscheidet.

Die Talsenke steht ganz im Zeichen der Bananenplantagen, einzelne Weinreben klammern sich wie riesige Spinnennetze an die Steilwände. Hermigua selbst besteht aus einem oberen und einem unteren Ortsteil. Im oberen Ort Valle Alto steht das schön restaurierte Herrenhaus **Los Telares,** in dem ein kleines Kunsthandwerksmuseum mit Webartikeln und Keramik eingerichtet wurde. Schräg gegenüber wartet die ehemalige Klosterkirche **Santo Domingo** mit filigranen mau-

◀ Fischer aus Agulo

Die Kunst des Pfeifens
Silbo war früher auf der Insel weit verbreitet. Mittels der Pfeifsprache konnten sich die Gomeros auch über weite Entfernungen verständigen. Die Sprache gibt den Forschern Rätsel auf, denn sie wird nirgendwo sonst auf der Welt praktiziert und ihre Ursprünge sind unbekannt. Man nimmt an, dass sie vor allem wegen des oft unpassierbaren gomerischen Geländes entstand. Eine andere Theorie besagt dagegen, dass sie aus der Not geboren wurde, nachdem die spanischen Conquistadoren den Guanchen die Zungen abgeschnitten hatten, um Verschwörungen zu verhindern.
Heute ist diese Sprache fast ausgestorben, nur das Interesse der Touristen hält sie noch am Leben. Vorführungen finden im Hotel Parador und in diversen Restaurants in Las Rosas statt. Darüber hinaus wurde kürzlich mit Erfolg der Versuch gestartet, Silbo in den Schulen zu lehren.

risch inspirierten Holzarbeiten auf. Im unteren Valle Bajo schlägt dank zahlreicher Geschäfte das kommerzielle Herz Hermiguas; hier hat die Bananenkooperative nahe der Hauptkirche ihren Sitz. Leider ist der Strand alles andere als anziehend.

Etwas weiter nördlich liegt die kleine Stadt **Agulo** ❸ in einem Basaltbecken an der Küste und zerfällt in zwei Teile, die sich auf benachbarten kleinen Hügeln ausgebreitet haben. Im unteren Ortsteil lohnt ein gemächlicher Rundgang durch einige kopfsteingepflasterte Gassen mit kunstvoll geschnitzten Holzbalkonen aus dem 17. Jh. Nicht minder beeindruckend ist die etwas oberhalb an der Plaza Leoncio Bento gelegene ungewöhnlich große **Iglesia de San Marcos**, die mit ihren fünf weißen Betonkuppeln an nordafrikanische Moscheen erinnert und deshalb von den Einheimischen auch *La Mezquita* genannt wird. Doch wirklich ungewöhnlich ist vor allem die Lage des Ortes: Ein Großteil des Basaltplateaus ist im Laufe der Zeit ins Meer abgerutscht, sodass sich nun ein vortrefflicher, oft fotografierter Ausblick auf Agulo mit Teneriffa und dem El Teide im Hintergrund offenbart.

Seite
200

Vallehermoso

Wer von Las Rosas links in das Hinterland abbiegt, kommt direkt zum Besucherzentrum Juego de Bolas im Garajonay-Nationalpark, doch die Nordroute führt unmittelbar auf der abwechslungsreichen Küstenstraße Richtung Westen nach **Vallehermoso** ❹. Der Hauptort der Nordküste ist ein wichtiges Verwaltungs- und Einkaufszentrum. Abgesehen vom Strand **Playa de Vallehermoso,** dank der starken Brandung ein Dorado für hart gesottene Surfer und Wellenreiter, ist hier jedoch nicht sonderlich viel geboten. Über der Strandbucht erhebt sich der ehemalige Vulkangipfel **Roque de Cano,** der aus erstarrter Lava entstand und übrig blieb, nachdem der Rest des Vulkans der Erosion zum Opfer gefallen war.

▲ Moderne Frauenskulptur in Hermigua
▼ Los Telares ist ein Zentrum handgewebter Teppiche

Das fruchtbare
Valle Gran Rey ——————

Fährt man von Vallehermoso durch den Nationalpark Garajonay Richtung Westen, gelangt man nach **Arure**. Wer sich im Ort rechts hält und dem Fußpfad folgt, landet nach kurzer Zeit beim Aussichtspunkt **Mirador Ermita El Santo**. Von hier öffnen sich herrliche Blicke über den Ort Taguluche zur Westküste hinab, an schönen Tagen sind am Horizont La Palma und El Hierro zu erkennen. Auch vom **Mirador del Palmarejo** etwas unterhalb von Arure genießt man fantastische Rundblicke, das angrenzende Lokal genügt gehobenen Ansprüchen.

Vom zentralen Vulkankegel des Nationalparks Garajonay führen mehrere tief in die Landschaft eingeschnittene Schluchten sternförmig zur Küste hinab. Der zuverlässige Regen versorgt die Barrancos regelmäßig mit Wasser und schafft somit ein kleines Paradies, in dem Gemüse und

▲ Souvenirshops findet man in allen Touristenzentren
▼ Töpferinnen aus El Cercado

Früchte wie Mangos, Avocados und die Hauptexportgüter der Insel, Tomaten und Bananen, prächtig gedeihen.

Das fruchtbarste Tal, das **Valle Gran Rey ❻**, sucht auf dem gesamten Archipel seinesgleichen. Hier haben die einheimischen Bauern im Lauf der Jahrhunderte die tiefe Schlucht in eine kunstvolle Terrassenkultur verwandelt, die sich treppenförmig an die begrünten Berghänge schmiegt. Auf diese Weise kann aus jedem Quadratmeter des fruchtbaren Bodens das Optimale herausholt werden.

Von Arure führt eine landschaftlich großartige Straße steil hinab in das üppig grüne Tal, in dem weiße kleine Häuser fotogen in der Sonne leuchten und Schatten spendende Palmenhaine ein besonderes Flair vermitteln. Hier entdeckten vor Jahren vornehmlich Deutsche mit Hippie-Ambitionen das Paradies auf Erden. Einige haben sich auf Dauer niedergelassen, andere bleiben nur über die Wintermonate oder während ihres Urlaubs.

Seite
200

Unter den Teilresidenten, die sich vorzugsweise in den zahlreichen Selbstversorger-Apartments einquartieren, gibt es nicht wenige Surffreaks, die die meiste Zeit in der tosenden Brandung des Atlantiks verbringen. Hinzu kommen intellektuelle »Grüne« in bunten Gewändern, die sich diesen magischen Schlupfwinkel auf Grund ganz persönlicher ideologischer Überzeugung ausgesucht haben, sowie Esoteriker, die auf der Suche nach dem eigenen Ich sind; vor allem nach dem Tschernobyl-Disaster zog es zahlreiche Neuankömmlinge an diesen Ort.

Das Tal hat zudem die am leichtesten zugänglichen Strände La Gomeras zu bieten, kein Wunder, dass sich hier ein Urlaubsort mit Tauchzentrum, Agenturen, Windsurf-Schule, mehreren Restaurants und Bars sowie einem Internet-Café angesiedelt hat.

Auch Bootsausflüge zur nordwärts gelegenen Steilküste von **Los Organos** können vom kleinen Hafen problemlos unternommen werden. Die beeindruckenden »Orgelpfeifen« an der Punta de las Salinas, die zu den größten auf der Welt zählen, sind vom Meer zu extrem ausgewaschenen Basaltsäulen erodiert. Die Tourenführer versuchen die Touristen zusätzlich mit Delfin-Prospekten zu ködern, doch ein Aufeinandertreffen mit den geselligen Meerestieren ist eher selten.

In Valle Gran Rey spielt sich das Leben in zwei Küstenorten ab, die jeweils am Ende des dunkelsandigen Strandes liegen und durch zunehmende Bebauung an Reiz verlieren. In **Vueltas** hat sich wenigstens in Nähe des Hafens noch eine recht ursprüngliche Atmosphäre halten können. Neben einigen Touristenunterkünften gibt es dort Bars und Restaurants und im Ansatz auch ein gewisses Nachtleben. Hier legen im Sommer die Tragflächenboote nach San Sebastián und Los Cristianos auf Teneriffa ab. In der Nachbarsiedlung **La Playa Calera** geht es zwar ruhiger

zu, dafür schießen hier immer mehr Apartmenthäuser aus dem Boden. Wer Abwechslung zur nahen belebten Playa del Inglés sucht, findet in den westlich gelegenen Buchten schöne Sandnischen.

Der alte Ortskern **La Calera** ❼ liegt in Sichtweite auf einem kleinen Hügel am Taleingang. Die Straßen sind mit Blumen umsäumt, und kleine Boutiquen, Restaurants und Frischwasserkanäle haben es zum Montmartre von La Gomera gemacht, was sich auch in den hohen Häuserpreisen widerspiegelt. In den Lebensmittelläden kann man den direkt vor Ort hergestellten Palmhonig *miel de palma* erwerben. Die »Arbeitspalmen« in der Umgebung kann man leicht an den Zinnkragen zu erkennen, mit denen die Ameisen wirksam von dem süßen Saft abgehalten werden.

Miel de palma
→ »Dattelhonig«, für dessen Herstellung der von den Palmen abgezapfte Saft zu einem dicken Sirup gekocht wird.

Radverleih und mehr
Die **Bike Station Gomera** verleiht nicht nur Fahrräder, sondern ist auch die Topadresse für organisierte Touren.
La Puntilla 7,
Tel./Fax 922 80 50 82.

▶ **Unterwegs zum Strand**

Ausflug in den Nationalpark Garajonay

Die neue Straße von Valle Gran Rey nach San Sebastián schneidet direkt durch das bewaldete Inselinnere (s. S. 208). Die alte Straße hingegen windet sich mühsam durch El Cercado und Chipude in Richtung Süden. Beide Dörfer erkämpften sich zwischen undurchdringlichen Wäldern und unfruchtbaren, verkarsteten Hügeln mühsam ihren Lebensraum.

El Cercado ❽ ist berühmt für seine Töpferwaren, die wie früher ohne Töpferscheibe hergestellt werden. Einige gute Bars bereiten einheimische Gerichte zu, die nach einer Wanderung durch den Nationalpark besonders gut schmecken.

Ein noch besserer Ausgangspunkt für eine Expedition in den fast unberührten Wald ist jedoch **Juego de Bolas** (geöffnet Di–So 9.30–16.30, Tel. 922 80 09 93). Um das Besucherzentrum zu erreichen, muss man einige Kilometer zurückfahren

und bei Las Rosas die Abzweigung nehmen. Das Zentrum liegt zwar etwas außerhalb des Nationalparks, bietet aber eine Fülle an Informationen über Flora und Fauna, dazu anschauliche Modelle und Ausstellungsstücke, ein kleines Museum mit dem Querschnitt durch ein Gomera-Haus sowie Ton- und Korbwaren und Webdemonstrationen; letztere werden allerdings nur bei Ankunft von Reisebussen abgehalten. Im Garten wachsen Kräuter, die für die Medizin ebenso verwendet werden wie für die einheimische Küche. Ein anschauliches Video klärt über die typischen Inselbräuche auf.

Die hl. Jungfrau
Die einsame Kapelle auf einem Vorsprung im Meer beherbergt die Jungfrau von Guadalupe, die alle fünf Jahre (nächster Termin: 2003) Anfang Oktober zu einer großen Fiesta mit dem Boot nach San Sebastián gebracht wird. Dort angekommen, wird sie von einer großen Menschenmenge begleitet und durch die blumengeschmückten Straßen getragen.

◀ Frauen in Festtracht für den »Baile del Tambor«

Baile del Tambor

Während viele traditionelle Folkloreveranstaltungen auf den gesamten Kanaren nach ähnlichem Muster ablaufen, ist der Trommeltanz auf La Gomera etwas ganz Besonderes. Die Tänzer erscheinen in auffallend bunten Kostümen, Männer und Frauen postieren sich in Reihen gegenüber. Dann führen sie einen ritualisierten Tanz auf, der vom Rhythmus der Trommeln (tambores) und Kastagnetten (chácaras) begleitet wird. Die Trommler stimmen dazu einen monotonen Männergesang an, der in Versform vorgetragen wird und zum Teil nicht enden wollende Alltagsgeschichten wie Glück, Liebe und Tod zum Inhalt hat. Die Tänzer mit dem größten Stehvermögen setzen ihre behutsamen Schritte so lange fort, bis die Musik endet, wer müde wird, kann sich jedoch ohne Aufsehen aus der Reihe lösen. Doch selbstverständlich ist es Ehrensache, die Zeremonie bis zum Ende durchzustehen.
Ursprünglich wurde der Tanz zwischen dem 15. und 17. Jahrhundert in ganz Spanien ritualisiert, doch diese Tradition wurde nur auf La Gomera bewahrt. Auch heute ist der Baile del Tambor bei fast allen Festen zu beobachten. Nähere Informationen erhält man im Touristenbüro von San Sebastián.

In den Bücherregalen der integrierten Bibliothek ist auch der von der ICONA herausgegebene Parkführer zu finden. Er enthält zahlreiche Tourenvorschläge und ist vor allem jenen Wanderern nützlich, die den Park auf eigene Faust erkunden wollen. Die meisten markierten Routen verlaufen von Nord nach Süd und sind leicht zu finden. Die Hauptstraße TF-713 führt mitten durch den Park an Picknickplätzen und Aussichtspunkten vorbei, man kann das Auto also an vielen Stellen stehen lassen und die Wanderung beginnen. Als Faustregel bei jedem Ausflug gilt, keine Brandherde zu legen. Auch wenn diese Wälder auf Grund des oft einfallenden Nebels feucht sind und ein Gefahrenpotential auf den ersten Blick nicht erkennbar ist, stellen Waldbrände im Sommer ein zentrales Problem dar. 1984 wurden hier 21 Menschen vom Feuer eingeschlossen und getötet.

Besonders lohnend ist vom **Juego de Bolas** die Strecke über Las Acevinos nach El Cedro, auch wenn der Zedernwacholder hier längst verschwunden ist. Die **Ermita Nuestra Señora de Lourdes** im Wald oberhalb des Dorfes wurde von der 1964 verstorbenen Engländerin Florence Parry gestiftet. Am letzten Sonntag im August pilgerten früher viele Wallfahrer zu der Kapelle, die einen kleinen Altar und schlichte Holzbänke beherbergt.

Von der Kapelle führt ein Weg zu einer Lichtung nahe der Hauptstraße nach **La Laguna Grande**. Das Restaurant von La Laguna erinnert nicht nur auf Grund des offenen Kamins an eine Blockhütte und eignet sich deshalb sehr gut als Rastplatz nach einer langen Wanderung.

Mit einer Fläche von 3984 Hektar ist der **Parque Nacional de Garajonay ❾** im Verhältnis zu den acht weiteren Nationalparks Spaniens zwar relativ klein, dafür konnte hier der uralte, mit Moos und Epiphyten bewachsene Zedernwald überleben, der einst ausgedehnte Regionen der Subtropen bedeckte. 1986 wurde der

Seite **200**

▲ ▼ **Der Parque Nacional de Garajonay ist berühmt für seinen alten Zedernwald und eindrucksvolle Felsformationen**

Seite 200

Picknickplatz
La Laguna Grande eignet sich vorzüglich zum Campen und Picknicken. Mit seinen Schaukeln und Klettermöglichkeiten ist es zudem ein schöner Spielplatz für Kinder. Die sanitären Anlagen sind sauber, an zahlreichen Feuerstellen kann man grillen.

Wald von der UNESCO in die Liste des Weltnaturerbes aufgenommen.

Wer den Park zum ersten Mal besucht, strebt in der Regel dem **Alto de Garajonay** zu. Der 1487 m hohe Pico (Gipfel) des Garajonay wurde der Überlieferung zufolge nach dem Liebespaar Gara und Jonay benannt, die lieber auf dem höchsten Punkt der Insel Selbstmord verübten, als für immer getrennt zu bleiben. Vom Rastplatz **Pajarito,** an dem auch der aus San Sebastián kommende Bus hält, führt ein gut markierter Weg zum Gipfel. Die Besteigung nimmt etwa eine Stunde Gehzeit in Anspruch, doch zum Lohn genießt man von oben an klaren Tagen eine herrliche Aussicht auf die gesamten Inseln des Kanarischen Archipels.

Wenige Kilometer nordwestlich liegt der etwa 150 m lange, ellipsenförmige Krater **La Laguna Grande.** Früher sammelte sich im Winter das Regenwasser in der Mitte des Tuffwalls, der daher seine Bezeichnung »Laguna« hat.

◀ **Stimmungsvoller Regenbogen über den Barrancos**
▶ **Der Roque de Cano überragt das Dorf Vallehermoso**

Abwärts zum Strand

An den westlichen Ausläufern des Nationalparks führt hinter Chipude die Straße durch eine Felslandschaft wieder hinunter zum Meer nach **Playa de Santiago ⑩.** An diesem sonnigsten Ort La Gomeras sind die Touristenzahlen noch am ehesten mit denen der großen Nachbarinseln vergleichbar. Die meisten Gäste zieht das moderne Ferienhotel **Jardín Tecina** mit 330 Betten an, das der norwegischen Reederfamilie Fred Olsen gehört. Da Olsen sowohl eine Fährlinie betreibt als auch im Bananenanbau engagiert ist und den gesamten **Barranco Benchijigua** besitzt, gilt der Unternehmer seit langem als ungekrönter König des Eilandes. Lange Zeit leiteten die Olsens im Ort auch eine kleine Fischverarbeitungsfabrik. Inzwischen wurde diese zwar geschlossen, doch der Fischfang ist nach wie vor von großer Wichtigkeit für das Dorf. Sobald die Boote mit ihrem Fang anlegen, kommen die Lastwagen eilig heran, und gierige Rochen suchen am Grund des Fischerhafens nach Beute. Während das Hotel Jardín Tecina von weitem selbst wie ein neues Dorf aussieht, zerfällt das einst bedeutende Benchijigua am Fuße der Felsen Roques Agando und Zarzita y Ojila zusehends; der Ort wirkt heute wie ausgestorben.

An der Stelle, wo Peraza der Jüngere den Tod fand, schließt die Santiago-Route wieder zur Straße über den Bergrücken auf. Von hier aus geht es stetig bergab bis nach San Sebastián, man erkennt den Fährhafen schon von weitem. Wer zu spät dran ist, kann also schon lange vor der Ankunft in San Sebastián beobachten, wie sich die Fähre langsam, aber sicher vom Kai Richtung Teneriffa löst. In diesem Fall ist es gewiss das beste, dem Pfad zum **Mirador El Santo** mit der 7 m hohen, 1958 aufgestellten Statue des **Sagrado Corazón de Jesús** (heiliges Herz Jesu) zu folgen und in Ruhe den Sonnenuntergang über dem Meer zu beobachten, bevor man sich in Ruhe eine Unterkunft sucht und die ruhige Abendstimmung auf La Gomera genießt. ■

La Palma

Einst brachten die nordöstlichen Passatwinde Handelsgaleonen auf ihren Weg von der Iberischen Halbinsel nach Südamerika zur Insel von San Miguel de la Palma. Heute bringen dieselben Winde zur Freude von La Palmas Bewohnern nur noch Regen und Nebel, wodurch eine üppige Vegetation gedeiht, die der Insel den berechtigten Namen La Isla Verde (die grüne Insel) eingetragen hat. Im Gegensatz zu den trockenen östlichen Inseln des Archipels findet man hier ein wahres blühendes Paradies vor.

La Palma wird mit ökologisch-umsichtiger Hand regiert, und man hat es im Gegensatz zu anderen Kanarischen Inseln verstanden, der Entwicklung touristischer Superlativen einen Riegel vorzuschieben. Denn die Palmeros lieben und schützen die Schönheit ihrer Insel, wie die weiten Wälder oder die rund um das Jahr blühenden Pflanzen. Eine touristische Infrastruktur ist zwar in Ansätzen vorhanden, doch es gibt kaum Hotelanlagen, die übermäßig die Landschaft verschandeln.

La-Palma-Erfahrungen sind von einfacher Art. Sie müssen entdeckt und dann in Gesprächen nochmals erlebt werden: zum Beispiel in einem *bodegón* mit gestampftem Erdboden, an einem Holztisch bei deftigen Fisch- und Fleischgerichten mit Schrumpfkartoffeln *(papas arrugadas)*, Mojo zum Tunken und dunklem Rotwein, der aus Trauben stammt, die keine 200 m entfernt angebaut wurden.

Mit 28 km Breite, 46 km Länge und 30 km² Fläche ist La Palma die fünftgrößte Insel der Kanaren. Hinsichtlich der Bevölkerungszahl rangiert sie auf Platz drei. Von den 80 000 Einwohnern lebt ein Drittel in der Hauptstadt Santa Cruz de la Palma. Der höchste Punkt ist der Roque de los Muchachos (2426 m) am Rande eines gigantischen Vulkankraters, der die nördliche Hälfte der Insel dominiert.

Aufgrund der großen Höhe des Vulkans stauen sich die vom Passsatwind permanent herangewehten Wolken auf der Ostseite der Insel und bringen die notwendige Feuchtigkeit für das Wachstum der üppigen Vegetation. Auf der im Windschatten liegenden Westseite von La Palma ist es hingegen deutlich trockener und karger. Hier scheint fast immer die Sonne, und so kommt es häufig vor, dass man bei der Fahrt durch den Tunnel unterhalb der Cumbre Nueva auf der einen Seite grellen Sonnenschein und auf der anderen Seite dichten Wolkennebel vorfindet.

Die fruchtbare Ostküste ist mit weißen Häusern bebaut, in deren Gärten rote Weihnachtssterne, rosé- und cremefarbener Oleander und Geranien in allen Farben gedeihen. Über der Küste, am Fuße der Berge, sind die Terrassen entweder übervoll mit Obst- und Gemüsepflanzen oder liegen verlassen im Sonnenschein. denn auf der Suche nach besser bezahlten Jobs wandern auch heute noch Palmeros auf das spanische Festland oder nach Venezuela aus. In mittleren Berglagen dominiert das Grün der Lorbeer- und Kiefernwälder, und in weiter Ferne sieht man felsige Gipfel, die im Sommer teilweise von Sträuchern und im Winter blendendweiß mit Schnee bedeckt sind.

Eine Küstenstraße führt rund um die Insel, zudem gibt es in der Mitte eine Verbindung zwischen Santa Cruz auf der Ostseite und Los Llanos de Aridane auf der Westseite. Obwohl man selbst mit dem Fahrrad jede dieser beiden Runden an einem Tag schaffen kann, lohnt es sich, mehr Zeit zu investieren, um alle Schönheiten dieser Insel entdecken und genießen zu können. Radfahren und Wandern stehen denn auch ganz oben auf der Hitliste der Urlauberaktivitäten. ■

◀ ◀ **Salzgewinnung bei Fuencaliente – Kolonialarchitektur in Santa Cruz de la Palma**
◀ **Die Lavaküste trotzt der starken Brandung**

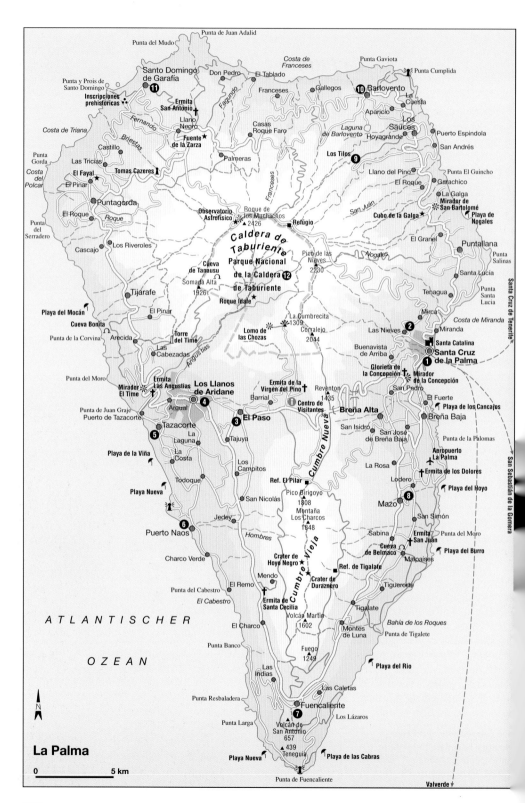

La Palma

Punta de Juan Adalid
Punta del Mudo

Costa de
Franceses
Punta Gaviota
Punta Cumplida

Santo Domingo
de Garafía ❶❶
Don Pedro
El Tablado

Punta y Prois de
Santo Domingo
Inscripciones
prehistóricas
Ermita
San Antonio
Llano
Negro
Fuente
de la Zarza
Casas
Roque Faro
Palmeras

Franceses
Gallegos
❶❶ Barlovento
La
Cuesta

Costa de Triana
Fernando
Aparicio
Los
Sauces

Castillo
Briestas
Laguna
de Barlovento
Hoyagrande
Puerto Espindola
San Andrés

Costa
de Triana
Las Tricias
El Fayal
Tomas Cazeres
Los Tilos ❾
Llano del Pino
Punta El Guincho
Gatachico

Punta
Gorda
El Pinar
Puntagorda
El Roque
San Juan
El Roque
Cubo de la Galga
La Galga
Mirador de
San Bartolomé
Playa de
Nogales

Costa
del
Polcar
Roque
Observatorio
Astrofísico
Roque de
los Muchachos
▲ 2426
Refugio
El Granel

Punta
del
Serradero
Cascajo
Los Riveroles
Caldera de
Taburiente
Vogales
Puntallana
Punta
Salinas

Cueva
de Tanausu
Parque Nacional
de la Caldera
de Taburiente ❶❷
Pico de las
Nieves
2230
Santa Lucía
Punta
Santa
Lucía

Playa del Mocán
Tijárafe
Somada Alta
1926
Roque Idafe
Tehagua
Mirca
Costa de Miranda

Cueva Bonita
El Pinar
La Cumbrecita
1309
Corralejo
2044
Las Nieves
Miranda
❷

Punta de la Corvina
Arecida
Torre
del Time
Lomo de
las Chozas
Buenavista
de Arriba
Santa Catalina

Las
Cabezadas
Angustias
Santa Cruz
de la Palma ❶

Punta del Moro
Ermita
Las Angustias
Los Llanos
de Aridane
Ermita de la
Virgen del Pino
Reventón
1435
Glorieta de
la Concepción
Mirador
de la Concepción
San Pedro

Mirador
El Time
Barrial
Centro de
Visitantes
Breña Alta
El Fuerte
Playa de los Cancajos

Punta de Juan Graje
Puerto de Tazacorte
Argual ❸ El Paso ❹
San Isidro
San José
de Breña Baja
Breña Baja
Punta de la Palmas

Tazacorte ❺
La
Laguna
Tajuya
Los
Campitos
La Rosa
Aeropuerto
La Palma

Playa de la Viña
La
Costa
Ref. El Pilar
Lodero
Ermita de los Dolores
Playa del Hoyo

Playa Nueva
Todoque
Pico Birigoyo
1808
Montaña
Los Charcos
1848
Mazo ❽

Puerto Naos ❻
San Nicolás
Hombres
Sabina
San Simón

Charco Verde
Jedey
Crater de
Hoyo Negro
Cumbre Vieja
Ermita
San Juan
Cueva
de Belmaco
Malpaises
Playa del Burro

Mendo
Crater de
Duraznero
Ref. de Tigalate
Tiguerorte

Punta del Cabestro
El Remo
El Cabestro
Ermita de
Santa Cecilia
Tigalate

Volcán Martin
1602
Bahía de los Roques

A T L A N T I S C H E R
El Charco
Montes
de Luna
Punta de Tigalete

Punta Banco
Fuego
1249
Playa del Río

O Z E A N
Las
Indias
Las Caletas

N
Punta Resbaladera
Fuencaliente ❼
Playa de las Cabras

Punta Larga
Volcán de
San Antonio
657
Los Lázaros

Playa Nueva
▲ 439
Teneguía
Playa de las Cabras

Santa Cruz de Tenerife
San Sebastián de la Gomera
Punta de Fuencaliente
Valverde

Der Süden von La Palma

Seite 216

Von der sehenswerten Hauptstadt Santa Cruz de La Palma geht es auf einer Rundtour zur anderen Inselseite in den Fischerort Tazacorte und von dort hinunter an die vulkanische Südspitze der Insel

Santa Cruz de la Palma ❶ würde auf Anhieb den Preis für die schönste Hauptstadt der Kanarischen Inseln gewinnen. Die wichtige Hafenstadt mit ihren rund 18 000 Einwohnern liegt wie in einem Amphitheater eingeschlossen von den Wänden eines ehemaligen Vukankraters. Auf den ersten Blick scheinen moderne Hochhäuser die Stadt zu dominieren, aber der Hafenbereich und die Straßenzüge um die Avenida Marítima beheimaten zahlreiche öffentliche und private Häuser aus dem 16. Jh., die mit ihren aufwändig geschnitzten und bemalten Holzbalkonen einzigartig auf dem Archipel sind.

Es wird behauptet, daß Santa Cruz im 16. Jh. nach Sevilla und Antwerpen der drittgrößte Hafen des spanischen Imperiums gewesen sei. Die Stadt war 1553 wohlhabend genug, um von dem französischen Piraten François Le Clerc, auch als *Pato de Palo* (Holzbein) bekannt, geplündert und niedergebrannt zu werden. Mit Hilfe eines königlichen Kredits konnte sie jedoch in einer auf den Kanaren einzigartigen architektonischen Einheit wieder aufgebaut werden.

Der Hafen ist nicht nur der einzige Zugang nach Santa Cruz de la Palma, er ist gleichzeitig auch das Herz der Stadt. Während des *carnaval* feiert man hier das »Begräbnis der Sardine«, eine Fiesta, bei der die kirchlichen und staatlichen Autoritäten verspottet werden.

In der Nähe des Hafens trägt eine Straße überraschenderweise den Namen Calle O'Daly, nach einem amerikanischen Bananenhändler irischen Ursprungs. Aufgrund ihrer katholische Religion und der guten Kontakte nach Amerika sorgten die ren dafür, dass ein Großteil des Handels mit der Neuen Welt über die Kanarischen nseln lief. In der Calle O'Daly, die an einer nicht genau festgelegten Stelle in die Calle Real übergeht, stehen die Häuser der Kolonialhändler im späten Renaissance-Stil des 17. und 18. Jhs. In einem davon, dem Palacio Salazar, ist heute die Touristeninformation untergebracht.

Imperialer Glanz

Die **Plaza de España** spiegeln den Glanz vergangener Zeiten auch heute noch wider. Die lange Seite dieses Dreiecks wird von der Calle O'Daly und den Casas Consistoriales (1563), dem heutigen **Rathaus** *(Ayuntamiento)*, gesäumt. Die Arkaden des Rathauses zeigen unter anderem die

▷ **Ein Palmero – stets gelassen**

**Touristen-
information**
Im Palacio Salazar in
der Calle O'Daly 22
ist heute die Touris-
teninformation
untergebracht. Das
Gebäude hat einen
sehr schönen
Innenhof, den
man durch einen
schmalen Durchgang
erreicht (Mo–Fr
8.30–13, 16–18,
Sa 10–14 Uhr,
Tel. 922 41 31 41).

▼ **Die Hauptstadt
der Insel, Santa
Cruz de la Palma**

Büste Philips II. und die Wappen von La
Palma und der Habsburger. Besonders beeindruckend ist die Holzdecke im Säulengang des Treppenhauses. Hier kann man
auch die Flagge bewundern, mit der Lugo
die Insel La Palma für Spanien einnahm.
Zum Epiphanias-Fest am 6. Januar kommen jedes Jahr die Heiligen Drei Könige
ins Rathaus. An diesem Tag, der das Ende
der Weihnachtsfeiertage bedeutet, erhalten Kinder ihre Weihnachtsgeschenke.

Die Eingangshalle des Rathauses enthält eine prächtige Holzdecke, und im
Innern des Gebäudes führt eine eindrucksvolle Treppe zum Büro des *alcalde*
(Bürgermeister), in dem die Flagge des Er-
oberers Alonso Fernández de Lugo in
einer Glasvitrine aufbewahrt wird. De Lugo eroberte 1492 die Insel im Auftrag der
Krone von Kastillien, und er brauchte ein
ganzes Jahr, um die Ureinwohner auszu-
rotten. Die Guanchen, auf La Palma *Be-
nahoares* genannt, nutzten die landschaftlichen Begebenheiten der Insel aus und

versteckten sich in den hohen Bergen der
Caldera de Taburiente. De Lugo beging
Verrat, indem er die Führer zu Friedens-
gesprächen einlud und sie dabei überwäl-
tigte. Die Bevölkerung wurde großenteils
getötet, die Überlebenden als Sklaven
nach Spanien gebracht.

Fromme Orte ▬▬▬

Direkt gegenüber vom Rathaus steht die
Iglesia El Salvador, die Pfarrkirche der
Stadt, die nach Le Clercs Brandschatzung
fast vollständig neu aufgebaut werden
musste. Ihr Renaissanceportal stammt von
1585, der Innenraum ist von einer Mude-
jár-Decke mit geschnitzten geometrischen
Mustern überspannt.

Die Palmeros betrachten die Kirche als
Kathedrale, und Karfreitag ist für sie der
Höhepunkt des Kirchenjahres. Dann setzt
sich von hier die Prozession der Gläubi-
gen in Sonntagskleidung in Bewegung.
Die Männer schwitzen unter dem Ge-

wicht der schweren Tragen, auf denen die Heiligenstatuen stehen. Beeindruckend und Furcht erregend zugleich sind die Teilnehmer in den schwarzen Talaren und Spitzhüten mit Sehschlitzen: Sie wollen nicht erkannt werden, aber dennoch ihre Frömmigkeit unter Beweis stellen. Barfuß, mit Ketten an den Füßen, tragen sie schwere Kreuze oder fixieren die Kreuzigungsinstrumente, die sie auf schwarzen Kissen vor sich hertragen. Frauen in schwarzer Kleidung und wunderschönen Spitzen-Mantillas folgen der Prozession.

Museen und Märkte ————

Ein kurzes Stück nach der Kirche trifft die Calle O'Daly auf die Avenida del Puente, obwohl der Begriff *puente* (Brücke) heute nicht mehr angebracht ist, da der kleine Fluss heute kanalisiert ist und unterirdisch vorbei fließt, sofern er überhaupt Wasser führt. Ganz in der Nähe wird in einer Halle der traditionelle **Mercado Muncipal** ab-

gehalten, auf dem Produkte wie Zigarren, Avocados, Mandeln, Kaktusfeigen *(tunas)*, Bananen und Fisch sowie geräucherter und gepresster Ziegenkäse *(queso blanco)* feilgeboten werden. Samstagmorgens bietet der umliegende Blumenmarkt ein farbenprächtiges Bild. Am Beginn der Avenida del Puente stehen noch die alten Bellido-Windmühlen, deren Segel jedoch schon seit langem nicht mehr aufgespannt werden.

Nördlich der Avenida del Puente geht die Calle O'Daly in die Calle Pérez del Brito über, die sich durch schmale Plätze mit Springbrunnen und Christuskreuzen windet. Letztere werden an Feiertagen, besonders am 3. Mai, dem *Día de la Santa Cruz,* mit Blumen und farbigem Seidenpapier geschmückt.

Auf der **Plaza de San Francisco,** einer der größeren Plätze auf der linken Seite, steht die Iglesia de San Francisco, deren Holzdecke genauso aufwändig geschnitzt ist wie die der Iglesia El Salvador. Der

Seite
216

▲ **Schmackhafter Ziegenkäse – eine lokale Spezialität**
▼ **Hölzerne hohe Balkonerker zeugen von arabischen Einfluss in der Architektur**

Konvent auf der Längsseite beherbergt heute ein Museum mit den klangvollen Namen **Museo de Etnografía, Arqueología, Ciencias Naturales y Pintura** (Museum für Volkskunde, Archäologie, Naturwissenschaft und Kunst (Mo–Fr 9 bis 14 Uhr und 14–16.30 Uhr, Eintritt), ein buntes Durcheinander aus Antiquitäten und ausgestopften Tieren. Doch schon allein die Architektur des Konventgebäudes aus dem 16. Jh. ist einen Besuch wert.

Am Ende der Calle Pérez del Brito befindet sich ein Gebäude, das als **Barco de la Virgen** bekannt ist und das **Museo Naval** (Schifffahrtsmuseum) mit diversen Seekarten, nautischem Gerät und Modellschiffen (Mo–Fr 9.30–14 Uhr und 16 bis 18.30 Uhr, Eintritt) beherbergt. Wie der Name schon sagt, hat das Museum die Form eines Bootes: Es ist die in Beton gegossene, maßstabsgetreue Nachbildung der *Santa María*, des Schiffes, mit dem Christoph Kolumbus nach Amerika segelte. Die Palmeros würden damit gerne glauben machen, dass Kolumbus auch ihre Insel besucht hat, was aber leider nicht den Tatsachen entspricht. Es war auf der Nachbarinsel La Gomera, wo er seine Vorräte auffüllen und sich von der liebestollen Gräfin Beatriz de Bobadilla – ein Ruf überdauert manchmal Jahrhunderte – unterhalten ließ. Die Barco spielt eine wichtige Rolle in der *Fiesta Virgen de las Nieves.*

Auf einem Vorsprung auf der anderen Seite des Tals liegen die Ruinen des **Castillo de la Virgen.** Auf dem Rückweg in die Innenstadt am Meer entlang (Avenida Marítima) passiert man das sternförmig angelegte **Castillo de Santa Catalina.** Die beiden Festungen dienten im 16.–18. Jh. zur Abwehr von Seeräubern. Der englische Freibeuter und königliche Admiral Sir Francis Drake ist deshalb unter die Berühmtheiten einzureihen, denen es verwehrt war, der Insel einen Besuch abzustatten – seine Angriffe konnten 1585 erfolgreich zurückgeschlagen werden.

Parken
Da die Bauherren des Mittelalters unser heutiges Verkehrsaufkommen nicht eingeplant haben, sind Parkplätze im Zentrum von Santa Cruz ziemlich rar. Es empfiehlt sich daher, das Auto bereits an der Stadtgrenze abzustellen, zumal die Wege in die Innenstadt nicht weit sind.

Die südliche Schleife

Der südliche Teil La Palmas ist auch heute noch vulkanisch aktiv, und unzählige Vulkanausbrüche haben in den vergangenen Tausenden von Jahren die Täler mit Lava und Asche aufgefüllt, wodurch die scharfen vulkanischen Konturen ausgeglichen wurden. Das ist sehr gut zu erkennen, wenn man von Santa Cruz auf der Hauptstraße C-832 Richtung Süden fährt. Die Straße schwenkt später in einer Serpentine nach Norden und führt in einem Straßentunnel durch einen alten Vulkankrater (La Caldereta). Eruptionen der jüngsten Vergangenheit haben ihn wieder aufgefüllt, Wind- und Wassererosion dann aber nochmals freigelegt, sodass er heute aussieht, wie mit einem Messer zerschnitten. Es lohnt sich, am **Mirador de la Concepción** bei La Caldereta anzuhalten und von dort die herrliche Aussicht auf Santa Cruz zu genießen.

Kurz nach dieser Stelle zweigt eine Nebenstraße Richtung Norden nach **Las Nieves ❷** ab, dem Ort, wo im **Rea**

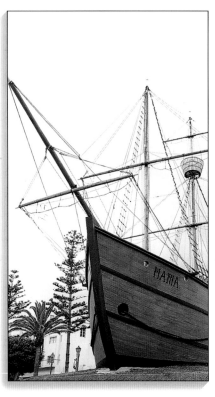

◄ Eine Nachbildung von Kolumbus' »Santa María« in Santa Cruz

Sanctuario de la Virgen de las Nieves das geistliche Zentrum La Palmas liegt. Man kann diesen Ort vom Zentrum in Santa Cruz auch zu Fuß erreichen, der Weg den Berg hinauf ist etwa 3,5 km lang. Über dem Altar in der weiß getünchten Kirche befindet sich die Statue mit der höchsten religiösen Verehrung (s. S. 238).

Zurück auf der Hauptstraße, fährt man Richtung Westen, die Straßenschilder nach El Paso führen einen direkt in einem Tunnel durch das »Rückgrat« der Insel hindurch. Es ist ein eigenartiges Gefühl, im nebel- und wolkenverhangenen Osten in den Tunnel zu fahren und am anderen Ende von gleißendem Sonnenlicht empfangen zu werden. Diese Zweiteilung des Klimas entsteht durch die Bergkette der Cumbres in der Mitte der Insel. Schaut man von der Westseite zurück auf den zentralen Bergrücken, kann man öfters beobachten, wie die Wolken gleich einem flüchtigen Wasserfall *(cascada)* über den Grat fließen.

Wer etwas holprigere Straßen nicht scheut, der sollte die Strecke über die Cumbres nach El Paso wählen, die über Breña Alta, mit den Ortsteilen San Pedro (mit traditioneller Zigarrenherstellung) und San Isidro (mit den berühmten Zwillingsdrachenbäumen), führt. **El Pilar,** eine einsame Lichtung im Gebirgswald, ist an Sonn- und Feiertagen bevölkert von Ausflüglern, die hier ihre *sopa de garbanzos* (Kichererbsen-Suppe) oder auch mal ein Spanferkel zubereiten.

Der Weg über die Vulkane

In El Pilar liegt die Grenze zwischen den Erhebungen der Cumbre Nueva (Neuer Gipfel), die sich nach Norden erstreckt, und den nach Süden verlaufenden älteren Gipfeln der Cumbre Vieja (Alter Gipfel). Wenn Sie Letztere erkunden möchten, brauchen Sie nur der **Ruta de los Volcanes** zu folgen, einer anspruchsvollen sie-

Seite 216

Chipi Chipi
Unweit der Kirche Real Sanctuario de la Virgen de las Nieves lädt das Restaurant in einem der blumengeschmückten Holzkabinette zu einem stilvollen Abendessen ein (Tel. 922 41 10 24, Mi Ruhetag).

▼ **Der Real Santuario de la Virgen de las Nieves**

benstündigen Wanderroute, die auf einem Grat verläuft, vorbei am Krater **Hoya Negro,** und in Fuencaliente an der Südspitze von La Palma endet. Um ein Gefühl für die Vulkanlandschaft zu bekommen und die herrliche Aussicht über die Westküste genießen zu können, reicht es auch aus, wenn Sie nur die ersten 1–2 km dieses Wegs begehen.

Mondlandschaften

Klare Sicht
Wer auf der Ruta de los Vulcánes wandern möchte, sollte möglichst früh aufstehen, denn dann ist die Sicht am besten – spätestens gegen Mittag ziehen meist Wolken auf.

▼ Eine Romería in El Paso

Hinter El Pilar durchquert die Straße eine Mondlandschaft, die während des letzten Ausbruchs des **Tacande** entstand, als sich ein Lavastrom westwärts gen El Paso ergoss und die Landschaft dort nachhaltig prägte. Untersuchungen an Baumresten, die in der Lava eingeschlossen waren, haben mittlerweile ergeben, dass das ursprünglich angenommene Ausbruchsdatum im Jahr 1585 auf die Zeit zwischen 1470 und 1492 vorverlegt werden muss. Die historischen Aufzeichnungen, die auf das Jahr 1585 verwiesen, waren eine falsche Interpretation eines parallel verlaufenden Lavastroms, der sich im Jahr 1712 bei Jedey in der Nähe von Puerto Naos in Richtung Küste floss.

Vom höchsten Punkt der Straße hat man einen schönen Blick nach Westen und Norden in die große **Caldera de Taburiente** (s. S. 234 ff.). Die weißen Punkte auf der am weitesten entfernten senkrechten Wand der Caldera markieren die Kuppeln des Observatoriums auf dem Roque de los Muchachos (s. S. 233).

Südlich der Straßengabelung liegt der **Volcán de San Juan,** aus dem zuletzt 1949 Lava floss, ein wildes und zerklüftetes Durcheinander aus schwarzem Basalt mit einer Lavaspalte, die entstand, als der heiße Lavastrom schließlich abebbte und die bereits abgekühlten Wände zurückließ. Wer in Richtung Norden hinunterfährt, gelangt direkt auf die gepflasterte, mit Mohnblumen gesäumte Landstraße, die an **El Paso ❸** vorbei führt. Um einen

Blick auf die im traditionellen Stil erbauten Häuser mit verzierten Schornsteinen werfen zu können, die ein wenig an thailändische Kulthäuser erinnern, muss man schon in eine der kleinen Seitenstraßen abbiegen. In den brachliegenden Gärten haben sich die Feigenkakteen breitgemacht, die früher zur Züchtung der Koschenille-Laus benutzt wurden. Die Insekten, die man damals zur Herstellung roter Lebensmittelfarbe verwendete, hängen in Trauben an den saftigen Blättern. Kurz vor El Paso sollte begeisterte Hobbygärtner und Freunde tropischer Vögel den **Parque Paraiso de las Aves** besuchen (täglich 10–18 Uhr geöffnet, Eintritt).

Das Valle de Aridane

Nach etwa 6 km kommt man nach **Los Llanos de Aridane ❹**, mit 16 000 Einwohnern die zweitgrößte Stadt La Palmas. Es gibt dort eine schöne Kirche und rund um den Marktplatz einige alte kanarische

Häuser. Die Stadt liegt eingebettet in einem fruchtbaren grünen Tal, auf zahlreichen Plantagen werden Mandeln, Feigen, Avocados und Bananen angebaut. Bei den Häusern auf dem Land fallen die bunt blühenden exotischen Blumen und Büsche auf, wie scharlachrote Poinsettias, Hibisken und Bougainvilleen. Am Stadtrand von Los Llanos de Aridane kommt in Richtung El Paso der **Pueblo Parque de Palma** (Mo–Sa 10.30–17 Uhr, Eintritt), ein botanischer Garten mit gut 6 000 subtropischen Pflanzen sowie einigen Läden, die Handwerksgegenstände anbieten.

Zur Küste hinab

Von Los Llanos de Aridane lohnt ein kleiner Abstecher Richtung Nordwesten, nach **El Time,** das am Ende des Taleinschnitts liegt, der den Zugang zur **Caldera de Taburiente** (s. S. 234 ff.) bildet. Auf einem Vorsprung über dem Abgrund wurde ein Terrassenrestaurant gebaut, das einen

Seite
216

▲ Opuntien und Pfirsichplantagen in der Umgebung von El Paso

▼ Teppichweberei ist einer der lokalen Handwerkszweige

schönen Ausblick über Los Llanos und Tazacorte sowie im Süden auf die Bananenplantagen in den westlichen Ebenen ermöglicht. Die 1949 durch abkühlende Lava entstandene Halbinsel wurde mit Bananen bepflanzt und durch ein Rohrsystem bewässert; fast senkrecht sind die Rohre an der Talwand angebracht und versorgen die Wasserreservoirs am Talgrund. Auch hier zeigt sich wieder der im Vergleich zu anderen Kanarischen Inseln große Wasserreichtum von La Palma.

Tazacorte

Unten an der Küste liegt der Hafen von **Tazacorte** ❺, wo im Jahre 1492 Alonso Fernández de Lugo landete und den Guanchenkönigen ihr Benahoare (»Land der Ahnen«) durch Täuschung und Verrat abnahm. Heute ankern im Hafen Fischerboote und Yachten, und in den Uferrestaurants kann man frischgefangene Fische jeglicher Art kosten – schmackhaft sind

Mit dem Rad unterwegs
Für Mountainbiker bietet La Palma hervorragende Pisten. Ein ideale Anlaufstation ist **Bike'N'Fun** in Los Llanos de Aridane, Tel. 922 40 19 27.

▼ **Auf Fischfang bei Tazacorte**

sie alle, beispielsweise Brasse *(sama)* oder der Papageienfisch *(vieja)*, dessen Weibchen in allen Farben schillert. Tazacorte ist ein reizendes Städtchen, in dem noch die traditionellen Häuser mit ihren Balkonen die steilen Straßen säumen. Auf dem Marktplatz spielen die Alten und Jungen Schach oder vertreiben sich die Zeit mit bunten spanischen Kartenspielen.

Richtung Süden führt ein Abstecher nach **Puerto Naos** ❻ mit dem größten Strand von La Palma aus feinem schwarzen Sand. Hier stehen aber auch die meisten Hotelbauten der Insel, wobei der Rummel schon störend wirkt. Die weiter Richtung Süden verlaufende Straße wurde durch den erstarrten Lavastrom von 1949 blockiert, deshalb muss man auf dem Weg nach Fuencaliente wieder zurück auf die weit oberhalb der Küste verlaufende Hauptstraße.

Weiter östlich von San Nicolás sollte man nach der schönen **Bodegon Tamanca** (Tel. 922 46 21 55) Ausschau halten,

Seite 216

vo ein kanarisches Restaurant in einem Weinkeller aufgemacht hat, der einst in en Berg gegraben wurde. In den alten ässern wird immer noch Wein gelagert, en man mit einer *parilla mixta* (Grillteller mit allerlei Würsten und Koteletts) geießen sollte.

Der vulkanische Süden

m südlichen Ende der Insel führen zwei taubstraßen durch Weinberge, die einen chweren, süßen Wein liefern, zum perekt geformten Kegel des **Volcán de San Antonio** (letzter Ausbruch 1677). Die usgeschilderten Pisten sollte man aber icht verlassen: Manch Unvorsichtiger at sein Gefährt schon bis zur Hinterachse im Staub versinken sehen. Wandern Sie m den San Antonio herum, und erfreuen ie sich an der schönen, aber kalten und vindigen Aussicht über die Küste und en Atlantik. Das nächste Festland in ichtung Süden ist die Antarktis! Wer nicht klaustrophobisch veranlagt ist, kann auch in den Vulkanzylinder hinabrutschen, wo absolute Stille herrscht.

Etwa 3 km weiter südlich erwarten einen wild gezackte Felsen, erkaltete Lavaströme und farbenfrohes Basaltgestein. Hier am **Teneguía** fand nach mehreren Tagen mit seismischen Bewegungen am 26. Oktober 1971 die jüngste Eruption auf den Kanaren statt. Der Trichter der Teneguía-Eruption ist leicht erreichbar, und wer sich für ein paar Minuten auf einen der Felsen setzt, kann die geothermale Energie gut spüren.

Fuencaliente ❼ (»Heiße Quelle«) ist eine kleine Stadt im Süden der Insel. Von hier führt eine befestigte Straße in Serpentinen durch steile, üppig bewachsene Hänge zu einem aufgegebenen Leuchtturm, dem **El Faro de Fuencaliente.** In der Nähe wird in flachen Verdunstungsbecken Salz aus Meerwasser gewonnen. Die Teneguía-Eruption ließ an mehreren Stellen neue Strände aus Lava-Asche ent-

Salud
Rund um den Volcán de San Antonio wächst der süße Wein der Insel (malvasía), der am besten in einer Bodega in Fuencaliente schmeckt.

▼ **Der Volcán de San Antonio**

Seite 216

Casas Rurales
Eine Alternative zum Parador bilden die über ganz La Palma verstreut liegenden Landhäuser. Meist handelt es sich um alte, renovierte Bauernhäuser, die häufig allein in der Landschaft stehen. Auskunft erhält man in der Touristeninformation von Santa Cruz oder bei Turismo Rural unter Tel. 922 43 06 25.

stehen. Der Besitzer eines Strandhauses stellte zum Dank, dass der Lavastrom nur wenige Meter vor seinem Haus stoppte, einen Schrein auf.

Spuren der Ureinwohner

Richtung Nordosten führt eine schöne Route von Fuencaliente durch Kiefernwälder mit zeitweiligem Seeblick und seltener Flora am Wegesrand. Links von der Straße stößt man auf die Höhle **Cueva de Belmaco,** die einst von Guanchen bewohnt wurde. Der Ofen in dieser Höhle ist neu, die Einritzungen in den Stein stammen noch aus alter Zeit. Niemand weiß, was sie bedeuten, sofern sie überhaupt etwas bedeuten. An anderen Orten sehen ähnliche Schnitzereien allerdings entfernt nach einer Schriftsprache aus.

Im Geröll der Belmaco-Höhle hat man auch kleine Tonscherben von Töpferwaren der Guanchen gefunden. Wenige Kilometer weiter nördlich, in **Mazo ❽**, werden diese Guanchentöpfe und -gefäße in der Töpferwerkstatt **Ceramico Molino** von Ramón und seiner Frau Vina reproduziert und verkauft. Die schwarze, mit Öl polierte Oberfläche der Tonwaren ist mit komplexen Mustern verziert, und Ramón zeigt jedem Kunden gerne die Fotos der Originalgefäße, die er kopiert.

Den Fronleichnam feiert man in Mazo auf besondere Weise: Das ganze Dorf wird mit Rundbögen und Teppichen aus Blumen, Samen, Blättern, Flechten und Früchten geschmückt. Am Festtag selbst folgt die Prozession dem Priester über diesen wohlriechenden, zu komplizierten Mustern gefügten Teppich.

In der Nähe der Militärbaracken auf dem Wege nach Santa Cruz liegt der Strand von **Los Cancajos,** der sonntags von den Einwohnern von Santa Cruz bevölkert wird – allerdings nur zwischen Messe und dem Mittagessen. Über den Hafen hinweg hat man von hier einen herrlichen Blick auf die Stadt. ■

◀ Originalgetreue Kopien der Guanche-Keramik werden in Mazo gefertigt
▶ Blumenteppiche sind in Mazo ein fester Bestandteil bei religiösen Prozessionen

Der Parador von La Palma
In ganz Spanien gibt es unter dem Namen Paradores eine Hotelkette, deren Häuser normalerweise in historischen Gebäuden untergebracht sind. Es gibt aber auch Neubauten, so beispielsweise auf La Palma, wo der Parador 1999 auf dem Gemeindegebiet von Breña Baja auf halber Strecke zwischen der Inselhauptstadt und dem Flughafen im kanarischen Architekturstil errichtet worden ist.
Der neue Parador liegt mit Blick auf die Küste inmitten einer herrlichen Naturlandschaft und verfügt über eine großzügige Gartenanlage, die hauptsächlich aus einheimischen Pflanzen besteht. Die 65 Zimmer sind größtenteils mit Balkonen versehen, zudem gibt es einen Swimmingpool und einen Kinderspielplatz. Nähere Informationen unter Tel. 922 43 58 28, zentrale Parador-Reservierung unter Tel. 0034 915 16 66 66 oder in Deutschland unter Tel. (0211) 864 15 20.

Der Norden von La Palma

Seite
216

Im Nationalpark der Caldera de Taburiente wachsen endemische Pflanzen an den steilen Vulkanhängen, und der Nachthimmel zählt zu den dunkelsten und klarsten, die es gibt.

Der Höhepunkt der Nordtour ist die Fahrt auf der Bergstraße zur Caldera de Taburiente. Zu jeder Jahreszeit kann es dort oben sehr kalt sein, und in den Wintermonaten sind die Berggipfel häufig mit Schnee und Eis bedeckt. Sie sollten daher unbedingt warme Kleidung auf diesem Ausflug mitnehmen, ganz egal, wie heiß es unten an der Küste ist. Trotzdem können Sie auch Ihre Badensachen einpacken, da es an der Nordostküste einige schöne Badeplätze gibt.

Von Santa Cruz führt die Straße C-380 in zahlreichen Serpentinen um tief eingeschnittene, vom Wasser ausgewaschene Täler herum, die nördlich der Hauptstadt liegen. Eine großartige Landschaft breitet sich aus, wenn Sie Puntallana und San Bartolomé passieren, eine Landschaft, die zu den geologisch ältesten der Insel zählt. Etwas abseits der Straße liegt bei Puntallana der schönste Strand von La Palma, die **Playa de Nogales.** Folgen Sie von Puntallana den Schildern nach Bajamar und von dort zur Playa de Nogales, parken Sie dann am Ende der Straße und klettern Sie auf einem Steig den Fels hinunter zum Strand. Da die Playa de Nogales schwer zu erreichen ist und der Strand zudem ab mittags im Schatten liegt, hat die touristische Entwicklung hier noch nicht stattgefunden.

Forstzwecken gedient hat, haben sich in dieser feuchten Welt Pflanzenarten erhalten können, die es sonst nirgends auf der Welt gibt. Im **Centro de Visitantes** (Mo–Fr 9–17 Uhr) gibt es eine Karte, in der alle Wanderwege des Parks verzeichnet sind. Die anstrengendste, aber auch interessanteste Route führt zu den 6 km südöstlich gelegenen **Caldera de Marcos y Corderos.** Nehmen Sie Regenmantel und Taschenlampe mit, und folgen Sie den Wasserläufen aufwärts über die steilen Hänge. Der blumengesäumte, etwa 1 m breite Pfad ist in den Fels geschlagen und wird zeitweise vom Wasser verdunkelt, das von den Vorsprüngen tröpfelt.

Los Tilos & San Andrés

Kurz nach San Bartolomé gabelt sich die Straße, und es bieten sich zwei interessante Alternativen: Wer der linken Abzweigung folgt, sollte kurz vor Los Sauces rechts nach **Los Tilos ❾** abbiegen. Hier gibt es einen Park, in dem ein Teil des ursprünglichen kanarischen Lorbeerwaldes unter Schutz gestellt wurde. Da er nie

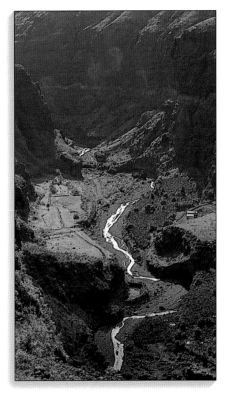

◀◀ **Die Ernte von Bananen ist Schwerstarbeit**
◀ **Die Caldera de Taburiente**
▶ **Während der Trockenzeit versiegen viele Flüsse gänzlich**

Weiter oben bei den Quellen donnert das Nass herab und verliert sich in zahlreichen Bächen.

Folgt man hingegen hinter San Bartolomé der rechten Abzweigung, gelangt man geradewegs nach **San Andrés,** einem entzückenden kleinen Ort mit gepflasterten Straßen und weiß getünchten Häusern. Östlich von San Andrés kann man bei Puerto Espíndola den atemberaubenden **El Charco Azul,** einen natürlichen »blauen Swimmingpool«, bewundern: Eingefasst durch Felswände und immer wieder vom Meer frisch gefüllt, bietet sich eine schöne Badegelegenheit.

Relikte der Guanchen

Die nächste Station an der Hauptstraße ist **Barlovento ⑩.** In der Nähe liegt die Laguna de Barlovento, ein Wasserreservoir mit einem Fassungsvermögen von 5 Mio. m³, das in einem Vulkankrater angelegt wurde. Die Straße von Barlovento nach Garafía wurde erst 1993 asphaltiert und führt durch eine der ärmsten und entlegensten Regionen Spaniens. Etwa 5 km hinter Roque Faro liegt das neue Besucherzentrum von **Fuente de la Zarza** (Mo–Fr 9–17 Uhr), in dem man alles über die geheimnisvollen in den Fels geritzten Zeichen erfahren kann, die hier gefunden worden sind. Auf einem Rundweg kann man die am besten erhaltenen Exemplare besichtigen.

Die nächste Station ist **Santo Domingo de Garafía ⑪**, das inzwischen über eine enge Straße direkt mit Santa Cruz verbunden ist, die sich zum höchsten Punkt der Insel, dem Roque de los Muchachos, hinaufwindet. Bis vor etwa 30 Jahren bestand die einzige Verbindung zwischen Santo Domingo de Garafía und dem Rest der Insel in einem Boten, der einmal wöchentlich mit dem Esel über die Berge kletterte. Mit dem Rest der Welt stand man über einen »Hafen« am Fuße des Berges in Verbindung. Dorthin gelangt man

Templo de Rosario Sehenswert in Barlovento ist die Kirche des Rosenkranzes mit einem aus Sevilla stammenden, 1679 errichteten Taufbecken.

▼ **Windgepeitschte Küste bei Garafía**

auf einer schmalen Straße, die am Friedhof vorbeiführt. Sie endet oberhalb der Steilküste, die letzten zehn Minuten muss man zu Fuß zurücklegen. Nur ein paar Stahlkabel zeugen heute noch von dem Lastenaufzug, der einst die Ladungen von den in der Gischt ankernden Booten heraufholte. Zerfallene Stufen führen an den Klippen hinunter zum Dock. Dort können manchmal Fischadler beobachtet werden.

Der höchste Gipfel

Zum Gebiet von Garafía gehört auch der Roque de los Muchachos mit dem Observatorium (s. S. 237). Anlässlich dessen Einweihung im Jahre 1985 bekam der spanische König vom Bürgermeister symbolisch einen Stab überreicht, mit dem ihm für die Zeit seines Aufenthalts in der Stadt alle Machtbefugnisse übertragen wurden. Das Foto dieses stolzen, feierlichen Ereignisses hängt sicherlich noch immer in der Amtsstube von Garafía.

Das **Observatorio Astrofísico** ist für die Öffentlichkeit geschlossen. Wer sich über die Arbeit der Forscher informieren möchte, kann unter der Web-Adresse www.ing.iac.es nachschauen. Die Straße hinauf zum dem kuppelförmigen Gebäude führt gleichzeitig auf den **Roque de los Muchachos,** mit 2426 m die höchste Erhebung der Insel. Der Gipfel der *muchachos* (Burschen) besteht aus versteinertem Schlamm. Von dort oben genießt man eine grandiose Fernsicht hinunter an die Küste, über den Wolken ist im Südwesten die Spitze von El Hierro zu erkennen, manchmal ragt im Südosten La Gomera hervor, ganz sicher ist im Osten der Gipfel des Teide auf Teneriffa zu sehen. Im Sommer durchschneidet der schnelle Flug der Mauersegler hoch oben am Himmel die Stille über dem Berg, gelegentlich dringt das ferne Läuten von Ziegenglocken an das Ohr. Zuweilen trifft man unvermutet auf wilde Schafe, die diese Höhen immer noch bewohnen.

Seite
216

Seltene Himmelserscheinung
Bei völliger Dunkelheit, klarer Sicht und Neumond kann man zuweilen den Lichtkegel des Wendekreises erkennen. Es handelt sich dabei um Sonnenlicht, das durch eine asteroide Staubwolke abgelenkt wird.

▼ **In zahlreichen Landhäusern findet man Pensionen**

Die Caldera de Taburiente

Hoch über den Wolken
Auch wenn der Blick von Santa Cruz nur einen wolkenverhangenen Himmel zeigt, lohnt sich die Fahrt hinauf in die hohen Berge. Denn meist durchstößt man oberhalb von etwa 1000 Höhenmetern die Wolkendecke und findet schönsten Sonnenschein vor.

▼ **Der Esel – ein bewährtes Transportmittel**

Jemand hat einmal ausgerechnet, dass La Palma der bergigste Platz der Erde sei, wenn man die vielen hohen Gipfel im Verhältnis zur Inselfläche betrachtet. Einer dieser Gipfel, der Roque de los Muchachos, liegt inmitten der **Parque National de la Caldera de Taburiente ⓬**, der größten landschaftlichen Attraktion La Palmas. Um in das **Centro de Visitantes** (Besucherzentrum, Mo–Fr 10–14 Uhr und 16 bis 18 Uhr, Sa 10–15 Uhr) zu gelangen, nimmt auf der Straße zwischen Santa Cruz und Los Llanos de Aridane zwischen dem Tunnel und El Paso die beschilderte Ausfahrt. Im Besucherzentrum gibt es interessante Literatur sowie detaillierte Wanderkarten. Anschließend fährt man weiter in Richtung Norden zum Aussichtspunkt **Mirador de Cumbrecita**. Dort sind ebenfalls Wanderkarten erhältlich, eine davon beschreibt den Weg zum

etwa 1 km entfernten Aussichtspunkt **Mirador Lomo de las Chozas**.

Man kann die Anfahrt zur Caldera auch in Los Llanos de Aridane beginnen, wo der Río de las Angustias durch ein tief eingeschnittenes Tal fließt. Er hat zwei Nebenflüsse, den Río de Taburiente und den Río de Almendro Amargo, die an der Stelle zusammenfließen, die Dos Aguas (zwei Wasser) genannt wird. Der erste Teil der Straße beginnt recht harmlos bei der Kirche in Los Llanos, führt zunächst durch Avocadoplantagen, wird dann aber immer abenteuerlicher und endet schließlich als Feldweg im Kraterauslass, wo sie steil zum Fluss hin abfällt. Ab hier geht es nur zu Fuß oder mit einem vierradgetriebenen Fahrzeug weiter. Das graue, felsige Flussbett ist normalerweise passierbar, außer nach Stürmen oder während der Schneeschmelze im Frühling. Dann steigt der Wasserspiegel im Allgemeinen stark an, und das braun gefärbte Wasser trägt wertvollen Boden hinaus ins Meer.

Auf der anderen Seite von Dos Aguas steigt die Piste langsam an, vorbei an Tabakfarmen bis zu einem Aussichtsplatz, der genau in der Mitte des Kraters unterhalb des Roque de los Muchachos liegt. Wenn hier die untergehende Sonne lange Schatten wirft und das Abendlicht den Farben der Felsschichten besondere Intensität verleiht, berührt eine plötzliche Kälte die Kratersenke und taucht sie ins Dunkel. In der Ferne ragt die Spitze des **Roque Idafe** auf, eines Monolithen, der den Guanchen heilig war und an dem sie dem Gott Abora opferten.

Verrat in der Caldera

Unterhalb des Aussichtspunkts zur Caldera de Taburiente ging 1492 der letzte Guanchenhäuptling Tanausú dem spanischen Eroberer La Palmas, Alonso Fernández de Lugo, in die Falle. De Lugo hatte sich bereits nach seiner Landung in Tazacorte die Stämme der Aridane, Tihuya, Tamanca und Ahenguareme untertan gemacht. Dann bekämpfte er den Stamm der Tigalate und hatte bald den gesamten Süden der Insel unter seine Kontrolle gebracht. In den Hügeln von Aceró, des Guanchengebiets innerhalb der Caldera, traf de Lugo jedoch auf den erbitterten Widerstand von Tanausú und konnte im offenen Kampf nichts gegen ihn ausrichten. Also versuchte er es mit Betrug. Er sandte einen Unterhändler aus, der Tanausú Verhandlungen anbieten sollte. Entgegen dem Ratschlag seines Beraters Ugranfir stimmte Tanausú einem Treffen zu und kam zum Treffpunkt, dem Barranco del Riachuelo. Dort geriet er in einen Hinterhalt de Lugos, wurde nach blutigem Kampf gefangengenommen und auf ein Schiff nach Spanien verfrachtet. Nachdem er den Blickkontakt zur Insel verloren hatte, rief er immer wieder »vacaguaré, vacaguaré« (ich will sterben) und verweigerte die Nahrungsaufnahme; noch während der Reise verstarb er. De Lugo hatte seinen Sieg über La Palma in der Tasche.

Die Caldera

Seite
216

Die Caldera (»Kessel«) war der zentrale Hohlraum eines erloschenen Vulkans, der zum Vorschein kam, als das Dach einstürzte. Die »Dachziegel«, zerborsten und durcheinander, liegen heute noch als Hügel und Felsen auf dem Kratergrund umher. Der Einsturz, der sich vor etwa 400 000 Jahren ereignete, war noch um einiges gewaltiger als die vergleichbare Explosion des Krakatoa vor Java im 19. Jh. Danach blieb der Norden der Insel von vulkanischen Aktivitäten verschont. Der Krater ist mit 9 km Durchmesser zwar nicht, wie oft behauptet wird, der größte der Welt, mit Sicherheit aber einer der eindrucksvollsten. Die Innenwände fallen bis zu 900 m steil ab, und jede Gesteinsschicht zeugt von den unzähligen Ausbrüchen des Vulkans.

Die Straße umrundet den Kraterrand, wobei dieser zusehends schmaler wird, bis er nur noch der Straßenbreite ent-

▲ Zigarren (»puros«) stellt man auf verschiedenen Farmen her
▶ Bunte glasierte Kacheln mit der Darstellung der Eroberung La Palmas

Seite 216

**Halbtags-
wanderung**
Ein empfehlens-
werter Wanderweg
führt vom Parkplatz
am Roque de los
Muchachos vorbei
am Observatorium
zum **Pico de la
Cruz.** Die Wan-
derung dauert hin
und zurück etwa
einen halben Tag.

spricht. An manchen Stellen gibt es Einschnitte in die Basaltwände, geformt aus
geschmolzener Lava, die sich durch Risse
in den Ascheablagerungen hindurch ihren
Weg bahnte. Einer dieser Einschnitte
heißt **Los Andenes** (die Bahnsteige), von
dessen südlichen Seite man hinunter in
den Krater und auf der anderen Seite hinunter zur Nordküste blickt. Nach der
Erosion der Asche stehen manche dieser
»Eruptivgänge« heute offen in der Landschaft und werden, wie zum Beispiel die
Pared de Roberto (Robertos Mauer), in
manchen Reiseführern fälschlich als Ruinen aufgeführt.

Die Straße führt an fantastisch geformten roten und gelben Verwehungen von
Vulkanasche vorbei, die mit fantasievollen
Namen bedacht wurden, zum Beispiel
»Yellow Submarine«. Daneben sieht man
gelbe oder orangefarbene Asche, die
durch die darüberfließende heiße Lava-
decke glutrot gebacken wurde. In dieser
Höhe (um die 2000 m) wird die Gegend

immer kahler, nur ein paar Wacholder-
büsche und Gräser sorgen noch für etwas
Grün. Flache, dickblättrige Pflanzen mit
zum Teil goldfarbenen Blüten bedecken
die Felsen.

Die Gebirgsflora

Wer die steile Straße zur Caldera hinauf-
fährt, muss damit rechnen, dass er an
irgendwann in die Wolken eintaucht, um
später in klare, sonnige Höhen vorzu-
stoßen. Auf dem Weg bekommt man einen guten Eindruck von den einzelnen
Vegetationszonen auf La Palma: Von
400–1000 m Höhe bedeckt immergrüner
Wald den Bergrücken; danach folgt bis
1900 m Kiefernwald, der von alpinem
Buschwerk und seltenen Blumen wie
dem La-Palma-Veilchen abgelöst wird.

An der **Fuente de Olen,** einer kleinen
Quelle mit einem reizenden Picknickplatz, kann man durch Kiefern hindurch
den Ausblick auf Teneriffa genießen. Die
Bäume hängen voller Moosbärte, im Frühling blühen hier weiße und rosafarbene
Zistrosen. Ein häufig zu sehender Strauch
namens *codesco* (s. S. 191) bedeckt dann
für mehrere Wochen die Abhänge mit duftenden gelben Blüten.

An einer Stelle kreuzt die Straße die
Geleise einer Schmalspurbahn, die angelegt wurde, um eine Wasserader in den
Bergen freizulegen. Der Besitzer grub
waagerecht in den Berg hinein, bis er auf
eine Quelle stieß, deren Produkt er jetzt,
abgefüllt in Flaschen, in Mirca verkauft.
Vielleicht sieht man auch unterwegs ein
paar Waldarbeiter beim Zersägen von ab-
geholzten Gagel-Bäumen. Die so gewonnenen Stangen werden unter anderem auf
den Bananenplantagen benötigt, wo sie
die leicht verletzlichen Früchte vom
Stamm fernhalten.

Wer Glück hat, trifft am Straßenrand
vielleicht sogar auf ein Exemplar des *Echium piniana,* einer Natternkopf-Art, die
nur auf La Palma wächst. Der Stiel des seltenen Gewächses, dessen blaue Blüten
nur alle zwei Jahre im Frühling zu bewundern sind, wird bis zu 4 m lang. ■

◄ **Spektakulär
ist die Flora
La Palmas vor
allem im
Frühling**

Blick ins Weltall

Das Observatorium auf La Palma wurden vom Instituto de Astrofísica de Canarias in La Laguna auf Teneriffa gegründete. Es steht auf La Palma, da die Gipfel auf den westlichen Kanareninseln zu den wenigen Stellen auf der Erde gehören, an denen ein dunkler Himmel und eine klare, stabile Atmosphäre die Beobachtung auch der schwächsten und entferntesten Quasare erlauben.

Der Grund für die auf La Palma herrschenden, ausgezeichneten astronomischen Bedingungen ist die besondere geografische Lage der Insel. Das ozeanische Klima der nordwestlichen Kanaren hält die Wolken fast immer unter dem Berggipfel. Die Wolken fangen zudem Schmutzteilchen auf und halten den Nebel auf Meeresniveau; der kalte Kanarenstrom, der von den Britischen Inseln an Portugal vorbei nach Süden fließt, stabilisiert die Luft über dem Roque de los Muchachos.

Wie klar die Luft hier ist, kann man mit dem Feldstecher testen. Obwohl der Teide 130 km entfernt ist, lassen sich Autoscheinwerfer in den Cañadas oder die Lichter von Playa de las Américas auf Teneriffa klar ausmachen. Nachts kann man auch die Lichter der Flugzeuge im 400 km nördlich liegenden Madeira erkennen, und am Horizont gehen Sterne auf und unter, ohne je stark zu verblassen.

Das Observatorio Astrofísico wurde 1985 von Staatsoberhäuptern aus ganz Europa feierlich eingeweiht. Es enthält astronomische Teleskope zur Erforschung von Sonne und Universum. Hier steht das William-Herschel-Teleskop, das größte Teleskop in Europa und das drittgrößte der Welt.

Obwohl das Observatorium für die Öffentlichkeit geschlossen ist, kann man vom nahe gelegenen Roque de los Muchachos aus die riesige Kuppel des William-Herchel-Teleskops gut sehen, das im Besitz der Niederlande und Großbritanniens ist. Sobald sich der Himmel verdunkelt, wird die Kuppel geöffnet, und der riesige Tele-

skop-Spiegel (4,2 m) empfängt Licht von Galaxien, die am anderen Ende des Universums explodieren. Vor dem Observatorium steht ein Bau mit dem in Dänemark hergestellten künstlichen Carlsberg-Meridian.

Ganz in der Nähe steht das 1989 fertig gestellte optische Teleskop mit einem Spiegel von 2,5 m Brennweite. Rechts vom William-Herschel-Teleskop ist in einem Turm ein schwedisches Sonnenteleskop untergebracht. Dieses Teleskop wurde senkrecht aufgestellt und beobachtet die Sonne mittels eines Koelostat-Spiegels, den man oben auf dem Turm erkennen kann. Hinter dem Solarteleskop stößt man auf das 61 cm große schwedische Stellar-Teleskop, das 2,5 m große Isaac-Newton-Teleskop (Großbritannien-Niederlande) und das einen Meter große Jacob-Kapteyn-Teleskop, das Großbritannien, die Niederlande und Irland gemeinsam hier betreiben. ■

▶ Das Observatorium nahe dem Roque de los Muchachos

Die Fiesta de Nuestra Señora de las Nieves

Die Schutzpatronin von La Palma, Nuestra Señora de Las Nieves (hl. Jungfrau vom Schnee), hat ihren Namen von einem Wunder, das sich im 4. Jh. n. Chr. in Rom ereignet haben soll: Ein plötzliches Schneegestöber im August zeigte Papst Liberius nach einer Marienerscheinung den Ort eines Kirchenbaus an. Jedes Jahr am 5. August wird die Marienstatue im gleichnamigen Santuario auf La Palma vom Altar genommen und im Triumphzug um die Kirche getragen. Bei ihrem Anblick fällt die versammelte Menge kurz in tiefes Schweigen, das aber bald durch den höllischen Lärm von Kirchenglocken, Fanfaren und Feuerwerkskörpern gebrochen wird.

Das wichtigste Fest auf La Palma

Alle fünf Jahre (nächstes Mal 2005) findet eine große Prozession, die Bajada de la Virgen, statt, bei der die Schneejungfrau von ihrem Bergheiligtum oberhalb von Santa Cruz ihren Weg hinab in die Hauptstadt zur Iglesia del Salvador antritt. Die Palmeros tragen ihre malerische Tracht, und Musikanten spielen der Jungfrau auf.

Die Bajada, die seit 1680 stattfindet, wird umrahmt von einer wochenlangen Fiesta, bei der Gigantes (Männer auf Stelzen mit Riesenköpfen) und Enanos (Männer, die durch Kostümierung ihre Größe kaschieren) durch die Straßen tanzen. Überall findet man während dieser Zeit Märkte, auf denen Kunst und Kunsthandwerk feil geboten und Volkstanz sowie Lucha Canaria (kanarischer Ringkampf) stattfinden.

▼ **Geheimnisvolle Masken**
Zwerge mischen sich unter die Menge, hinter deren Maske sich oft Emigranten aus Lateinamerika verbergen, die eigens zu diesem Fest in ihre Heimat zurückgekehrt sind.

▲ **Romeros unterwegs**
Eine Wallfahrergruppe in der typischen Inseltracht – mit Kummerbund, Schärpe und aufwändiger Stickerei.

▶ **Höfische Szene**
Während der Feierlichkeiten, die rund fünf Wochen dauern, treten auch Darsteller in Kostümen des 18. Jhs. auf.

◄ Tanzen für die Jungfrau
Der spektakulärste Teil des Fests ist der Tanz der Zwerge, die riesige Dreispitze auf überdimensionierten Köpfen balancieren.

▲ Stilvoll gekleidet
Teil der traditionellen Tracht der Frauen ist das weiße Kopftuch, über dem noch ein kleiner, blumengeschmückten Strohhut getragen wird.

Das Heiligtum der Señora

Die Iglesia de Nuestra Señora de las Nieves steht am Stadtrand von Santa Cruz. Die erste Kirche an dieser Stelle wurde kurz nach der Eroberung durch die Spanier erbaut, das heutige Gebäude mit seiner farbenprächtigen Holzdecke stammt allerdings aus dem 17. Jh. Der größte Schatz der Kirche ist eine kaum 80 cm große Terrakottafigur aus dem 14. Jh., die Virgen de las Nieves. 1534 wurde sie zur Schutzheiligen der Insel erkoren. Naive Malereien an den Kirchenwänden illustrieren die Wunder, die sie vollbracht haben soll. Die reich geschmückte Madonna steht über einem barocken Altar. Manchmal sieht man Ministranten vor der Kirche sitzen und eifrig Silberteile putzen, damit sich das Kerzenlicht auf dem Altar hundertfach widerspiegelt.

▲ Treue Gefolgsleute
Eine begeisterte Menge begleitet die Statue der Jungfrau, der ein Priester vorangeht, auf ihrem Weg hinab in die Stadt.

▶ Größe zeigen
Riesen bahnen sich vorsichtig ihren Weg durch die Menschenmenge und legen dabei eine angemessene Würde an den Tag.

Am Ende der Welt?

Die südwestlichste Insel des Archipels ist nur mit Umsteigen über Teneriffa zu erreichen – man hat ein bisschen das Gefühl, sie läge am Ende der Welt. Und genau darin liegt auch der Reiz der Insel.

Vor langer Zeit, als die Menschen in Europa noch davon ausgingen, dass die Erde eine Scheibe sei, und der Name Amerika noch nicht einmal ein Funkeln in den Augen von Christoph Kolumbus hervorrief, galt die abseits gelegene Insel El Hierro als der am westlichsten gelegene bekannte Ort auf der Landkarte. Der Nullmeridian, der heute im englischen Greenwich liegt, führte damals durch den Leuchtturm Faro de Orchilla und markierte damit das offizielle Ende der Welt.

Wenn man sich heute mit dem Fährschiff El Hierro nähert, bekommt man eher das Gefühl, dass die Erde gerade erst im Entstehen begriffen ist. Karge, braune, steile Bergflanken, bedeckt mit dunkler Lava, ragen aus dem kristallklaren Meer heraus, die uralten Wachholderbäume sind vom Wind gebeugt und von der Sonne ausgebleicht, und Eindechsen sind die einzigen Bewohner des Gestrüpps. Die Hauptstadt Valverde liegt auf Wolkenhöhe oben in den Bergen, von unten sind nur einzelne weiße Punkte auszumachen – eine sagenhafte Schönheit.

Auf der anderen Seite steht die Armut der Insel, die durch finanzielle Leistungen der EU gelindert wird. Die Zahlungen sind ein Versuch, das Abwandern der Bevölkerung zu stoppen. So kommt es, dass fast alle Straße eben und neu geteert sind, in einem Land, in den die Ebenheit in der Natur so gut wie nicht vorkommt.

El Hierro ist mit einer Fläche von 78 km² die kleinste der Kanarischen Inseln. Der Großteil der Bevölkerung lebt in El Golfo auf der westlichen Seite der Insel, in den Überresten eines weiten Vulkantrichters, dessen eine Hälfte bei einer riesigen Explosion ins Meer gesprengt wurde. Der Weg von dort in die Hauptstadt Valverde führt um die halbe Insel herum, ein geplanter Tunnel soll künftig eine schnelle direkte Verbindung schaffen. Die eine noch existierende Kraterhälfte von El Golfo fällt annähernd 900 m senkrecht in die Tiefe, unten an der Küste ist das Land sehr fruchtbar.

Die Insel bietet dem Urlauber eine neue intensive Erfahrung, denn sieht man einmal von den modernen Straße ab, erscheint vieles auf El Hierro noch so, wie zu den Zeiten, als es am Rande der Alten Welt lag. Doch so abgelegen wie damals ist die westlichste der Kanarischen Inseln heute nicht mehr: Viermal in der Woche läuft das Fährschiff der Trasmediterránea von Teneriffa aus den kleinen Hafen Puerto de la Estaca an, zudem gibt es seit 1972 an der Ostküste einen Flughafen, der dreimal täglich El Hierro mit Teneriffa verbindet. Am Flughafen sind auch die Büros der meisten Autoverleihfirmen, obwohl im Bedarfsfall auch Mietwagen im Hafen bereitgestellt werden. Öffentliche Verkehrsmittel gibt es nur wenige, dafür stehen in jedem Ort Taxen bereit.

Auf der Insel gibt es mehrere Hotels, angefangen von dem herrlich gelegenen Parador Nacional bis zum eigenwilligen Hotel Puntagrande in Las Puntas, von dem gesagt wird, es sei das kleinste Hotel der Welt.

Wer sich gerne im Freien bewegt, wird an der Insel seine Freude haben. Es gibt zahlreiche abgelegene Wege durch landschaftlich interessante Gebiete, auf denen man tagelang ungestört wandern und radfahren kann. Im Gegensatz zu den anderen Kanarischen Inseln sind auf El Hierro stressfreie Ferien angesagt. Wer nächtliches Vergnügen sucht, hat sich auf die falsche Insel verirrt. ■

◀ ◀ Valverde –
der Hauptort der Insel
◀ Ein typischer Herreño

El Hierro

Seite
246

Auf dem Weg rund um die Insel begegnet man Kiefernwäldern und Wacholderbäumen, Avocado- und Bananenplantagen, dem kleinsten Hotel der Welt und einem Ort, an dem die größten Eidechsen beheimatet sind.

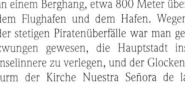

Von See her erreicht man El Hierro über den Hafen von **Puerto de la Estaca ❶**, in dem viermal pro Woche die Fähre der Trasmediterránea von Teneriffa aus Passagiere und Waren herüberbringt. Vor Errichtung des Flughafens war der Ort die einzige Verbindung mit der Außenwelt. Hier bekommen die meisten Touristen ihren ersten Kontakt mit der Insel. Seit den dreißiger Jahren, als die Dampfschiffe Wein, Mandeln und Ziegenfelle abholten, hat sich hier wenig verändert.

Eine Straße nach Süden erschließt die Ostküste. Zwei Bars und eine Pension haben am schwarzen Strand von Tijimiraque aufgemacht, einem der schönsten und längsten Strände der Insel. Ein Stück weiter südlich steht in Küstennähe der **Roque Bonanza** im Wasser. Der Fels ist das mit Abstand am meisten fotografierte Objekt der Insel, das auch auf vielen Postkarten und Plakaten zu sehen ist. Am Ende der Straße, gut geschützt hinter einer Felsenwand, wartet der 1976 erbaute **Parador Nacional ❷** mit Einsamkeit und Luxus auf. Das Hotel liegt am Rande der halbrunden Bucht von **Las Playas** und ist am besten vom oberhalb gelegenen Mirador de Isora zu erkennen. Ein schwerer Sturm hat 1999 einen Teil der Anlage in Mitleidenschaft gezogen, seitdem wurden Wellenbrecher vor der Küste errichtet.

Nördlich des Flughafens liegt **Tamaduste ❸**, dessen Strand an den Wochenenden recht bevölkert ist, wenn die Einheimischen aus Valverde Meer, Sonne und Cocktails genießen. La Caleta auf der anderen Seite des Flughafens besitzt ein von der Lava geformtes Meeresschwimmbecken. Auch hier ist unter Woche wenig los, denn die Herreños, die hier an der Küste ein Häuschen besitzen, kommen nur an den Wochenenden.

Die schlafende Hauptstadt

Valverde ❹ ist die einzige Hauptstadt der Kanaren, die nicht am Meer liegt, sondern an einem Berghang, etwa 800 Meter über dem Flughafen und dem Hafen. Wegen der stetigen Piratenüberfälle war man gezwungen gewesen, die Hauptstadt ins Inselinnere zu verlegen, und der Glockenturm der Kirche Nuestra Señora de la

◀ **Der Glockenturm von Frontera**
▶ **Der Parador Nacional unmittelbar am Meer**

Concepción (1767 erbaut, tgl. geöffnet) diente gleichzeitig auch als Wachturm.

Valverde war nie ein sonderlich geschäftiger Ort, und als vor über 100 Jahren die englische Abenteuerin und Schriftstellerin Olivia Stone in Valverde eintraf, gab es noch nicht einmal einen Gasthof. »Alles ist Armut«, notierte sie sich und schloss aus dem Empfang, den man ihr bereitete, dass sie die erste Engländerin sei, die jemals den Fuß auf die Insel gesetzt habe. Den Bau der beiden Windmühlen zur Gofio-Produktion auf El Hierro hat sie wohl noch miterlebt. Als hingegen mit der Anschaffung eines neuen Glockenturms aus Paris die Neuzeit Einzug hielt, war sie schon zwei Jahre wieder abgereist.

Heute beherrschen die vielen Schüler, die während der Woche zur Untermiete hier wohnen, das Stadtbild, die Atmosphäre ist fröhlich-jugendlich. Es gibt zwei Discos, einige Bars und ein kleines Kino. Trotz der wenigen Einwohner möchte man es nicht glauben, dass es in Valverde

ein auf den ersten Blick verwirrendes Einbahnstraßensystem gibt sowie einen Mangel an Parkplätzen.

Aufgrund der Armut mussten früher viele Bewohner die Insel verlassen, so auch Quintero Nuñez, der berühmtes Sohn El Hierros, der es bis zum Bürgermeister von Manila brachte, und nach dem die **Plaza de Quintero Nuñez** oberhalb der Kirche benannt ist. Ganz in der Nähe ist die Touristeninformation.

Die Küche El Hierros ist einfach, aber gut. Das Restaurant »Noche y Dia« ist bekannt für sein inseltypisches Menü: *solomillo* (Lenden-Steak), dazu *vino herreño*, der etwas herbe Rotwein, und als Nachspeise *piña* (Ananas). Daneben sollte man Ausschau halten nach *quesadilla*, einem Käsekuchen mit Vanille, Anis und Zitrone, oder dem Käse von El Hierro, hergestellt aus einer Mischung von Kuh-, Ziegen- und Schafsmilch. Es gibt ihn in drei Varianten, *blanco* (weiß), *ahumada* (geräuchert) und *curada* (naturbelassen).

Keine Kommunikationsprobleme
Scheuen Sie sich nicht, die Touristeninformation in der Calle Licenciado Bueno 1 aufzusuchen. Hier wird sogar Deutsch gesprochen (Mo–Fr 8.30–14.30, Sa 8.30–13 Uhr, Tel. 922 55 03 02, Fax 922 55 10 52).

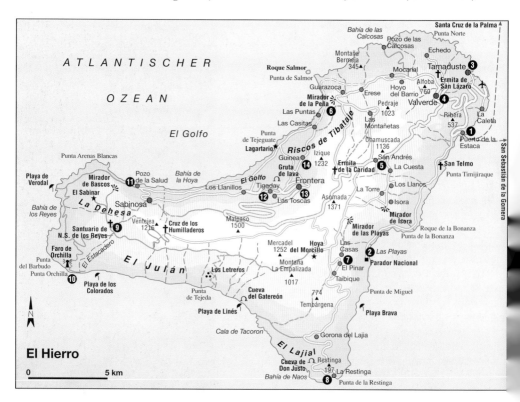

Das Zentrum der Insel ___

Von Valverde steigt die Straße hinauf ins Zentrum von El Hierro. Die **Nisdafe,** eine Hochebene, erstreckt sich längs über die gesamte Insel, mit dem höchsten Gipfel Malpaso (1500 m). Die Nisdafe bestimmt seit Jahrhunderten das Leben der Herreños. Mauern aus Lavabruch umzäunen altes Weideland, das früher in den Sommermonaten von Getreideanbauern und Viehhirten bevölkert war. In dem Dorf **San Andrés ❺** zeigt sich heute noch der raue Charakter des Lebens auf den windigen *mesetas,* wo Kakteenfrüchte und Feigen von den Steineinfriedungen geschützt werden und die Menschen mit langen Umhängen und dicken Mützen umherlaufen.

Die Landwirtschaft spielt hier immer noch die Hauptrolle: vom alten Bauern, der eiweißhaltigen *tagasaste* als Futter anbaut, bis zu den Lkw, die den *queso herreño* zur Fähre bringen.

Der Wassermangel, mit dem El Hierro schon immer zu kämpfen hatte, kommt wohl am deutlichsten im Mythos des Garoë-Baums zum Ausdruck. In einem Tal nördlich von San Andrés ist 1957 ein solcher Baum der Lorbeerspezies neu gepflanzt worden; der ursprüngliche Baum an dieser Stelle wurde 1610 von einem Sturm vernichtet. Dieser *Arbol Santo* (heiliger Baum), dessen Blätter das Wasser destillierten, brachte der Insel schon im 16. Jh. den Namen »Pluvialia« (Insel des Regens) ein. Das Destillierphänomen tritt noch heute an vielen Stellen der Insel auf: An El Hierros Bäumen und Pflanzen kondensieren im Jahr bis zu 2000 Liter Wasser pro Quadratmeter aus den Wolken, die über die Insel ziehen – mehr als die achtfache Menge der durchschnittlichen jährlichen Niederschläge.

Der Norden von El Hierro ist geprägt von Hügeln, auf denen windgebeugte Piniengruppen wachsen. Das einzige touristische Ziel ist **Pozo de las Calcosas** unten

Seite 246

▲ Schafe werden häufig zu den Weiden gefahren statt sie zu treiben
▼ Die kleine geschützte Bucht von Tamaduste

an der Küste. Schwimmen Sie ein paar Runden in dem künstlichen Meeresschwimmbecken, das den Insulanern den Strand ersetzt. Die Dörfer Guarazoca, Erese und Mocanal (das höchstgelegene Dorf der gesamten Insel) strahlen ländliche Ruhe aus: Typischerweise weisen die Ecksteine der einfachen Kirchen keinen Farbanstrich auf. Im verlassen wirkenden, noch stilleren **Las Montañetas** rücken die Häuschen eng aneinander, Obstbäume blühen in den wilden Gärten. Viele Bewohner haben dem Ort den Rücken gekehrt, um in El Golfo ein einfacheres Leben zu führen.

Blick in die Tiefe _____

Den Unterschied zwischen El Golfo und dem Rest der Insel wird bei einem Blick vom **Mirador de la Peña** ❻ deutlich. 1988 hat César Manrique, der 1992 verstorbene Architekt und Künstler von der Ostinsel Lanzarote, direkt beim Mirador ein Restaurant in der für diese Insel charakteristischen harmonischen Verbindung von Holz und Stein entworfen. Wenn man hier, knapp über den Wolken stehend, die Steilküste von El Risco hinunterschaut, kann man die ganze Eigenheit El Hierros erspüren. Denn der Blick fällt nicht in das Licht- und Schattengewirr des Meeres, sondern auf El Golfo – wie aus den Bergen herausgemeißelt, wie vor den Wellen gerettet, liegt die fruchtbare Ebene wie ein grünes Geheimnis im Kraterhorst eines erloschenen Vulkans. Um jedoch hinunter nach El Golfo zu kommen, muss man mit dem Auto von hier ein gutes Stück um die halbe Insel herum zurücklegen. Frühestens im Jahr 2005, wenn das Tunnelprojekt fertig gestellt sein wird, gibt es einen deutlich kürzeren Weg.

Der **Mirador de las Playas** südlich von San Andrés bietet die beste Aussicht auf die Insel La Gomera und den Teide auf Teneriffa. In der Umgebung wachsen riesige Pinien, typisch für die uralten Pinienwäl-

Zu Fuß unterwegs
In den intensiv duftenden Forst der Nisdafe führen viele schöne Wanderwege; der Picknickplatz von **Hoya del Morcillo** ist ein geeigneter Ausgangspunkt.

▼ **Beschauliches Hirtendasein**

der der zentralen Nisdafe: Der Boden unter den Bäumen ist oft zentimeterdick mit Nadeln bedeckt.

El Pinar

Der Pinienwald gab auch **El Pinar ❼** seinen Namen. Zwar sind die Strohdächer aus dem Stadtbild verschwunden, doch leben die 500 Einwohner nach wie vor auf eine ländlich-beschauliche Weise. Hinter einer scharfen Rechtskurve auf dem höchsten Punkt der Stadt steht das **Museo Panchillo** (Calle El Lagar 53, keine festen Öffnungszeiten, wenn geschlossen, einfach an die Türe klopfen), das einige einheimische Kuriositäten ausstellt, aber auch Honig und Feigen verkauft. Dahinter, in der **Artesanía Cerámica,** sind schöne Töpferwaren und handgefertigter Schmuck zu erstehen.

Südlich von El Pinar, wo das Land langsam zum Meer hin abfällt, werden Pinien von Feigenbäumen und grüne Weiden

von einem Niemandsland, geprägt von verbrannter Vulkanschlacke, abgelöst. **La Restinga ❽** ist ein Fischerdorf mit einem kleinen schwarzen Strand und mehreren Tauchschulen, das jeden Sommer Hunderte von Touristen dazu veranlasst, dieses karge Ende der Welt aufzusuchen. Ein Deutscher war es, der in den 1960er Jahren die erste Bar aufmachte (heute die Casa Kai Marino mit Fremdenzimmern), obwohl erst 1974 fließendes Wasser La Restinga erreichte. In den örtlichen Restaurants sollte man den Fisch probieren: *peto* (vergleichbar mit Thunfisch) oder die kleinen weißen *viejas* und *cabrillas.* Eine Delikatesse sind *lapas a la plancha* (Schnecken), auch wenn die Übersetzung auf der Karte von »grilled slime« (»gegrilltem Schleim«) spricht.

In der nahen **Bahía de Naos,** die heute unter Naturschutz steht, ging 1403 der normannische Abenteurer Béthencourt an Land; ein Ort, der damals wohl kaum lebendiger war als heute. Sein Hauptprob-

Seite 246

▲ Fischer beim Trocknen der Netze
▼ La Restinga – ein idyllisches Fischerdorf

Tauchen
In La Restinga
bietet sich die
besten Möglich-
keiten, die Unter-
wasserwelt zu
erkunden. In dem
Ort haben sich
zwei Tauchbasen
angesiedelt.

▼ **Ein uralter
Wacholderbaum
im Sabinar**
▼ ▼ **Sukkulenten
gedeihen bevor-
zugt auf trockenen
und kargen Böden**

lem bei der Eroberung war, die Bimbachos (Ureinwohner El Hierros) überhaupt zu finden – einerseits, weil sie sich in der Nisdafe versteckt hielten, andererseits, weil die Bevölkerung bereits durch maurische Sklavenhändler erheblich dezimiert worden war.

Schließlich kam Béthencourt auf die Idee, einen gefangenen Bimbachos als Vermittler zu benutzen, um den Häuptling Armiche zu Friedensverhandlungen einzuladen. Dieser willigte ein und legte, wie seine Krieger, guten Glaubens die Waffen nieder. Prompt wurden alle gefangengenommen und als Sklaven verkauft. Anschließend setzte Béthencourt normannische Familien als neue Herrscher ein.

Einige Jahrhunderte später bekam El Hierro eine weitere Lektion in Sachen Eroberung, als 1762 englische Seeleute auf der Insel landeten. Es waren gerade vier Monate vergangen, nachdem England in den Siebenjährigen Krieg gegen Spanien eingetreten war. Die Engländer wurden jedoch schnell überwältigt und mit ihnen neun Gewehre erbeutet, welche die Regierung in Teneriffa bald darauf beschlagnahmte. Nach heftigen Protesten der Herreños intervenierte der spanische König Carlos III., der auf den Kanaren fast genauso populär ist, wie der nach ihm benannte Brandy, und die Gewehre wurden der Insel zurückgegeben.

Raue Küste

Etwa 1,5 km nördlich von La Restinga liegt die **Cueva de Don Justo,** ein Labyrinth aus Vulkantunneln, das sich über 6 km weit erstreckt. Es gibt einen versteckten Eingang unterhalb der **Montaña de Prim.** In das Höhlensystem sollte man jedoch auf keinen Fall ohne fachkundige Führung eindringen, die vom Tourismusbüro in Valverde (s. S. 246) arrangiert werden kann.

Die Südküste El Hierros – kahle Hügel, die zur Steilküste hin abfallen – ist unter

Seite 246

dem Namen **El Julán** bekannt. Hier, wie auch in La Caleta, findet man **Los Letreros** – in erstarrte Lava gekratzte, primitive Schriftzeichen, die bis heute nicht entziffert werden konnten. Eine Theorie vermutet, dass die »Autoren« einer frühen Berberkultur angehörten; andere ziehen Verbindungen zu ähnlichen Inschriften auf La Palma und den Kapverdischen Inseln. Da später immer wieder auch durchreisende Touristen ihr Gekritzel hinterließen, sind die Los Letreros heute bewacht und können nur mit schriftlicher Erlaubnis des Fremdenverkehrsamtes besichtigt werden. Für den Hin- und Rückweg muss man mit einen insgesamt vierstündigen Fußmarsch rechnen.

Nuestra Señora de los Reyes

Eine holprige, aber sehr interessante Hochstraße führt durch den Wald an der Küste entlang zurück nach El Golfo. Für die Strecke sollte man einen ganzen Tag einplanen, nach langen Regenfällen allerdings das Unternehmen sein lassen. Am Ende dieses Weges stößt man auf eine abgelegene Einsiedelei, die die Schutzpatronin El Hierros, **Nuestra Señora de los Reyes,** beherbergt (tgl. geöffnet).

Alle vier Jahre wird sie nach Valverde hinuntergetragen, wo ihr zu Ehren eine vierwöchige Fiesta ausgerichtet wird. Die farbenprächtige Prozession benötigt einen Tag für diese Bajada durch die Nisdafe, die unterhalb von Malpaso am Cruz de los Reyes einen Zwischenhalt einlegt. Viele Brautpaare auf Hochzeitsreise, *luna de miel,* kommen hierher, um vor der »Heiligen Jungfrau der Könige« in ihrer Silbersänfte zu beten.

Der Legende nach gerieten französische Seeleute vor El Julán in eine mysteriöse, wochenlange Flaute und konnten nur durch die Hilfe der einheimischen Herreños überleben. Zum Dank entschloss sich der Kapitän, ihnen die Ma-

▲ ▼ **Die Einsiedelei Nuestra Señora de los Reyes**

rienstatue des Schiffs zu schenken. Noch am selben Tag (6. Januar 1577, Tag der Heiligen Drei Könige) frischte plötzlich eine Brise auf und brachte das Schiff voran.

Nördlich der Ermita führt ein Weg zu einer weiteren Überraschung, die El Hierro zu bieten hat: **El Sabinar** ist ein Zedernwald, dessen Bäume von den ständig wehenden Winden in eine Richtung getrimmt wurden. Jeder dieser Bäume mit verkrümmtem Stamm und grün bewachsenen Ästen macht den Eindruck, als wolle er sagen: »Gebeugt sind wir, wohl wahr – aber besiegt sind wir nicht!« Vom in der Nähe gelegenen **Mirador de Bascos,** bei den Einheimischen auch als El Rincón (die Ecke) bekannt, genießt man eine herrliche Aussicht auf El Golfo.

Da der Weg hinunter nicht einfach ist, fahren Sie besser zurück zur Straße nach El Julán und dann westlich zur **Punta Orchilla ⑩**. Die ersten Händler überhaupt kamen deshalb nach El Hierro – wenn man von den Sklavenhändlern einmal absieht. Wellen schlagen hier krachend an die öde Lavaküste, deren düstere Atmosphäre dem Ende der Welt, das man hier einst annahm, nur angemessen scheint. Im Jahre 150 n. Chr. legte Ptolemäus den Nullmeridian durch diese Stelle von El Hierro, und bis ins 19. Jh. behielt dies seine Gültigkeit. Erst 1884 verlegte man die Nulllinie nach Greenwich in Großbritannien. Eine Tafel am Leuchtturm erinnert an die »tristeza y alegría de los herreños emigrantes« (die Traurigkeit und Fröhlichkeit der herrenischen Emigranten).

Die raue und wilde Landschaft an der Westküste ist durch den Vulkanausbruch im Jahre 1793 herausgebildet worden.

Amtlich
Wer möchte, kann sich im Tourismusbüro in Valverde eine datierte Urkunde ausstellen lassen, dass er den westlichsten Punkt der Alten Welt an der **Punta Orchilla** besucht hat.

▼ **Der Faro de Orchilla markierte einst den Nullmeridian**

Orchilla
→ Name einer moosähnlichen Flechte, aus der die Herreños früher einen Farbstoff gewannen.

Seite
246

Trotzem ist einer der besten Strände der Insel hier zu finden, die **Playa del Verodal.** Der Bau der Küstenstraße bescherte der Playa die roten Kiesel.

Wasser und Wein

Ein Stück weiter östlich kommt der kleine Ort **Pozo de la Salud ⓫** (Brunnen der Gesundheit). Das Mineralwasser von hier war eines der ersten Exportgüter El Hierros. Um das Jahr 1890 entdeckte man, dass die Mineralquelle wegen des hohen Radiumgehalts zu Heilzwecken eingesetzt werden kann. Eine 1915 ausgeführte offizielle Analyse empfahl Bäder und die tägliche Einnahme des Wassers bei fast allen Krankheiten. Das neu eröffnete Hotel bietet zahlreiche Anwendungen an und verfügt über ein Solarium und einen Swimmingpool.

Noch weiter Richtung Osten erreicht man die Ebene von El Golfo. Wo einst öde Lava vorherrschte, wachsen heute Bananen und Ananas. Eine Finca de Experimentación ist hier auf der Suche nach neuen Fruchtfolgen, die der Agrarwirtschaft der Insel mehr Stabilität geben soll.

Das Dorf **Sabinosa**, eingebettet in ein Blumenmeer, gilt als der schönste Ort auf El Hierro. Im nächsten Ort dominieren Weinreben und Weinpressen, **Tigaday ⓬** ist das Zentrum des herreñischen Weines. Schon die Bimbachos destillierten aus Lorbeeren Alkohol. Eine Tradition, die sich heute im *mistela* und dem zunehmend exportierten *vino herreño* fortsetzt. Die Bimbachos hatten auch noch andere Fähigkeiten: Der vernarbte Schädel im Museo Arqueológico in Santa Cruz de Tenerife beweist, dass ihnen anscheinend eine primitive Form von Gehirnoperation (Trepanation) bekannt war.

Hinter Tigaday geht es wieder bergauf, an der Kratersohle liegt **Frontera ⓭.** Malerisches Wahrzeichen ist der Glockenturm der Kirche **Nuestra Señora de la Candelaria** (1818, tgl. geöffnet), der auf

Inselwein
Der etwas schwere Rotwein »vino herreño« zählt zu den besten Weinen der Kanarischen Inseln.

▼ **Rustikale Steinhäuser in Guinea**

Seite 246

einem dahinter liegenden Vulkanhügel steht. Gleich nebenan, im Amphitheater, werden häufig sehenswerte *luchas canarias,* kanarische Ringkämpfe (s. S. 85 ff.), ausgetragen.

Die größten Eidechsen und das kleinste Hotel

Die nördlich von Frontera gelegenen Felshänge heißen **Riscos de Tibataje.** Hier lebten die letzten urzeitlichen Riesenechsen *(lacerta simonyi).* Im **Lagartario** (Mo–Do 10–14 Uhr und 6–18 Uhr, Eintritt) unterhalb der Felsen an der Straße nach Las Puntas sind einige Exemplare zu besichtigen. Ganz in der Nähe liegt auch das verlassene Dorf **Guinea ⓮**. Wie Las Montañetas ist es eine Gründung der normannischen Siedler, die Béthencourt mitbrachte. Im Guinness-Buch der Rekorde taucht jedoch nur Las Puntas auf, da sich hier das mit nur vier Zimmern kleinste Hotel der Welt befindet: Das **Hotel Punta-**

grande steht umspült vom Meer auf der alten Landungsbrücke, auf der bis 1930 die meisten Vorräte für die Insel angeliefert wurden. ■

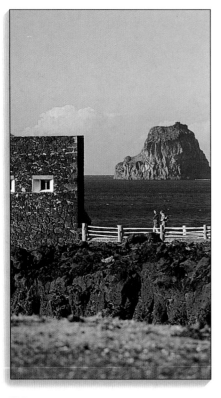

▲ Lucha Canaria – eine beliebte Sportart auf El Hierro
◄ Schwarze Lavafelsen sind auf dem Eiland allgegenwärtig

Nur die Ruhe!

El Hierro birgt ein sanftes Geheimnis. Es ist etwas, was man fühlen, aber nicht übersetzen kann, das aber den Nagel auf den Kopf trifft. Etwas, das auf einer einsamen Insel am Ende der Welt geboren wurde, wo steile Berge den Lebensrhythmus bestimmen und wo jahrhundertelang nur Eselspfade und Lavawege die Verbindung zwischen zwölf Weilern und einer Hauptstadt mit dem schlichten Namen La Villa herstellten. Etwas, das auf einer fruchtbaren Insel gewachsen ist, die bis 1926 keine Straßen und bis 1945 keine Telefone kannte und deren Einwohner von der Hektik des modernen Lebens unbeeinflusst geblieben sind. »Tranquilo, tranquilo!« sagen sie und lüften das Geheimnis ein wenig. »Schau, wie die Hunde auf den Straßen schlafen.«
Auf El Hierro gehen die Uhren anders. Fragt man jemanden, wann die nächste »lucha canaria« (kanarischer Ringkampf) stattfindet, bekommt man zuerst zu hören: »Bleib erst mal ein Weilchen hier, amigo, und genieße die Sonne.«
Ist man auf der Suche nach dem berühmten Garoë-Baum und fragt den Wirt einer Bar danach: »Wir brauchen hier keine Schilder«, lacht er, »wir wissen doch, wo er steht.« Dann macht er seine Bar für heute zu und führt den Besucher selbst hin.
Tranquilidad – das Zauberwort gibt es schon seit Jahrhunderten, es ist eine Verschwörung mit 7000 Mitwirkenden. Aus Notwendigkeit und Vertrauen gewachsen und heute von Inselbewohnern bewahrt, deren Leben nichts malerisch Anheimelndes hat, aber nichtsdestoweniger von Fröhlichkeit durchdrungen ist. Freundschaften zählen hier mehr als alles andere. »Tranquilo, señor, tranquilo!«

Die Eidechsen von El Hierro

Vor der spanischen Eroberung wurde El Hierro lediglich von den Bimbachos, Ureinwohnern, die in Höhlen lebten, sowie von einer speziellen Eidechsenart, die bis zu eineinhalb Meter lang wurde, bewohnt. Die Bimbachos überlebten die neuen Herrscher nicht lange, den Rieseneidechsen erging es lange Zeit besser. Erst als sich eingeführte Wildkatzen vermehrten und gleichzeitig größere Wälder abgeholzt wurden, hat sich ihr Bestand deutlich verringert. Lediglich einige Expemplare überlebten auf dem vor der Küste liegenden Roques de Salmor. 1930 wurde dort schließlich die letzte Rieseneidechse tot aufgefunden, ihr Schädelknochen ging an das British Museum.

Damit schien das Ende der Tiere besiegelt. Dass sie jedoch wieder auftauchten, ist einem deutschen Biologen zu verdanken, der Anfang der 1970er Jahre nach El Hierro kam. Er zeigte detaillierte Zeichnungen der ausgestorbenen »gallotia simonyi simonyi« herum, und einige Ziegenhirten bestanden darauf, dass eine Population davon immer noch existiert, und zwar in einem schwer zugänglichen Bereich der Riscos de Tibataje, dem steilen Kraterabhang von El Golfo.

Die Eidechsen wurden tatsächlich gefunden und einige davon eingehend untersucht. Da sie jedoch höchstens 60 cm lang waren, und damit deutlich kleiner als ihre Urahnen, schlossen die Forscher daraus, es handle sich um eine Subspezies. DNA-Analysen ergaben jedoch, dass sie aus derselben Familie stammten. Jahrzehntelange Verfolgung und das Leben in den steilen Kliffhängen hat ihre einst so stattliche Größe verkümmern lassen.

In den 1980er Jahren stellte die EU Geld bereit, um die Tiere vor dem Aussterben zu bewahren. Zwölf erwachsene Tiere wurden eingefangen und in das eigens dafür eingerichtete Lagartario am Fuss des Fuga de Gorretta an der Straße zwischen Frontera und Las Puntas gebracht. Mittlerweile ist das Lagartario für die Öffentlichkeit zugänglich, auf einer geführten Tour kann man sich über die Tiere informieren.

Trotz ihrer ursprünglichen Größe wachsen die Eidechsen sehr langsam. In den ersten Jahren ihrer Freiheit sind sie damit eine leichte Beute für die Raubtiere der Insel. Bei der Freilassung in La Dehesa müssten sie sich hauptsächlich mit Turmfalken und Wildkatzen auseinandersetzen.

Da sich die Eidechsen in dem Lagartario recht wohl fühlen, sind aus den ursprünglich zwölf Exemplaren bereits über 400 geworden, und es werden immer mehr. Darüber hinaus sind viele der Jungen bereits größer als ihre Eltern geworden – und sie wachsen weiter. Die Hoffung der Naturschützer besteht also, dass die Eidechsen von El Hierro tatsächlich eines Tages wieder die Größe ihres Urahnen erreichen werden, dessen Schädel im British Museum aufbewahrt wird. ■

▶ Das Überleben der Eidechsen auf El Hierro scheint vorerst gesichert zu sein

Die östlichen Inseln

Seite
264

Sollten Sie noch Zeit und Lust auf andere vulkanische Berge und ausgiebige Strände haben – die östlichen Inseln des Kanarischen Archipels liegen nur einige Stunden mit dem Fährschiff entfernt.

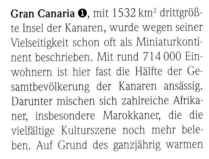

Eine imaginäre Trennlinie im Meerarm zwischen Teneriffa und Gran Canaria teilt die Kanaren in eine östliche und eine westliche Provinz. Während sich die östlichen Inseln Gran Canaria, Fuerteventura und Lanzarote schroffer und – bedingt durch das afrikanische Klima – wesentlich trockener darstellen, sind die westlichen Inseln in der Regel üppig grün bewachsen und von hohen Bergformationen geprägt. Vor allem auf Fuerteventura wirkt sich der mit 96 km nur geringe Abstand zum afrikanischen Kontinent aus: Die vegetationsarme, trocken-heiße und sandige Insel ähnelt einem verlorenen Stück Sahara im Meer. Auf Gran Canaria hingegen schneit es zum großen Vergnügen der Einheimischen immerhin zuweilen auf den nördlichen Gipfeln.

Vor allem Fuerteventura eignet sich auf Grund seiner im Überfluss vorhandenen sauberen Sandstrände perfekt für den reinen Strandurlaub und den Wassersport. Während die nach Süden ausgerichteten Strände vor allem Anfängern beste Surfbedingungen bieten, toben sich die Könner in der zwischen Felsriffs anrollenden Brandung der Nordküste aus. Auch Gran Canaria hat abseits der Touristenzentren eine Menge attraktiver Plätze und Landschaften zu bieten. Das gebirgige Inselzentrum etwa offenbart eine weithin unberührte spektakuläre Vulkanlandschaft, und an der Nordküste gibt es wilde, unentdeckte Strände mit hervorragenden Fischlokalen. Lanzarote wiederum lebt von der Schaffenskraft des einheimischen Künstlers César Manrique, der auf der Vulkaninsel eine Fülle von wundervollen Kunstwerken hinterlassen hat, darunter in die Lava gebaute Attraktionen, Wandgemälde, Mosaiken und Skulpturen. Die Inseln sind nur 35–50 Minuten Flugzeit von Teneriffas nördlichen Flughafen entfernt, im Durchschnitt gibt es täglich drei Flüge pro Insel.

Gran Canaria

Gran Canaria ❶, mit 1532 km² drittgrößte Insel der Kanaren, wurde wegen seiner Vielseitigkeit schon oft als Miniaturkontinent beschrieben. Mit rund 714 000 Einwohnern ist hier fast die Hälfte der Gesamtbevölkerung der Kanaren ansässig. Darunter mischen sich zahlreiche Afrikaner, insbesondere Marokkaner, die die vielfältige Kulturszene noch mehr beleben. Auf Grund des ganzjährig warmen

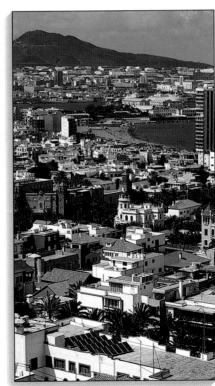

◀ ◀ Die Hauptberge von Gran Canaria – die Playa Canteras in Las Palmas – weite Sanddünen bei Maspalomas
◀ Campesino auf dem Weg zur Feldarbeit
▶ Das Zentrum von Las Palmas

Klimas kommen Urlauber aus ganz Europa auf die Insel und verbreiten Tag und Nacht Partystimmung – und sei es nur für ein Wochenende.

Bummel durch die Hauptstadt

Die Hauptstadt **Las Palmas ❷** ist Regierungssitz des kanarischen Parlaments und in jeder Beziehung Großstadt: Hafen, Flughafen, Verkehrsprobleme; Slums und Villenviertel; Einkaufs-, Touristenzentren und Rotlichtviertel. Die 500 000 Einwohner zählende Stadt hat zudem den Ruf, ein Mekka der Drogenhändler und -abhängigen zu sein. Als Hauptattraktionen gelten die Strandpromenade **Las Canteras** im westlichen Teil der Stadt, die vor allem von den Spaniern frequentiert wird, und die Altstadt **La Vuegeta.**

Die Stadt ballt sich auf einer engen Halbinsel, die sich nach Osten und Westen dem Meer hin öffnet. Insgesamt erstreckt sich die urbane Küste auf 9 km Länge, die breite, dem Meer zugewandte Promendade verbindet die Altstadt un das Einkaufsviertel **Triana** mit den nörc lich gelegenen moderneren Stadtteiler An den nahe der Altstadt gelegenen **Pa que San Telmo** grenzt der alte Hafen ar wo Kolumbus angeblich auf seiner Rout nach Amerika angelegt haben soll. Die B hauptung einiger Historiker aus Teniffa der Entdecker habe nie einen Fuß auf di Insel gesetzt, hielt die Stadtbehörde nicht davon ab, ihm das Museum **Casa de Colón** (Mo–Fr 9–19, Sa/So 9–15 Uh Eintritt frei) zu widmen. Das im 15. Jh erbaute Gebäude steht in der Straße Cas de los Balcones, das Museum arbeitet ir Wesentlichen die Entdeckungsfahrten de Christoph Kolumbus in die Neue We mitsamt deren Vorgeschichte auf.

In unmittelbarer Nähe sind auch die le bendige **Markthalle,** die über mehrer Jahrhunderte erbaute **Kathedrale,** da **Museum für Moderne Kunst** (Di–Sa 1 bis 21, So 10–14 Uhr, Eintritt frei) und da **Museo Canario** (Mo–Fr 10–20, Sa/S

El Herreño
Empfehlenswertes Restaurant mit Tapasbar, in der man auch Weine von der Insel El Hierro probieren kann (Calle Medizábal 5; Tel. 928310513).

▲ **Fähre im Hafen von Las Palmas**

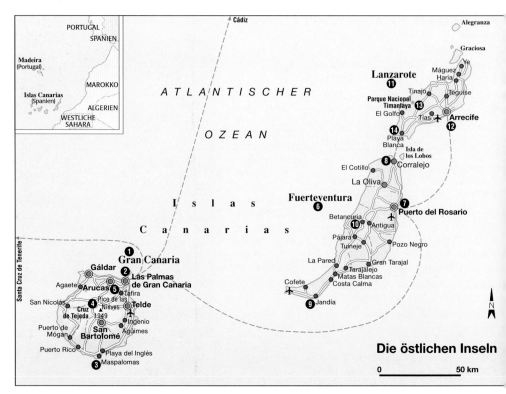

Die östlichen Inseln

0   50 km

10–14 Uhr, Eintritt) einen Besuch wert; die wertvolle prähistorische Sammlung umfasst unter anderem realistische Nachbildungen von altkanarischen Bestattungshöhlen mit originalen Mumien.

Unterwegs in den Süden

Um die Hauptstadt herum sind Gewerbegebiete mit Lagerhallen und Industriebetrieben entstanden. Es dauert eine Weile, bis man durch den gewerblichen Wildwuchs hinaus zur Küste im Südosten gelangt. Auf halber Strecke liegt etwas abgesetzt der **Barranco Guayadeque,** eine lange, mit teilweise bewohnten Guanchen-Höhlen durchsetzte Schlucht, die sich als wahre Fundgrube für Archäologen erwiesen hat. Im Talkessel des südwestlich gelegenen Barranco de Tirajana erhebt sich der Basaltzylinder **Fortaleza Grande** wie eine Festung; hier sollen die Guanchen 1483 in einer Schlacht von den spanischen Eroberern endgültig besiegt worden sein. Am oberen Rand der Schlucht ist am Ortseingang von **Santa Lucia** in einem altkanarischen Haus ein Museum untergebracht, das Waffen und Kunstobjekte der Ureinwohner ausstellt.

Wer von hier die Straße nach San Bartolomé hochfährt und dann Richtung Süden abbiegt, gelangt unmittelbar in das canyonähnliche **Tal von Fataga.** Am Aussichtspunkt oberhalb des Freilichtmuseums Mundo Aborigen wird der Blick auf die dicht besiedelte Südküste mit **Playa del Inglés** und **Maspalomas** ❸ frei – bekannt vor allem wegen seiner Sanddünen.

Folgt man der Küste nach Nordwesten, erreicht man die kleineren Urlaubsorte **Puerto Rico** und **Puerto de Mogán.** Hinter Mogán wird die Westküste wild und unwegsam, viele Bewohner leben hier noch vom Fischfang und der Landwirtschaft. **Agaete** und **Gáldar** im Nordwesten spielen eine wichtige Rolle im Kulturleben der Inseln: Viele Feste finden hier statt, auch können hier einige Guanchenfunde besichtigt werden.

Seite
264

Einkaufsbummel
In der Fußgängerzone **Calle de Mayor de Triana** finden Sie die elegantesten Geschäfte von Las Palmas. Die großen Kaufhäuser sowie die besten Duty-free-Shops liegen allerdings weiter nördlich in der **Avenida Mesa y Lopez** im Stadtteil Santa Catalina.

▼ **Die Casa de Colón**

Im zentralen Bergland

Das zentrale Bergland von Gran Canaria kann sich mit den uralten Wäldern und den Postkarten-Schönheiten Roque Bentaiga und Roque Nublo problemlos mit Teneriffa messen. Den besten Blick über diese Berge hat man entweder vom **Pico de las Nieves** (1949 m) oder vom **Cruz de Tejeda ❹**, wo auch der **Parador Nacional de Tejeda** mit einem guten, aber teuren Restaurant in der Nähe ist.

Besonders in **Artenara** und **Atalaya** leben viele der Insulaner auch heute noch wie ihre Vorfahren in Höhlen, obwohl sich diese von außen kaum noch von konventionellen Häusern unterscheiden. Die jäh abfallenden Straßen der Gegend sollten von nicht schwindelfreien Fahrern besser gemieden werden. Wer den Kontrast zwischen Arm und Reich spüren will, steuert über die Dörfer Santa Brígida und **Tafira ❺** nach Las Palmas zurück. Denn hier sind einige der besten Restaurants und stilvolle Hotels mit britischer Kolonial-Atmosphäre zu finden, zudem ist die Umgebung die bevorzugte Wohngegend der Reichen und Schönen.

Fuerteventura

Obwohl **Fuerteventura ❻** mit einer Gesamtfläche von 1731 km^2 die zweitgrößte Insel der Kanaren ist, haben nur etwa 25 000 Einwohner ihren ständig Wohnsitz hier. Wie Lanzarote ist auch Fuerteventura so flach, dass die vorbeiziehenden Wolken kaum einmal etwas von ihrer feuchten Fracht ablassen. Sollte es trotzdem einmal regnen, dann blüht und grünt es für ein paar Wochen auf der ganzen Insel. Palmen, auf die man in feuchten Talgründen trifft, sind heute die einzigen Bäume Fuerteventuras. Den Buschwald, der einst in den höheren Lagen wuchs, hat man im Verlauf der Jahrhunderte abgeholzt.

Die Hauptstadt **Puerto del Rosario ❼** mit dem wichtigsten Hafen Fuerteventu-

Übernachten am Cruz
Das von reizvollen Pinienwäldern umgebene rustikale Landhotel **El Refugio** bietet zehn Doppelzimmer in echt kanarischem Stil (Tel. 928 66 65 13, Fax 928 66 65 20).

▼ **Die Felder im Landesinneren von Fuerteventura**

Seite 264

ras hat dem Besucher wenig zu bieten. Die Insel besitzt jedoch die schönsten und längsten Strände des Archipels. Die meisten Tourismuseinrichtungen befinden sich im Norden bei **Corralejo ❽** oder auf der südlichen Halbinsel **Jandía ❾**.

Am nördlichen Ende von Fuerteventura breitet sich auf über 2500 Hektar der **Parque de las Dunas de Corralejo** aus, ein riesiges Gebiet mit Sanddünen, in deren Mitte man sich in die afrikanische Wüste hineinversetzt fühlt. In Corralejo legt auch die Fähre nach Lanzarote an, die die beiden Inseln in knapp einer Stunde verbindet. Wer hingegen die Spuren der Ureinwohner sucht, wird im Landesinneren in **Betancuria ❿** fündig, der früheren Hauptstadt der Insel. Mehrere Museen stellen Relikte aus früheren Zeiten aus.

Pläne zum Bau gigantischer Touristenzentren auf Fuerteventura, deren Bettenkapazität die Zahl der Einwohner um ein Vielfaches übersteigen würde, sind zwar vorhanden, bis jetzt aber noch nicht reali-

siert worden. Aufgrund negativer Erfahrungen von Teneriffa und Gran Canaria mit den Touristenmassen scheint es, dass die Vernunft obsiegt und die Pläne für immer in der Schublade verschwinden.

Lanzarote

Die Insel zählt 50 000 Einwohner ist mit 795 km² die viertgrößte des Archipels. Die ausgefallene Landschaft übt einen unwiderstehlichen Reiz auf Künstler aus, die sich auf Dauer hier niedergelassen haben. **Lanzarote ⓫** ist in erster Linie Vulkanismus, und man wird das Gefühl nicht los, dass es immer noch glühend rot unter der Oberfläche brodelt. In bestimmten Momenten ist die Landschaft von außergewöhnlicher Schönheit, dann fügen sich Farben und Details zu unvergesslichen Augenblicken.

Man kann den Einfallsreichtum der Einheimischen, mit dem sie ihrer Vulkanlandschaft Lebensräume und Nutzbrin-

Feiner Fisch
Eines der besten Fischrestaurants der Insel ist die **Casa Victor** in dem kleinen Fischerdorf Las Playitas in der Nähe von Gran Tarajal (Tel. 928 87 09 70).

▼ **Das Hotel Tres Islas in Corralejo**

gendes abtrotzen, nur bewundern: Sie türmen die Lava zu Häusern auf und streichen sie weiß; sie bauen Straßen und Feldmauern daraus, pulverisieren sie für Strände und ziehen sogar ihr Gemüse darin. Letzteres ist sicherlich nicht einfach, aber auf Lanzarote gelingt es dennoch.

Der Feigenkaktus ist weit verbreitet auf Lanzarote, war er doch einst die Wirtspflanze für das Hauptexportgut der Insel: die Koschenille-Laus, aus der roter Farbstoff gewonnen wurde. Nach der Erfindung chemischer Färbemittel kam dieser Einkommenszweig jedoch fast völlig zum Erliegen. Eine kleine Produktion hält sich dennoch am Leben, um das Bedürfnis jener zu befriedigen, die auf »natürliche« Farbstoffe nicht verzichten wollen.

Ungewöhnliche Unterkünfte

Ein Teil der Anziehungskraft von Lanzarote geht sicher auf das Werk des 1992 bei einem Unfall ums Leben gekommenen einheimischen Architekten und Künstlers César Manrique zurück. Er war der Initiator von vielen touristischen Attraktionen, ließ Höhlen zu ungewöhnlichen Unterkünften umbauen (**Jameos del Agua** und **Taro de Tahiche**). Einigen Museen leistete er Geburtshilfe, und er war der Architekt mehrerer Aussichtsrestaurants (**Castillo de San José** und **Mirador del Río**). In der **Fondación César Manrique** (Nov. bis Juni tgl. 10–15 Uhr, Juli–Okt. tgl. 10 bis 19 Uhr geöffnet), seinem früheren Haus in der Nähe von **Costa Teguise** sind viele seiner Werke ausgestellt. Manriques ästhetischer Anspruch findet sich auch in den Touristikbauten wieder: maximal zwei Stockwerke und Integrierung traditioneller Elemente. Eine Ausnahme bildet nur die Hauptstadt **Arrecife ⑫**, die von Manrique als städtebauliche Katastrophe verurteilt wurde, und die auch dem Besucher nur wenig zu bieten hat.

Ebenfalls von Manrique gestaltet wurde der **Jardín de Cactus** (tgl. 10–18 Uhr geöffnet, Juli–Sept. bis 19 Uhr), ein großer

Urlaub von der Insel
Nördlich von Lanzarote liegt die kleine Insel **La Graciosa**, deren einsame Strände einen Tagesausflug lohnen. Von Orzola verkehrt mehrmals täglich ein Boot, die Überfahrt dauert knapp eine Stunde.

▼ **Mühsam ist die Landwirtschaft auf Lanzarote**

Kaktusgarten in **Guatiza**. Auf dem terrassenförmig angelegten Gelände wachsen vielfältige Kakteenarten.

Lavahöhlen

Etwas weiter nördlich liegt die **Cueva de los Verdes** (tgl. 10–17 Uhr geöffnet, Juli–Sept. bis 18 Uhr), ein etwa 2 km langes begehbares System aus unterirdischen Lavahöhlen. Der Name der Höhle stammt von der Familie Verde, die sich einst hier vor feindlichen Angriffen versteckt hielt.

Von den insgesamt acht spanischen Nationalparks befinden sich vier auf den Kanaren. Der gewiss ungewöhnlichste davon ist das weitflächige Ödland des **Timanfaya-Parks** ⓭, Ergebnis einer Serie von Vulkanausbrüchen in den Jahren 1730 bis 1736. Das *malpaís* (»schlechtes Land«) bietet nicht einmal Moos- oder Flechtgewächsen Lebensgrundlage. Der großflächige Park ist in erster Linie von erkalteten Felsen überzogen, die einst aus den **Montañas del Fuego** (Feuerberge) ausgeworfen wurden. Die Parkaufseher demonstrieren vor den beeindruckten Besuchern, welche Energie heute noch in der Erde steckt, und im Restaurant »El Diablo« ersetzt der Vulkan gar den Grill. Im kleinen Besucherzentrum von **Mancha Blanca** (Mo–Fr 9–15 Uhr geöffnet, Eintritt frei) kann man sich ausführlich über den Vulkanismus auf Lanzarote informieren.

Playa Blanca ⓮ im Süden der Insel hat sich in den letzten Jahren zum Touristenzentrum entwickelt, hier sind zahlreiche

> **Lavahöhlen**
> → entstehen, wenn ein flüssiger Magmastrom durch ein Hindernis zeitweilig zum Stillstand kommt und dessen Oberfläche erstarrt. Beim Weiterfluss des Magmas im Inneren bleibt die feste Lavakruste bestehen.

Seite
264

▲ Der Künstler und Architekt César Manrique
▼ Wegweiser zum Parque Nacional Timanfaya

Seite 264

Hotels entstanden. Von Playa Blanca legt auch die Fähre nach Fuerteventura ab, die in weniger als einer Stunde die Nachbarinsel erreicht.

Die Nähe zu Afrika

Obwohl die Kanarischen Inseln politisch seit dem 16. Jh. zu Spanien gehören, sind sie geografisch eher ein Teil Nordwestafrikas. Dies gilt insbesondere für die zweitgrößte Insel, Fuerteventura, die lediglich 60 km vom schwarzen Kontinent entfernt ist. Geologisch ist sie eher mit den Wüstenlandschaften und dem Atlasgebirge in Nord- und Westafrika vergleichbar.

Es überrascht deshalb wenig, dass viele der Bräuche der Guanchen (der Ureinwohner der Kanarischen Inseln) auf die der früheren Bewohner des heutigen Nordafrika zurückgeführt werden können. Es gilt als sehr wahrscheinlich, dass die kanarische Ureinwohner von Berberstämmen in Nordafrika, vor allem in Ma-

rokko, abstammen. Diese Theorie wird unterstützt durch die gleiche Physiognomie von Guanchen und Berbern sowie deutliche Ähnlichkeiten der Symbole, Beerdigungsrituale, Werkzeuge und Waffen.

Die kanarische Steinzeit endete jedoch im Jahre 1496, als das Teneriffa der Guanchen in die Hände des spanischen *conquistador* Alonso Fernández de Lugo fiel. Der kulturelle Fokus verlagerte sich mehr als 1000 km nordwärts nach Sevilla und Cadiz, während der Kontakt zu Afrika fast vollständig abbrach. Es dauerte jedoch nicht lange, und die *conquistadores* hatten auch Teile Afrikas dem spanischen Imperium einverleibt.

Heute haben sich die politischen und wirtschaftlichen Beziehungen zwischen Spanien und Marokko ziemlich normalisiert, es bestehen regelmäßige Fähr- und Flugverbindungen. Die Zeiten, in denen marokkanische Kanonenboote spanische (besonders kanarische) Fischerboote beschossen, die sich zu nahe an die marokkanische Küste verirrt hatten, gehören endgültig der Vergangenheit an.

Das nahe gelegene Marokko ist für Touristen schon deshalb attraktiv, weil manche Reisebüros Kurztrips von den Kanarischen Inseln zu den interessanten Städten Marrakesch, Casablanca, Agadir und El Aiún anbieten. Die Luftfahrtgesellschaft Royal Air Maroc (Tel. 922 26 84 64) fliegt regelmäßig zwischen Las Palmas auf Gran Canaria und Agadir bzw. Marrakesch. Insbesondere Marrakesch ist auf Grund seines reichen kulturellen Erbes kunstinteressierten Urlaubern sehr zu empfehlen.

In unregelmäßigen Abständen fallen von Afrika auf die Kanaren gewaltige Heuschreckenschwärme ein, die in der Regel nur kurz, aber mit verheerenden Folgen die Felder heimsuchen. Ihre Zahl und periodische Wiederkehr nahm in den letzten Jahren zu.

Vier- bis fünfmal pro Jahr bringt der Scirocco, ein heißer Wind, feinen Sand und Staub aus der Sahara. Die Temperaturen auf den Kanarischen Inseln schnellen dann eine Woche und länger merklich in die Höhe. ∎

▲ Fischerboot an der Playa Blanca
◀ Verschleierte Frau in Marokko
▶ Karneval auf Lanzarote

Manche verständigen sich im Ausland mit Händen und Füßen.

Andere machen sichs leichter.

Verständigung leicht gemacht: Unsere Sprachführer gibts für 26 Sprachen. Viele davon sind auch als Reise-Set mit Begleit-Kassette bzw. Hör-CD erhältlich. Die Reihe der Universal-Sprachführer umfasst 17 Sprachen.

Langenscheidt L

Fahren Sie in einer Fahrradrikscha durch die Vergangenheit, und lassen Sie sich von Löwentänzern in der Zukunft willkommen heißen.

Live it up!

Live it up in Singapore – Sie werden's Ihr Leben lang nicht vergessen! Durchstöbern Sie historische Gassen, gehen Sie in futuristischen Gallerien shoppen. Ein paar scharfe Pepper Crabs geben dem Tag die richtige Würze und ein Wellness-Center von Weltklasse die nötige Entspannung. Wappnen Sie sich bei einer Feng Shui Tour mit positiver Energie – um Sie später bei einem Zug durch unsere Nachclubs wieder rauszulassen. Kommen Sie nach Singapur, wo das Leben pulsiert wie in keiner anderen Metropole Asiens.

Singapore
NEW ASIA

www.newasia-singapore.com

Wenn Sie mehr Informationen über Singapur benötigen, fragen uns: Singapore Tourism Board, Telefon: 0 69-9 20 77 00, Fax: 0 69-2 97 89 22, E-Mail: info@stb-germany-c

Landeskunde

Geografie

Teneriffa ist mit einer Fläche von 2057 km² die größte Insel des kanarischen Archipels, der aus sieben Hauptinseln sowie sechs kleineren Inseln besteht und etwa 96 km vom afrikanischen Festland entfernt ist. Teneriffa am nächsten liegt La Gomera (30 km).

Die Hauptstadt Teneriffas ist Santa Cruz de Tenerife, Hauptstadt La Gomeras San Sebstián, La Palmas Santa Cruz de la Palma und El Hierros Valverde.

Der Pico del Teide ist mit 3718 m die höchste Erhebung nicht nur der Kanaren, sondern ganz Spaniens.

Klima & Reisezeit

Die Kanaren sind für ihr ganzjährig mildes Klima bekannt. Die Durchschnittstemperaturen variieren von 18° im Winter bis 24° im Sommer. Wenn im Hochsommer der Schirokko heiße Luft aus Afrika heranweht, klettert das Thermometer örtlich auf 40°. Im Winter hingegen können die Temperaturen schlagartig fallen, vor allem im Norden regnet es dann zuweilen heftig, und im Teide-Nationalpark fällt mitunter Schnee. Auf Grund des feuchteren Klimas ist es im Norden auch deutlich grüner als im Süden, wo Golfplätze oder Hotelgärten als grüne Oasen inmitten der wüstenähnlichen Einöde von künstlicher Hand angelegt wurden.

Bevölkerung

Die Kanarier sind ein sehr offenes und herzliches Volk. Einen Einheimischen auch nur flüchtig zu kennen und ihn dann auf der Straße nicht

zu grüßen kommt einer Beleidigung gleich. Ein flüchtiges »buenos días« oder »hola« und ein Händeschütteln werden umgehend erwidert. Wenn man sich gut kennt, ist zur Begrüßung ein Kuss auf jede Wange angebracht. Die Kanarier sind sehr familienorientiert, jegliche Zuwendung zu ihren Kindern wird immer geschätzt.

In Bars ist Fußball das Hauptgesprächsthema, vor allem die Inselteams Las Palmas und Teneriffa werden im Kampf gegen das große Real Madrid oder Barcelona leidenschaftlich unterstützt. Abfällige Bemerkungen sind dann fehl am Platz.

Hektik oder Eile sind den Kanariern fremd. Keine Angelegenheit ist so dringend, dass sie nicht mit einem »mañana« auf den Folgetag verschoben werden könnte. Sie fühlen sich vom Scheitel bis zur Sohle als Insulaner und grenzen sich bei jeder Gelegenheit vom spanischen Festland ab.

Wirtschaft

Die Wirtschaft basiert überwiegend auf Tourismus, Handel und Landwirtschaft – wichtigste Produkte für den Eigenbedarf und für den Export zum europäischen Festland sind Bananen, Tomaten, Avocados, Schnittblumen und seit neuestem zunehmend auch frische Kräuter. In den beiden Haupthäfen Las Palmas (Gran Canaria) und Santa Cruz (Teneriffa) werden pro Jahr jeweils über 50 Millionen Bruttoregistertonnen umgeschlagen. Der Tourismus bildet bei weitem den größten Wachstumsfaktor, so dass sich der Lebensstandard der einheimischen Bevölkerung auch dank der EU-Zuschüsse in den letzten Jahrzehnten deutlich verbessert hat.

Politik

Die Kanarischen Inseln sind eine von 17 Autonomen Regionen Spaniens und damit in die Europäische Union integriert. Die EU findet Ge-

fallen daran, die Inseln mit hohen Zuschüssen zu beglücken, obwohl diese etwa im Vergleich zu Andalusien alles andere als am Hungertuch nagen. Auf diese Weise entstehen allenorten neue Plätze und Parkanlagen, Straßen werden frisch geteert und Wege neu gepflastert. Auch die Einwohner werden finanziell entlastet: Um die Einfuhrkosten zu kompensieren, wird im Gegenzug beispielsweise die Einkommensteuer gering gehalten.

Santa Cruz de Tenerife ist die Hauptstadt der westlichen Inseln Teneriffa, La Palma, La Gomera und El Hierro, während Las Palmas de Gran Canaria die östlichen Inseln Cran Canaria, Lanzarote und Fuerteventura regiert. Die politische Verantwortung über den gesamten Archipel liegt wechselweise in beiden Hauptstädten, alle vier Jahren finden am Ende einer Legislaturperiode gleichzeitig auch Kommunalwahlen statt. Während das 60-köpfige Parlament in Santa Cruz tagt, liegt der höchste Gerichtshof in Las Palmas; die verschiedenen Ministerien teilen sich die beiden Städte. Jede Insel verfügt über einen eigenen Rat (»cabildo«).

Reiseplanung & Reiseformalitäten

Auf den Kanarischen Inseln stehen Ihnen die örtlichen Touristeninformationen zur Verfügung, die entsprechenden Adressen und Telefonnummern finden Sie im Abschnitt »Orte von A–Z« (s. S. 284 ff.).

Spanische Fremdenverkehrsämter

Vor der Reise können Sie sich an die Spanischen Fremdenverkehrsämter wenden, die gerne nähere Auskünfte erteilen sowie Informationsmaterialien verschicken.

In Deutschland

◼ 10707 Berlin, Kurfürstendamm 180, Tel. (030) 882 65 43, Fax 882 66 61.
◼ 40210 Düsseldorf, Grafenberger Allee 100, Tel. (0211) 680 39 80, Fax 680 39 85.
◼ 60323 Frankfurt, Myliusstr. 14, Tel. (069) 72 50 33, Fax 72 53 13.
◼ 80051 München, Postfach 15 19 40, Tel. (089) 53 07 46 13, Fax 532 86 80.

In Österreich

◼ 1010 Wien, Walfischgasse 8, Tel. (01) 512 95 80, Fax 512 95 81.

In der Schweiz

◼ 8008 Zürich, Seefeldstr. 19, Tel. (01) 252 79 30, Fax 252 62 04.

Reisedokumente

Reisende aus Deutschland, Österreich und anderen EU-Staaten können ohne Passkontrolle einreisen. Ausweis oder Pass gehören trotzdem für den Fall etwaiger Polizeikontrollen ins Reisegepäck. Kinder bis 16 Jahre, die keinen eigenen Ausweis besitzen, müssen im Pass der Eltern eingetragen sein. Besucher aus der Schweiz dürfen ohne Visum maximal drei Monate bleiben. Ist ein längerer Aufenthalt geplant, sollte man sich schon zu Hause bei der Spanischen Botschaft ein Visum besorgen.

Krankenversicherung

Zwischen den EU-Mitgliedsstaaten besteht ein Sozialversicherungsabkommen, das Urlaubern im Krankheitsfall eine kostenlose Behandlung auf Krankenschein garantiert. Mitglieder einer gesetzlichen Kranken- oder Ersatzkasse benötigen je-

doch von ihrer Versicherung den Anspruchschein E-111.

Geld

Als Währung gilt bis 2002 noch die spanische Peseta, dann erleichtert der Euro den Umgang mit Geld. Bis dahin sind Scheine zu 200, 500, 1000, 2000, 5000 und 10 000 sowie Münzen zu 1, 5, 10, 25, 50, 100, 200 und 500 Peseten im Umlauf. Offizieller Kurs seit Januar 1999: 85 Ptas = 1 DM; 1 Euro = 166,386 Ptas. Am besten hat man schon einige Peseten für kleinere Ausgaben in der Tasche, wenn man am Flughafen ankommt. Die meisten Hotels, Läden und einige Restaurants in den Urlaubsorten nehmen Kreditkarten und Reiseschecks an. Banken und Wechselbüros tauschen in der Regel gebührenfrei; der Ausweis muss vorgelegt werden. In den wichtigsten Orten auch der kleineren Inseln stehen ausreichend Geldautomaten zur Verfügung.

Kleidung

Warme Winterkleidung wie Mantel, Handschuhe und Stiefel können getrost zu Hause gelassen werden. Auch an feuchten windigen Tagen reichen ein warmer Pullover und eine Windjacke für die Besteigung des Pico del Teide oder eine Bootsfahrt vollkommen aus. Feste Schuhe sind auf Wandertouren unentbehrlich, da das Vulkangestein sehr schroff sein kann. Am Strand erweisen sich Sandalen dann als nützlich, wenn der Sand in der Mittagshitze kochend heiß ist. Wichtig sind auch Sonnenhut, Sonnenbrille und Sonnenschutzcreme. Luftige Baumwollkleidung ist am bequemsten, am Abend reicht Freizeitkleidung vollkommen aus. Vermeiden sollte man allerdings, in Badekleidung eine Kirche zu besichtigen. Auf Teneriffa gibt es in allen wichtigen Urlaubsorten eine Vielzahl an Textilläden für Jung und Alt. Ebenso einfach ist es, sich mit Filmen,

Büchern, Zeitungen, Spielsachen sowie Strand- und Sportartikeln einzudecken. Auf internationale Lebensmittelmarken muss man ebenfalls nicht verzichten.

Zoll

Die Kanaren sind noch immer Freihandelszone, weswegen es bei der Einreise keine Zollkontrollen gibt. Bei der Rückkehr nach Deutschland, Österreich und in die Schweiz gelten folgende Freigrenzen (wegen des kanarischen Sonderstatus niedriger als EU-üblich): 200 Zigaretten, 100 Zigarillos, 50 Zigarren oder 250 g Tabak; 1 l Spirituosen über oder 2 l unter 22 Vol.- % (bzw. 15°) Alkoholgehalt oder 2 l Schaumwein, dazu 2 l Tischwein. Souvenirs sind frei bis 350 DM, 200 CHF bzw. 2500 öS.

3

Anreise

Mit dem Flugzeug

Alle sieben großen Inseln des kanarischen Archipels besitzen einen Flughafen, der neueste auf La Gomera eröffnete erst im Herbst 1998. Die spanische Fluggesellschaft Iberia fliegt täglich von verschiedenen Flughäfen in Deutschland über Madrid nach Teneriffa und Gran Canaria und von dort weiter auf die kleineren Inseln. Am günstigsten sind Charterflüge von Gesellschaften wie LTU, Condor oder Hapag Lloyd, die mehrmals wöchentlich von vielen deutschen Flughäfen Nonstop nach Teneriffa-Süd, La Palma, Gran Canaria, Lanzarote und Fuerteventura fliegen. Diese Flüge werden von zahlreichen Reiseveranstaltern auch in Verbindung mit Unterkunft und Transfer als Pauschalreisen angeboten. Flughafeninformation:

- Reina Sofía Tel. 922 75 90 00.
- Los Rodeos Tel. 922 63 58 00.

Büros der Iberia

- **In Frankfurt:**
Tel. 06 22/72 82 54. Erteilt Auskünfte und Reservierungen.
Verkaufsbüros in Santa Cruz de Tenerife:
- **Avda. Anaga 23,**
Tel. 922 28 11 12, Fax 922 27 13 74.
- **Zentrale Buchungsnummer**
auf Teneriffa: Tel. 902 40 05 00.
- **Flughafen Reina Sofía,**
Tel. 922 75 92 85, Fax 922 75 92 86.
- **Flughafen Los Rodeos,**
Tel./Fax 922 63 58 79. Über ihn werden die meisten Inlandflüge zu den Nachbarinseln und dem spanischen Festland abgewickelt.

Mit dem Schiff

Die Trasmediterránea verkehrt als einzige Auto- und Passagierfähre mehrmals wöchentlich zwischen Cádiz und Santa Cruz (Teneriffa). Die Überfahrt dauert etwa 42 Stunden, es besteht Anschluss zu allen anderen großen Inseln. Zentralbüro der Fährgesellschaft:
- **Calle Alcala, Madrid,**
Postfach 2 80 14.
Passagiere, die buchen oder sich informieren wollen, wählen am besten zuerst die Telefonnummer (34) 90 245 46 45, bevor sie sich an die örtlichen Büros in Spanien und den Kanaren wenden.
Fährbüro auf Teneriffa:
- **Est Marítima Muelle de Ribera,**
Santa Cruz, Postfach 3 80 01,
Tel. siehe oben, Fax 922 84 22 44.

Inselfähren

Die großen Kanarischen Inseln sind mit einem dichten Netz aus Fähren und Tragflächenbooten miteinander verbunden. Der Fahrplan ändert sich jedoch immer wieder. Hauptanbieter sind wiederum:
- **Trasmediterránea,**
Tel. (34) 90 245 46 45, Internet: www.trasmediterranea.es.

- **Fred. Olsen Line,** Poligono Industrial Añaza s/n, Santa Cruz de Tenerife, Tel. 922 62 82 00, Fax 922 62 82 53, Internet: www.fredolsen.es.

Mit dem Auto

Selbstfahrer gelangen durch das spanische Festland nach Cádiz und setzen von dort aus mit der Fähre nach Teneriffa über. Die Fähren nehmen Fahrzeuge jeder Größe auf und sind mit Kabinen von üblichem Standard ausgestattet. Touristen, die sich nicht länger als sechs Monate auf den Kanarischen Inseln aufhalten, dürfen ihr Kraftfahrzeug unbegrenzt lange mit ausländischer Zulassung fahren. Das Auto kann also auch während einer vorübergehenden Abwesenheit auf den Inseln verbleiben. Wer sich dagegen auf Dauer auf den Inseln niederlässt, muss das Fahrzeug ummelden, wofür hohe Gebühren und Steuern fällig werden.

Reisen im Land

4

Flugzeug

Die kanarische Gesellschaft **Binter Canarias** bietet regelmäßige Inselflüge an:
- **Flughafen Los Rodeos,**
Tel. 922 26 43 46, Fax 922 25 35 42, Internet: www.bintercanrais.es

Öffentliche Verkehrsmittel

Das Busunternehmen TITSA fährt fast alle Orte auf der Insel an. Die meisten der weißgrün gestrichenen Fahrzeuge sind relativ neu und sauber und verfügen über eine Klimaanlage. Der Bus auf den Kanarischen Inseln heißt »guagua« und

die Bushaltestelle »parada«. Die Schnellrouten entlang der Autobahn sind ideal für einen Tagesausflug von Playa de las Américas oder Los Christianos nach Santa Cruz.
In den Büros der TITSA gibt es Gutscheine (»bono«) für Fahrkarten, die ein Jahr gültig sind. Dadurch ermäßigt sich der Fahrpreis auf der angegebenen Strecke um 30 Prozent. Der Busfahrer kassiert den Fahrpreis, Einstieg ist vorne und Ausstieg hinten.

Busbahnhöfe auf Teneriffa:
- Santa Cruz: Avda. Tres de Mayo, Tel. 922 79 54 27/21 56 99.
- Puerto de la Cruz: Tel. 38 18 07.
- Playa de las Américas:
Tel. 79 54 27.

Taxi

Die Fahrzeuge sind mit einem grünen Licht und der Aufschrift »SP« (»Servicio Público«) auf dem Wagendach gekennzeichnet. Abgerechnet wird nach dem Stand des Taxameters. Für extrem lange Fahrten oder Tagesausflüge kann eine Pauschale vereinbart werden. Für den Transport von Gepäckstücken im Kofferraum oder bei Fahrten spät in der Nacht wird ein Zuschlag erhoben.
Alle außergewöhnlichen Vorfälle mit Taxifahrern sollten der »Policia Muncipal« gemeldet werden, die ein Register aller Taxigesellschaften und -fahrer führt; dabei die Registrierungsnummer des Fahrzeugs angeben. Die Bearbeitung der Beschwerden kann jedoch lange Zeit in Anspruch nehmen.

Mietwagen

Verglichen mit dem europäischen Festland sind Mietautos auf den Kanarischen Inseln sehr preiswert. Fahrzeuge gibt es in allen Klassen, entsprechend der Größe variiert auch der Preis. Die Mietdauer beträgt 1, 3, 7 oder mehr Tage. Je länger die Mietdauer, desto geringer der Preis pro Tag. Es lohnt sich, nach Sonderangeboten Ausschau zu halten.

Kindersitze und Dachgepäckträger sind meist verfügbar. Der Fahrer muss über 21 Jahre alt sein, manche Unternehmen verlangen auch ein Mindestalter von 25 Jahren. Beim Abschluss des Mietvertrags Führerschein und Pass mitbringen. Eine Vollkaskoversicherung ist empfehlenswert.

In den großen Touristenzentren kann man auch Mopeds, Motorroller und Motorräder ausleihen. Avis, Hertz und Betacar haben Büros am internationalen Flughafen. Am besten ist es, das Mietauto bereits bei der Reisebuchung im Reisebüro zu bestellen.

Verkehrhinweise

Auf den Kanarischen Inseln gilt die Anschnallpflicht. Es ist verboten, während der Fahrt das Handy zu benutzen und Zigarettenkippen oder Abfall aus dem Fenster zu werfen. Die Polizei handelt hier rigoros und verhängt auf der Stelle eine saftige Geldstrafe. Die Verkehrszeichen sind international, das Fahren in den Großstädten ist mitunter etwas stressig.

Manche Tankstellen sind nachts und sonntags geschlossen, andere haben rund um die Uhr geöffnet. Nicht alle akzeptieren eine Kreditkarte. In den Geschäftsstraßen von Santa Cruz, Puerto de la Cruz, Los Cristianos und Playa de las Américas gibt es gebührenpflichtige Parkplätze am Straßenrand, sie sind blau markiert (»zonas azules«). Auf dem Land ist der Verkehr meist gering, zudem laden schöne Plätze zum Picknick oder Spazierengehen ein. Besonders in den Bergen sollte man extrem vorsichtig fahren.

Höchstgeschwindigkeiten

- Autobahn: 120 km/h
- Schnellstraße: 100 km/h
- Landstraße: 90 km/h
- Stadtverkehr: 50 km/h
- Wohngebiete: 20 km/h

Praktische Informationen

5

Banken

Gegen Gebühr tauschen alle spanischen Banken sowohl Devisen als auch Reisechecks. Mit der Kreditkarten sowie der ec-Karte und Geheimzahl kann man an zahlreichen Geldautomaten (telebancos, cajeros) pro Tag 25 000 Ptas abheben. Rufnummern in Madrid bei gestohlenen Kreditkarten:

- Eurocard: 915 19 60 00
- American Express: 915 72 03 03
- Visa/MasterCard: 915 19 21 00

Behinderte

Reiseinformationen erteilt:
- **Bundesarbeitsgemeinschaft der Clubs Behinderter und ihrer Freunde e. V.**, Eupener Str. 5, 55131 Mainz, Tel. (061 31) 22 55 14.
Einen Hotelführer (38 DM) für das europäische Ausland, speziell für Rollstuhlfahrer gibt heraus:
- **Verlag FMG,**
Postfach 15 47, 53005 Bonn, Tel. (02 28) 61 61 33.

Feiertage

In Spanien werden landesweit folgende Feiertage begangen:
- 1. Januar: Neujahr (Año nuevo)
- 6. Januar: Dreikönigstag (Reyes Magos)
- 19. März: Josefi (San José), zugleich Vatertag
- März/April: Karfreitag und Ostermontag
- 1. Mai: Tag der Arbeit (Día del Trabajo)
- 30. Mai Tag der Kanaren (Día de Canarias)
- Mai/Juni: Fronleichnam (Corpus Cristi)

- 29. Juni: Peter und Paul (San Pedro y San Pablo)
- 25. Juli: Tag des hl. Jakobus (Santiago)
- 15. August: Mariä Himmelfahrt (Asunción)
- 12. Oktober: Entdeckung Amerikas (Día de la Hispanidad)
- 1. November: Allerheiligen (Todos los Santos)
- 6. Dezember: Tag der Verfassung (Día de la Constitución)
- 8. Dezember: Mariä Empfängnis (Inmaculada Concepción)
- 25. Dezember: Weihnachten (Navidad)

Die meisten Orten begehen einmal im Jahr ihr Patronatsfest. Alle Banken und Verwaltungsbüros einschließlich der Post und Touristeninformationen bleiben an Feiertagen geschlossen. In den Touristenzentren öffnen einige Supermärkte und Souvenirshops für ein paar Stunden. Busse und Taxen verkehren wie üblich, doch sind die Straßen oft verstopft.

Gesundheitsvorsorge

Zwischen den EU-Mitgliedsstaaten besteht ein Sozialversicherungsabkommen, das Urlaubern zumeist kostenlose medizinische Behandlung garantiert. Erkundigen Sie sich vor dem Antritt der Reise bei Ihrer Krankenkasse über die örtlichen Bestimmungen oder den eventuellen Abschluss einer Auslandskrankenversicherung.

Krankenhäuser

Die fünf Krankenhäuser auf Teneriffa bieten relativ gute medizinische Betreuung, allerdings gibt es dort lange Wartezeiten, und von den Ärzten und dem Pflegepersonal sprechen nur wenige Englisch oder Deutsch. In den Touristeninformationsbüros, an der Hotelrezeption sowie aus lokalen deutschen und englischen Zeitungen sind Adressen von Ärzten mit Fremdsprachenkenntnissen zu erfahren. Dort erfolgt allerdings fast immer eine private Behandlung, die im Allgemeinen zwar schnell und zuverlässig ist, weil man sich gut verständigen kann, aber auch sofort bezahlt werden muss.

Grundsätzlich schützt man sich vor Krankenheiten am besten, indem man sich nach der Ankunft langsam akklimatisiert. Insbesondere die Kombination von Sonne und Alkohol kann fatale Folgen haben. Wer viel Wasser trinkt, stärkt damit sein Immunsystem.

Wichtige Telefonnummern:

- **Ärztliche Notfalldienste:** Tel. 64 12 00.
- **Apotheken 24-Stunden-Service:** Tel. 28 24 24.
- **Allgemeines Krankenhaus,** Santa Cruz: Tel. 64 10 11.
- **Kinderklinik,** Santa Cruz: Tel. 28 65 50.
- **Centro Médicos del Sur,** Playa de las Américas: Tel. 79 10 00.
- **Centro Médico Salud,** Puerto de la Cruz: Tel. 38 76 65.

Zahnärzte

Nach der spanischen Gesundheitsgesetzgebung sind Zahnbehandlungen sofort zu bezahlen und erst danach bei der Versicherung geltend zu machen. Notfälle werden vorrangig behandelt. Der spanische Ausdruck »dentista« weist nicht auf einen Zahnarzt hin, fragen Sie nach einem »odontólogo«. In Touristeninformationsbüros, an der Hotelrezeption sowie in lokalen deutschen und englischen Zeitungen sind Adressen von deutschsprachigen Zahnärzten zu erfahren.

Apotheken

Bei kleineren Gesundheitsprobleme erhält man Rat in der »farmacia« sowie die entsprechende Medikamente. Eine Beratung vom Apotheker ist häufig billiger und schneller als von einem Arzt. Apotheken sind während der üblichen Zeiten geöffnet und durch ein grünes Kreuz gekennzeichnet. Nachts hängt eine Liste aus, aus der die Notfallapotheke ersichtlich ist (siehe auch Notrufnummern).

Rotes Kreuz

Das »cruz roja« führt Krankentransporte und Ambulanz durch (siehe Notrufnummern S. 279). Das Personal spricht häufig Deutsch oder Englisch. Adressen von Klinken sind in den Touristeninformationsbüros, an der Hotelrezeption sowie aus lokalen deutschen und englischen Zeitungen zu erfahren.

Internet

- **Atlantis Net,** Calle del General Franco 36, Los Cristianos. Bietet öffentlichen Zugang in das Internet. Darüber hinaus gibt es in mehreren Orten Internet-Cafés.

Öffnungszeiten

Die Banken haben in der Regel Mo–Fr 9–13.30 und Sa 9–12.30 geöffnet; viele bleiben von Juni bis Ende Oktober samstags geschlossen. Die gleichen Zeiten gelten für öffentliche Gebäude. Postämter haben normalerweise Mo–Fr 9 bis 14 Uhr und Sa 9–13 Uhr, die meisten Supermärkte täglich 8.30 bis 13.30 und 16–20 Uhr geöffnet. In den Touristenzentren öffnen manche Lebensmittel- und Souvenirläden auch sonntags 10–13.30 Uhr.

Post

Postämter haben meist Mo–Fr 9–14 und Sa 9–13 Uhr geöffnet. Briefmarken (sellos) werden auch in Tabakläden und an den meisten Hotelrezeptionen verkauft. Die Briefkästen sind gelb.

- **MBE,** Calle Antigua General Franco 6, Los Cristianos, Tel. 922 75 24 96, Fax 922 75 04 39. Bietet sicheren Briefversand und Nachsendeservice.

Postämter auf Teneriffa:

- Santa Cruz: Tel. 24 51 16.
- Puerto de la Cruz: Tel. 38 25 68.
- Playa de las Américas: Tel. 75 05 84.
- Los Cristianos: Tel. 79 10 56.

Telefon

Öffentliche blaugrüne Telefonzellen mit ausführlicher Anleitung in mehreren Sprachen sind weit verbreitet. Die Apparate lassen sich sowohl mit Münzen als auch mit Telefonkarte bedienen, die man in Tabakläden, Supermärkten und Geschäften erwerben kann. In den Telefonläden kann man täglich von 9–21 Uhr anrufen, das Gespräch wird am Schalter angemeldet und bezahlt.

- **Telefonauskunft:** Tel. 1003.

Vorwahlen

- Deutschland: 00 49
- Österreich: 00 43
- Schweiz: 00 41
- Spanien: 00 34

Trinkgeld

Taxifahrer und Kellner erwarten in etwa ein Trinkgeld von 10 %. Manche Restaurants schlagen Bedienungsgeld bereits auf den Preis auf. In Bars nimmt der Kellner auch gerne ein Trinkgeld an, es sei denn, man sitzt direkt an der Theke.

Zeit

Auf den Kanarischen Inseln gilt die westeuropäische Zeit (WEZ). Es ist immer eine Stunde früher als in Mitteleuropa.

Zeitungen

Das Angebot aktueller deutschsprachiger Zeitungen und Zeitschriften ist vor allem auf den großen Inseln immens, oft erreichen die Tagesausgaben den Urlaubsort noch am selben Tag. Der Wochenspiegel erscheint wie das englischsprachige »Double Here and Now« alle zwei

Wochen und liefert Inselneuigkeiten und Tipps für einen gelungenen Urlaub. In spanischer Sprache sind die Tageszeitung »El Día« und die »Jornada« überall zu haben, letztere überwiegend mit Sportreportagen vom Wochenende.

Notfälle

Sicherheit, Kriminalität

Die kanarischen Behörden registrieren mit wachsender Sorge, dass mit den Touristenzahlen auch die Straftaten innerhalb der Bevölkerung ansteigen. Vor allem in den Touristenzentren nehmen Rauschgiftdelikte, Autodiebstahl, Einbrüche und Handtaschenraub immer mehr zu. Gewaltverbrechen sind jedoch die absolute Ausnahme.
Die meisten Hotels und Apartments verfügen über Safes, und es ist ratsam, diese auch zu benutzen. Darüber hinaus sollte man bei Abwesenheit Zimmer- und Balkontür sowie die Fenster geschlossen halten. Lassen Sie nie Wertsachen im Auto, auch nicht im verschlossenen Kofferraum. Von wichtigen Dokumenten wie Pass und Führerschein empfiehlt es sich, eine Fotokopie zu machen und zusammen mit den Daten der Kreditkarte an einem sicheren Ort zu verwahren. Man sollte nie größere Geldbeträge beim Spazierengehen in der Handtasche mitführen – ein Geldgürtel ist hier sehr nützlich. Meiden Sie nachts schlecht beleuchtete Gegenden.
Sollten Sie Pech haben und einer kriminellen Tat zum Opfer fallen, wenden Sie sich umgehend an den Vertreter Ihres Reiseveranstalters, der den weiteren Ablauf kennt. Individualreisende kontaktieren die nächstgelegene Station der Policía

National oder Guardia Civil. Etliche der dortigen Beamten sprechen Deutsch oder Englisch. Angaben zum Tathergang legen Sie in jedem Fall schriftlich dar. Für Versicherungsfälle ist die Abschrift des polizeilichen Verfahrens erforderlich.

Unfall

Bei Verwicklung in einen Verkehrsunfall betreuen Sie die Verletzten am Unfallort, bis ein Notarztwagen oder die Polizei eintrifft. Tauschen Sie die Versicherungsdaten aus, auch wenn es keine Verletzten gibt. Lassen Sie das Fahrzeug nicht reparieren, wenn keine Schadensabschätzung vorliegt oder der Versicherungsanspruch nicht feststeht.

Polizei

Es gibt drei unterschiedliche Arten von Polizei. Die »Policía Nacional« trägt braune Uniformen und kümmert sich um kleinere Delikte wie Diebstahl. Die »Policía Municipal« ist eine Art Verkehrspolizei und trägt blaue Uniformen und weiße Kappen. Die »Guardia Civil« ist am wichtigsten; die grün gekleideten Polizisten sprechen neben Spanisch auch Englisch und übernehmen von Geschwindigkeitskontrollen bis zur Mordaufklärung beinahe alle Angelegenheiten.
Zeitungsberichten zufolge ist die Aufklärungsrate der kanarischen Polizei höher als auf dem spanischen Festland. In den vergangenen Jahren wurden große Anstrengungen unternommen, um Straßen sicher zu machen sowie Besitztümer und Personen zu schützen. Die Polizei auf den Kanarischen Inseln ist gut geschult und patrouilliert Tag und Nacht in den Touristenzentren.

Konsulate

Deutschland

■ **Vizekonsulat,**
38001 Santa Cruz de Tenerife,
Avenida Anaga 45,

Tel. 922 28 48 12/16, geöffnet Mo–Fr 9–12 Uhr, in dringenden Fällen nach Vereinbarung
Tel. 922 28 48 12.

Österreich

■ **Konsulat,**
38002 Santa Cruz de Tenerife,
Calle de San Francisco 17,
Tel. 922 24 37 99,
geöffnet Mo–Fr 10–12 Uhr.

Schweiz

■ **Konsulat,**
35004 Las Palmas de Gran Canaria,
Calle Domingo Rivero 2,
Ecke Juan XXII,
Tel. 928 29 34 50/928 29 00 70,
geöffnet Mo–Fr 9–12 Uhr.

Notrufnummern

Auf Teneriffa gilt der europaweite Notruf Tel. 112. Der Dienst arbeitet mehrsprachig, auch in Deutsch. Er gilt für Notfälle und Erste Hilfe (ambulancia), Polizei (policía) und Feuerwehr (bomberos).

Rotes Kreuz:
■ **Santa Cruz:** Tel. 922 28 18 00.
■ **Puerto de la Cruz:**
Tel. 922 38 38 12.
■ **Adeje (Las Américas):**
Tel. 922 79 05 05.

Unterkunft

Hotels

Die Auswahl an Unterkünften aller Kategorien ist auf den Kanarischen Inseln beträchtlich; sie reicht von eleganten luxuriösen Fünf-Sterne-Hotels und Apartmentanlagen mit Swimmingpools in abgeschiedenen Grünanlagen entlang der Dünen bis zu einfachen Pensionen auf dem

Land. Meist ist es günstiger, ein Pauschalangebot eines Reiseveranstalters zu nutzen, als in eigener Regie eine Unterkunft zu buchen. Das umfassende Angebot bedient alle Alters- und Interessengruppen, Golfer und Windsurfer etwa finden jederzeit ein für sie adäquates Quartier.

Günstigere Apartments oder Pensionen können am ehesten in den Städten oder auf dem Land gemietet werden. In letzter Zeit ist auch der Finca-Tourismus auf dem Vormarsch, das Programm der Inselregierung sieht vor, immer mehr alte Landhäuser in naturnahe Urlaubsquartiere umzurüsten. In den meisten Fällen liegen die Fincas in bezaubernder Umgebung, oft mit herrlichem Blick auf ein grünes Tal oder auf das offene Meer. Nähere Auskünfte und Reservierungen über:

■ **Aricotour,** Carretera General 11, 38580 Arico, Tel./Fax 922 16 11 33.

■ **Atrea,** Turismo Rural, Carretera General de Tacaronte-Tejina, La Estación Tacaronte, Tel. 922 57 00 15, Fax 922 57 27 03. Eine aktuelle Preisliste sämtlicher Unterkünfte auf Teneriffa und den Nachbarinseln ist einer bei den Touristeninformationen einzuholenden Broschüre zu entnehmen, auch wenn die Mehrzahl der Buchungen heute über die Reiseveranstalter laufen.

Inzwischen haben die Inselbehörden und Hotelmanager einen Sinneswandel vollzogen, der darauf abzielt, sich vom Strandfamilien- und Fußballrüpel-Image zu verabschieden und sich stattdessen dem neuen Ferientrend zu öffnen. Die Folge ist, dass seit einigen Jahren nur noch Vier- und Fünf-Sterne-Hotels sowie Luxusapartsments neu gebaut werden und billigere Unterkünfte deshalb immer schwieriger zu finden sind.

Die bei den einzelnen Orten (s. S. 284 ff.) aufgeführten Unterkünfte stellen lediglich eine Auswahl aus dem riesigen Angebot dar.

Preiskategorien

für ein Doppelzimmer pro Nacht:
$$$ komfortable Unterkünfte ab 160 Euro.
$$ Mittelklasseunterkünfte, 80 bis 160 Euro.
$ einfache Unterkünfte bis 80 Euro.

Camping

Campen ist auf den Kanarischen Inseln relativ unüblich. Auch wenn die Einheimischen in den Sommerferien ihre Zelte gern am Strand oder in den Bergen aufschlagen, so wird es doch bei Touristen nicht gerne gesehen. In den Nationalparks ist das Zelten generell verboten! Der einzige reguläre Campingplatz auf Teneriffa liegt im Süden bei Las Galletas. Nach Jugendherbergen sucht man auf den Kanaren vergeblich.

Essen & Trinken

Allgemeines

Die Küche auf den Kanarischen Inseln ist einfach, aber gut. In der Vergangenheit wurden nur wurden notwendige Nahrungsmittel importiert – etwas anderes konnte man sich gar nicht leisten. Für große Mengen Vieh ist nicht genug Weideland vorhanden, dafür werden eine Vielzahl von Obst- und Gemüsesorten angebaut. Die Canarios sind mit ihrer Standardkost sehr zufrieden und suchen nur selten die indischen, chinesischen, deutschen oder englischen Restaurants in den Touristenzentren auf. Nur die italienische Küche bildet eine Ausnahme und ist auch bei den Einheimischen beliebt.

Wer selbst kochen möchte, findet in den Geschäften ein komplettes Sortiment. Die Preise liegen in der Regel etwas über denen in Mitteleuropa, deshalb sollten Sie Läden oder Supermärkte außerhalb der Touristenzentren aufsuchen, da die Preise dort günstiger sind. Immer zu empfehlen ist der Besuch eines Marktes.

Frühstück

Die Hotels bieten reichhaltige Frühstücksbuffets und haben sich auf mitteleuropäischen Geschmack eingestellt. In der örtlichen Bar oder einem Café besteht das Frühstück dagegen meist nur aus Kaffee und einem Sandwich oder einem Stück Kuchen. Tee ist nicht gerade eine kanarische Spezialität, er besteht meist aus einer Tasse mit heißem Wasser und einem Teebeutel. Der Kaffee ist gut, für manchen Geschmack etwas stark. Die Kaffee-Arten sind: »café solo« – klein, stark, schwarz; »café cortado« – klein, mit Milch, sehr stark; »café con leche« – groß, mit Milch.

Die kanarische Küche

Bei den Vorspeisen sind »salchichas« (Würstchen) sehr beliebt, sie werden sogar in manchen Restaurants mit Brandy flambiert. Viele Bars und Restaurants bieten Pilze in Knoblauch an oder »jamón serrano« (rohen Schinken) mit Ziegenkäse. Manchmal hängen die riesigen Schinken von der Decke herab. Ziegenkäse wird oft mit »morcilla« serviert, einer typisch spanischen Blutwurst, deren kanarische Variante sich durch die Zugabe von Sultaninen auszeichnet.

Fleischgerichte sind allgemein üblich. Kaninchenfleisch (»conejo«) wird in den Bergen gerne gegessen, und auch Ziegenfleisch können Sie dort bekommen. Gängiger sind das allgegenwärtige »pollo« (Hähnchen), »bistec« (Steak) und »chuleta de cerdo« (Schweinekotelett). Fleischgerichte kommen normalerweise mit gemischtem Salat und Pommes Frites auf den Tisch.

Auch Fischgerichte gibt es überall auf der Insel. Am beliebtesten sind »calamares« (Tintenfisch) und »pulpo« (Polyp). Häufig bereitet der Koch den gewünschten Fisch direkt in der Küche je nach Geschmack und Appetit zu, ohne dass man die einheimischen Namen aller Arten kennen muss. Als Beilagen zum Fisch werden in der Regel »papas arrugadas« (kleine Schrumpfkartoffeln) mit Mojo-Sauce serviert. Die Sauce gibt es entweder rot und scharf oder grün und mild.

Typische kanarische Gerichte

■ »Rancho canario«:
Fleisch- und Gemüseeintopf.
■ »Gofio«: gemahlene Gerste und Mais, das Hauptnahrungsmittel für Kleinkinder auf den Inseln. Gofio wird in Milch oder Kaffee gemixt, mit Schokolade und Honig in Süßigkeiten verwandelt oder Suppen und Eintöpfen hinzugegeben.
■ »Arroz con pescado«:
Fisch- und Reissuppe.
■ »Garbanzo compuesto«:
Eintopf mit Kichererbsen und Kartoffeln.

Snacks

In den Bars werden Sandwiches oder Brötchen (»bocadillos«) mit verschiedenen Belägen wie Käse, Schinken oder »chorizo« (Knoblauchwurst) angeboten. »Tapas« sind kleine Appetithappen, die zu Getränken serviert werden. Auf den Kanaren ist die Variationsbreite nicht ganz so groß wie auf dem spanischen Festland, doch offeriert jede Bar zumindest eine kleine Auswahl. Sie werden hinter einer Glasvitrine ausgestellt, an der man leicht seinen Wünschen Ausdruck verleihen kann, auch wenn man des Spanischen nicht mächtig ist. Typische Tapas sind Tintenfisch in Essig und Salat, russischer Salat aus Kartoffeln und Gemüse, »boquerones« (Sardellenart) oder frische Anchovis, Garnelen in Knoblauchsalat und nicht zuletzt die spanische »tortilla« (Omelett).

Kanarische Restaurants

Typische kanarische Restaurants sind sehr einfach eingerichtet, was jedoch nicht die Qualität der Küche schmälert. Beachten Sie, dass manche Restaurants in den Städten abends geschlossen bleiben, da sie auf spanische Kunden eingestellt sind, die in den Büros und Geschäften arbeiten und hier ihre Mittagsmahlzeit zu sich nehmen.

Wohin zum Essen?

In den Touristenzentren Puerto de la Cruz und Playa de las Américas gibt es unzählige Restaurants aller Preiskategorien. Einheimische Gerichte stehen allerdings nur selten auf der Speisekarte. Meist werden internationale Speisen serviert und neben italienischen und chinesischen Restaurants gibt es auch zahlreiche Restaurants, die auf die Landesküche der Touristen aus Skandinavien, Deutschland und Großbritannien spezialisiert sind. Traditionelle Gaststätten findet man noch in der Altstadt von Puerto de la Cruz. In Los Cristianos gibt es noch ein paar typische Restaurants in Hafennähe, die Fischspezialitäten servieren.

Nach einer reizvollen Fahrt durch das Anagagebirge findet man in Taganana einige gute Restaurants, und unterhalb des Orts an der Küste hat man an der Playa del Roque die Wahl zwischen mehreren einfachen, aber guten Fischrestaurants. In dem kleinen Fischerdorf Los Abrigos in der Nähe des internationalen Flughafens findet man rund ein Dutzend Restaurants, die bei Touristen und Einheimischen gleichermaßen beliebt sind. Hier gibt es fangfrischen Fisch, meist kann man das Essen im Freien auf einer Terrasse genießen. An der Playa de las Teresitas gibt es ebenfalls ein paar gute Fischrestaurants, die an den Wochenenden von Ausflüglern aus Santa Cruz besucht werden. Auf der Strecke von La Laguna zu den Cañadas liegt in 850 Meter Höhe der Ort La Esperanza, der für seine guten Ausflugslokale weithin bekannt ist.

Gute typische Restaurants abseits der Touristenhochburgen findet man auch in verschiedenen Kleinstädten rund um die Insel: In Icod gibt es nicht nur typisch kanarische Küche, sondern man kann hier auch den einheimischen Wein probieren. Auch Garachico ist für seine gehobene, allerdings nicht ganz billige einheimische Küche bekannt. Im Süden Teneriffas lockt vor allem Arona die Feinschmecker an, wo man ebenfalls kanarische Küche probieren kann. In Candelaria ist ein Restaurant mit typischer Küche in eine Felswand hineingebaut. Im Weinbauort Tacoronte gibt es gut frequentierte Restaurants, die auch erlesene einheimische Weinsorten anbieten.

Preiskategorien

Für ein Menü für zwei Personen mit Wein:
$$$ über 70 Euro
$$ 40 bis 70 Euro
$ unter 40 Euro
Im Durchschnitt kostet eine vollständige Mahlzeit weniger als 15 Euro. Darin sind Vor-, Haupt- und Nachspeise sowie Wein, Kaffee und ein Likör eingeschlossen. Dazu sind 5–10 % des Rechnungspreises als Trinkgeld üblich.

Getränke

Alkoholische Getränke sind nach wie vor preiswert, denn durch die Steuerfreiheit gelten auf den Kanarischen Inseln noch niedrigere Preise als auf dem spanischen Festland. Auf den Kanaren bekommt man alle nur erdenklichen Spirituosen

8

aus aller Welt, und in der Regel ist die servierte Menge dreimal so groß wie in Deutschland. Der »Ron« (Rum) wird direkt auf Teneriffa aus Zuckerrohr hergestellt. Die Einheimischen trinken ihn häufig in Kombination mit Kaffee. Der »Ron Miel« ist eine Mischung aus Rum und Honig und erwärmt die Herzen an kühlen Abenden. Oder man probiert den unverwechselbar süß schmeckenden Bananenlikör »Cobana«; ein witziges Souvenir, da die Flaschenform einer Bananenstaude ähnelt.

Wer lieber Bier trinkt, sollte in Kneipen ein Durst löschendes »Dorada« verlangen, das aus Flaschen oder noch besser frisch vom Fass serviert wird. Denn das verbreitete importierte Bier ist nicht nur teurer, sondern meist auch schlechter.

»Sangria« ist ein erfrischendes Mix-Getränk und bei Touristen sehr beliebt. Es wird in großen Glaskrügen mit vielen Früchten und Eis serviert. Dabei unterschätzt man leicht die alkoholische Wirkung des optisch reizvollen Getränks. Auf der sicheren Seite ist man, wenn man frisch gepressten Fruchtsäfte bestellt; besonders lecker ist die Kombination aus Orange, Zitrone und Pfirsich.

Weine

Auf allen Inseln wird Wein gekeltert, und da Quantität und Qualität gleichermaßen wachsen, steigt auch die Nachfrage auf dem Festland.

Unbedingt einen Besuch wert ist das **Weinmuseum** La Baranda nahe El Sauzal (Tel. 922 57 27 2) im nördlichen Teneriffa. Die sich über viele Generationen hinziehende Geschichte und Tradition des Weinanbaus ist in dem schönen Landhaus aus dem 17. Jahrhundert anschaulich dargestellt.

Am Ende des Rundgangs können die Besucher die unterschiedlichen Weinsorten probieren und kaufen und im angrenzenden Restaurant Casa del Vino einkehren (siehe Restaurants).

Unternehmungen

Sport

Auf Teneriffa kann man fast alle Sportarten betreiben. La Palma, La Gomera und El Hierro bieten in dieser Hinsicht eher nur beschränkte Möglichkeiten, dafür gibt es dort stellenweise sehr gute Schwimm- und Tauchmöglichkeiten.

El Médano auf Teneriffa gilt als das Paradies unter Windsurfern, hier werden viele internationale Wettkämpfe ausgetragen. In den Touristenzentren bieten Schulen Surf-, Wasserski- und Tauchunterricht an. In größeren Ferienorten fahren außerdem Boote zum Fischfang hinaus.

Öffentliche Tennisplätze sind sehr selten, doch werden auf der Mehrzahl der Hotelanlagen auch Besucher zugelassen, die nicht im Hotel wohnen.

Reiten kann man vor allem im Norden Teneriffas, besonders in La Laguna.

Tauchen

Es gibt hauptsächlich im Süden der Insel zahlreiche Tauchschulen, in denen Anfänger eine Ausbildung bekommen und Erfahrene geführte Tauchgänge unternehmen können. Das Wasser ist während der Sommer- und Herbstmonate angenehm warm, und unter Wasser gibt es interessante vulkanische Formationen zu entdecken, hinzu kommen Wracks und natürlich zahlreiche Fische.

Windsurfen

El Médano gilt als das Paradies unter Windsurfern, hier werden auch viele internationale Wettkämpfe ausgetragen. Nähere Informationen bei:

■ **Sunwind,** Avda Islas Canarias, Tel./Fax 922 17 61 74.

Sportfischen

Angeln ist üblicher Zeitvertreib der Kanarier und für viele sogar eine Lebenseinstellung. In den Touristenzentren gibt es zahlreiche Felsen zum Angeln, die örtlichen Läden bieten ausreichend Köder und sonstiges Material an. Das Hochseeangeln wird immer populärer, in den Häfen stehen moderne Boote bereit. Die Jagd nach Marlin, Tunfisch, Hai oder Schwertfisch ist jedoch ein teures Vergnügen, große Fänge sind eher selten.

Schwimmen

Baden ist das ganze Jahr über möglich, da die Wassertemperaturen selbst in den Wintermonaten um die 18° betragen. Mehrere künstliche Strände sind durch Molen geschützt und ermöglichen somit gefahrloses Schwimmen. Doch manchmal sind die Strömungen und Wellen immens, so dass das Vergnügen schnell gefährlich werden kann. In diesem Fall sind die roten Warnflaggen am Strand zu beachten.

Mountainbiken

Der Nationalpark El Teide, das Teno- und das Anagagebirge sind zum Biken wie geschaffen. Im Süden und in Puerto de la Cruz gibt es mehrere Bikeverleihe und Angebote zu geführten Touren.

Wandern

Alle Inseln eignen sich ideal zum Wandern, insbesondere im Inselinneren und entlang der Küsten finden sich genügend markierte Wege. Das Gelände kann jedoch recht schroff sein, und in den Bergen wechselt zudem das Wetter schnell. Wichtig sind gute Kleidung und Karten, auch sollte man Kontaktpersonen über den geplanten Tourenverlauf informieren. In den Touristeninformationen liegen Broschüren mit markierten Routen aus. Im El Teide Nationalpark gibt es kostenlose Führungen, doch muss man zuvor reservieren. Nähere Informationen unter Tel. 922 25 64 40 und 922 25 99 03.

Gute Karten und Wanderbücher können in den Urlaubsorten besorgt werden.

Zahlreiche Anbieter haben mehrere Touren in ihrem Programm, darunter:

■ **DIGA Sports,** Hotel Park Club Europe, Avda. Rafael Puig 26, Tel. 922 79 30 09, Fax 922 17 68 37, Internet: www.diga-sports.com.

■ **Canarias Trekking,** Tel. 922 20 10 51.

Whale-Watching

Heutzutage besitzen nur wenige Boote die Lizenz, Touristen zu den Walen zu steuern. Pilotwale und Delfine halten sich entlang der Küsten bei Los Gigantes und Los Cristianos auf. Nähere Informationen bei:

■ **Nostramo Whalewatch Cruise,** Tel. 922 75 00 85.

Rundflüge

Am nördlichen Flughafen Los Rodeos nahe La Laguna können beim **Aero Club** (Tel. 922 25 79 40) kleine Flugzeuge gechartert werden. Vor allem am Wochenende herrscht viel Betrieb.

Go-Kart

Beim Reiseveranstalter und an der Hotelrezeption kann man das Neueste über den kostenlosen Buszubringer zu einer der drei Anlagen erfahren.

Golf

Das Golffieber greift auf den Kanarischen Inseln um sich, und es hat sowohl Einheimische als auch Touristen infiziert. Neben neuen

Golfplätzen sollen die dazugehörigen Läden, Bars und Restaurants entstehen. Es gibt bisher drei Plätze auf Teneriffa, die dem internationalen Standard genügen.

Nachtleben

Teneriffa ist die einzige Insel der westlichen Provinz, auf der echtes Nachtleben mit einer Vielzahl von Nachtclubs und Diskotheken geboten ist. In Puerto de la Cruz, Playa de las Américas und Los Cristianos kann man die Nächte durchtanzen, unzählige Bars und Diskotheken sind die ganze Nacht geöffnet. In den Nachtlokalen und Diskotheken der Hafenstadt Santa Cruz trifft man werktags kaum Einheimische an, denn der Arbeitstag beginnt für sie schon sehr früh. An den Wochenenden jedoch sieht die Sache schon anders aus. Eine Reihe von Bars an der Avenida de Anaga und der Calle Ramón y Cajal sind bis in die frühen Morgenstunden geöffnet. Das Stadtbild La Lagunas wird besonders während der Semesterzeit von Studenten beherrscht. Das gilt natürlich auch für die Diskotheken, die sich alle in der Nähe der Universität befinden. Auf Grund eines kommunalen Gesetzes müssen sie allerdings um 3 Uhr morgens schließen.

Auf **La Palma** konzentriert sich das touristische Nachtleben auf die wenigen Diskotheken und Nachtbars in Los Cancajos und Puerto de Naos, während die einheimische Jugend sich in Santa Cruz und Los Llanos vergnügt. Auf **La Gomera** trifft man sich im Hafenort Vueltas im Valle Gran Rey; auf **El Hierro** gibt es zwei Diskotheken in Valverde.

Kultur

Auf Teneriffa gibt es eine Vielzahl an Kunstgalerien und Museen mit Sammlungen archäologischer, ethnografischer, historischer und naturwissenschaftlicher Exponate. Die wichtigsten Orte sind detailliert im Reiseteil beschrieben.

In Santa Cruz treten verschiedene Pop-Gruppen in Konzerthallen auf und während der Saison werden international gut besetzte Opernstücke aufgeführt. Das **Teatro Guimera** bietet jedes Jahr volles Konzertprogramm mit dem Symphonieorchester von Teneriffa, das in Spanien seinesgleichen sucht. Die Kulturhauptstadt ist jedoch La Laguna, hier findet jährlich ein **Internationales Theaterfestival** und **Jazzfestival** statt, die sich stets regen Zulaufs erfreuen.

Wie die Festlandspanier sind auch die Canarios eifrige Kinogänger. Die Filme werden meistens in spanischer Synchronisation ohne Untertitel gezeigt. Jeden November findet in Puerto de la Cruz ein **Internationales Filmfestival** statt, bei dem ausschließlich Filme gezeigt und diskutiert werden, die von Ökologie oder Umwelt handeln.

Einkaufen

In den Urlaubsorten finden sich zahlreiche Souvenirläden und große Supermärkte, die durchgehend von 9–20 Uhr geöffnet haben. In Santa Cruz, La Laguna und im Inselinneren halten die Geschäfte in der Regel mittags zwischen 13 und 16 ihre Siesta, bevor sie dann bis in die Abendstunden geöffnet haben.

Auch in »Duty Free Shops« ist die angebotene Ware zum Teil teurer als erwartet, da jeweils eine Steuer von 4 % aufgeschlagen wird. Relativ preiswert sind Elektrowaren wie Radio, Walkmen, Fernseher, Kamera und Uhren, auch von Straßenhändlern verkauftes Parfüm ist unter Umständen erschwinglich.

Typisch kanarische Produkte sind Keramikwaren und Stickereien. Halten Sie nach den Tischtüchern und Kissenbezügen mit wunderschön detaillierten Stickereien Ausschau. Man sollte hier jedoch in richtigen Läden und nicht bei Straßenhändlern einkaufen, sonst stellen Sie vielleicht zu Hause fest, dass Ihr »echt kanarisches« Tischtuch in Taiwan hergestellt wurde. Da die Ka-

9

narischen Inseln in der zollfreien Zone liegen, sind Zigaretten, Parfüm, Spirituosen und der importierte Wein unter Umständen billiger als in Deutschland.

Touristenmärkte

Bunte Straßenmärkte lohnen immer einen Besuch, auch wenn man die feilgebotenen Waren, gewöhnlich Kleidung, Juwelen, Kunsthandwerk, Ledertaschen sowie afrikanischen Kitsch, nicht unbedingt erwerben will. Vorsicht ist im dichten Gedränge vor Taschendieben geboten. Die meisten Märkte haben zwischen 9 und 13.30 Uhr geöffnet (Nachfrage unter Tel. 922 75 36 81).

In Santa Cruz findet der Flohmarkt **Rastillo** in der Avenida de Anaga nahe dem Hafen statt. Im Süden gibt es einen adäquaten Markt an der **Plaza del Lano** in Alcala.

Städte von A–Z

10

Teneriffa

Adeje

Touristeninformation
■ Avda. Rafael Puig 1, Tel./Fax 922 75 06 33.

Armenime

Attraktion
■ **Tenerife Pearls,** Tel. 922 74 12 50. Die Filiale der World Pearl Organisation liegt im Südwesten von Teneriffa an der Straße nach Los Gigantes. Verkauf von Perlen und Schmuckstücken mit Perlen, mit viel Glück kann man eine echte Perle in einer Muschel finden. Erfrischungen werden serviert. Täglich von 9–21 Uhr geöffnet.

Bajamar

Café
■ **Café Melita,** Carretera Gral. Punta del Hidalgo, Tel. 922 54 08 14.
Das deutsche Café mit eigener Bäckerei hat bereits 1968 eröffnet und liegt im Nordwesten hoch über dem Meer. Köstliche Süßigkeiten, Gebäck und Kuchen machen den Zwischenstopp fast obligatorisch. Auch an Diabetiker wird gedacht.

Cabo Blanco

Restaurant
■ **San Martin,** Calle la Iglesia, Tel. 922 72 01 70.
Typisches Landlokal mit freundlicher und ungezwungener Atmosphäre. Spezialitäten sind junger Schweinebraten, Lammkoteletts und gegrilltes Huhn. Mittwochs kanarische Folklore. Reservierung zu empfehlen. $$$

Candelaria

Touristeninformation
■ Avda. del Generalísimo s/n, Tel./Fax 922 50 04 15.

Costa Adeje

Hotel
■ **Hotel Gran Bahía del Duque,** Playa del Duque, Tel. 922 71 30 00, Fax 922 71 26 16.
Luxushotel in exlusiver Lage unmittelbar am Meer mit großzügiger privater Atmosphäre. Elegante Suiten und 362 klimatisierte Zimmer mit eigenen üppig bewachsenen Gärten sowie Pools und großen Terrassen. Diskreter, aufmerksamer Service. Viele Einrichtungen wie Fitnessräume, Wellness und Schönheitssalon sowie Abend- und Nachtprogramm. $$$

El Médano

Touristeninformation
■ Plaza de los Príncipes de España, Tel./Fax 922 17 60 02.

Hotel
■ **Hotel Médano,** Playa del Médano, Tel. 922 17 70 00, Fax 922 17 60 48.
Traditionelles, zum Teil auf Pfählen erbautes Hotel direkt über dem Meer. Der lange Sandstrand eignet sich gut zum Schwimmen und Surfen. In der Nähe eine schöne Fußgängerpromenade mit guten Fischlokalen. $$$

Restaurant
■ **Avenico,** Chasna 6, Tel. 922 17 60 79.
Köstliches typisches Fischlokal direkt am Meer. Immer voll, Tischreservierungen werden jedoch nicht entgegengenommen. Montags geschlossen. $$$

El Sauzal

Restaurant
■ **La Baranda,** Casa del Vino, Ausfahrt Autopista del Norte km 21, Tel. 922 56 33 88 (das Restaurant hat eine andere Telefonnummer als das angrenzende Museum). Kanarische Küche. Schöne Blicke von der Terrasse. Sonntags geschlossen. $

Garachico

Hotel
■ **San Roque,** Estéban de Ponte 32, Tel. 922 13 34 35, Fax 922 13 34 06.
Das schöne alte Herrenhaus im alten Stadtkern wurde kunstvoll restauriert und zählt zu den besten Hotels der Welt. Disigner-Möbel und moderne Kunstwerke vermitteln Atmosphäre, jedes stilvoll und gemütlich eingerichtete Schlafzimmer ist ein Genuss für sich. $$$

Güimar

Hotel
■ **Finca Salamanca,** Crta. Güimar, El Puertito, km 1,5, Tel. 922 51 45 30, Fax 922 51 40 61.
Die ehemalige Avocadofarm wurde raffiniert in eine vornehme und

fantasievolle Unterkunft unweit der Pyramiden von Güimar umgebaut. Dieser ländliche Zufluchtsort bietet ein hervorragendes Lokal mit einheimischer Kost. Mexikanische Holzmöbel, ländliche Töpferei und selbst gefertigte Stoffe fügen sich gut in die traditionelle Umgebung ein. $$

Guía de Isora

Restaurants
■ **Meson de Isora,** Carretera Guía de Isora 822, km 95, Tel. 922 85 04 50. Großes, an der Straße gelegenes Landlokal mit Grillspezialitäten und frischen Tapas sowie internationaler Küche und ausgewogener Weinkarte. $$$
■ **Bodegón,** Hirache-Gara, Vera de Herques, Tel. 928 85 10 25. Das großräumige, freundliche Restaurant, in den Bergen nahe Guía de Isora gelegen, ist vor allem an den Feiertagen durch einheimische Hochzeits-Gesellschaften belegt. Spezialitäten sind Kaninchenbraten in Knoblauch, argentinische Schweinelendchen und gebratenes Huhn. Montags geschlossen. $

La Laguna

Touristeninformation
■ Plaza del Adelentano 194, Tel. 922 63 11 94.

La Orotava

Touristeninformation
■ Carrera del Escultor Estévez 2, Tel. 922 32 30 41, Fax 922 32 11 42.

Attraktion
■ **Casa de los Balcones,** Calle San Francisco 3, Tel. 922 33 06 29 Gut erhaltenes altes Haus mit sehenswerten handgeschnitzten Balkonen und schönem Innenhof. Handgestickte Tischdecken, großer Souvenirladen. Mo–Fr 8.30–19 und Sa 8.30–15 Uhr geöffnet.

Las Galletas

Touristeninformation
■ Avda. Marítima, Tel./Fax 922 73 01 33.

Camping
■ **Camping Nauta,** Cañada Blanca, Landstraße 6225 (km 1,5), Tel. 922 78 51 18, Fax 922 79 50 16. Einziger regulärer Campingplatz auf Teneriffa, geografisch im Zentrum des südlichen Inselteils mitten in Bananenplantagen gelegen, 15 Autominuten von der Küste entfernt. An klaren Tagen schöner Blick zum Gipfel des Teide. Die einzelnen Plätze sind durch Terassen unterteilt und verfügen über einen Stromanschluss. Es gibt Waschräume, Waschmaschine, Supermarkt, Swimmingpool, Spiel- und Fernsehräume sowie Holzhütten zu mieten.

Tauchschule
■ **Asociación de Centros de Buceo de Tenerife,** Hotelpark Ten-Bel, Tel./Fax 922 73 09 81.

Los Cristianos

Touristeninformation
■ Centro Cultural, Calle General Franco s/n, Tel. 922 75 71 37, Fax 922 75 24 92.

Hotels
■ **Estefania,** Ctra. de Arona (2 km), Chayofa, Tel. 922 75 13 22, Fax 922 75 15 93. Friedvoller, in den Hügeln über Los Cristianos gelegener Schlupfwinkel mit blühendem Gartenambiente und kühler, stilvoller Ausstattung und mediterraner Architektur. Italienische Möbel, Keramikfiguren und exquisite weiße Sofas stehen dekorativ in den Aufenthaltsräumen und Schlafzimmern. Von der von Palmen umgebenen schattigen Poolterrasse genießt man eine fantastische Aussicht. $$$
■ **Hotel Princess Dacil,** Calle Penetración s/n, Tel. 922 79 08 00, Fax 922 79 06 58.

Eines der ersten gehobenen Hotels im Süden, hier halten sich viele Stammgäste längere Zeit in der Wintersaison auf. Immer gut belegt, doch es liegt am äußeren Rand des Ortes, etwa zehn Gehminuten vom Hafen entfernt. $$$
■ **Apartments Tenerife-Sur,** Ctra. Las Galletas s/n, Tel. 922 79 14 74, Fax 922 79 27 74. Diese Apartments umfassen ein Doppelzimmer mit Essraum und Kochecke, Bad und Balkon oder Terrasse, in einzelnen Fällen steht zusätzlich ein Schlafsofa bereit. Großer Pool und Supermarkt. $$$
■ **Hotel Andreas,** Calle General Franco 26, Tel. 922 79 00 12, Fax 922 79 42 70. Nahe des Orts- und Einkaufszentrums gelegen, eignet sich das mit 42 Zimmern ausgestattete Geschäftshotel für kürzere Aufenthalte. Die Mahlzeiten werden im öffentlichen Restaurant oder in der Pizzeria eingenommen. Taxen, Busse und Touristeninformation in der Nähe. $
■ **Pension Corisa,** Edificio Andreas, Tel. 922 79 07 92. Kleine einfache Pension im gleichen Häuserblock wie das Hotel Andreas. Fünf Minuten bis zum Strand und Hafen mit Läden, Bars und Restaurants. $

Restaurants
■ **Clarets,** Chayofa, 5 Minuten nördlich von Los Cristianos, Tel. 922 79 49 80. Kleines Landlokal, das leichte schmackhafte Mittagskost und nachmittags Kaffee serviert. Abendessen ab 18 Uhr (mittwochs geschlossen). Umfassendes Speisenangebot à la carte. Sonntags Abendtanz. $$$
■ **Rincón del Marinero,** Muelle, Tel. 922 79 35 53. Der frische Fisch wandert immer vom Fischerboot direkt in die Restaurantvitrine, das Angebot variiert daher von Tag zu Tag. Immer voll, zuweilen muss man lange auf sein Essen warten. Montags geschlossen. $$

10

■ **Overseas,** Apartment San
Marino 11, Tel. 922 79 20 13.
Eines der besten chinesischen
Restaurants in der Gegend. Freund-
licher Service, Straßenverkauf mög-
lich. Geöffnet täglich 13–24 Uhr. $$
■ **Don Armando,** San Telmo,
Tel. 922 79 61 45.
Ursprüngliche Tapas-Bar, die vor
allem von Einheimischen frequen-
tiert wird. Die Speisen sind für
die Touristen in mehrere Sprachen
übersetzt, meiden Sie jedoch das
auf der Bildkarte angebotene
Essen. Weiträumige Aussicht
von der Terrasse auf Playa de
las Vistas. $
■ **Papa Luigi`s,** Avda. Suecia 40,
Tel. 922 75 09 11.
Leicht erreichbare italienische
Lokalität im alten Stadtkern, mit
von der Decke hängenden Schin-
ken. Freundlicher Service und eine
gute Auswahl an Speisen. $
■ **Scampis,**
Strand Compostela,
Tel. 922 75 32 32.
Traditioneller Fish´n´Chips-Laden
und Restaurant. Auch gebratenes
Huhn und Würste. Kindergerichte
und Straßenservice. $

Café
■ **Desperate Dans,** gegenüber
dem Markt, nahe Hotel Arona
Palace. Hafenblick und freundliche
Atmosphäre. Reichhaltiges Früh-
stücksbuffet und komplette
Menüs. Karaoke, Quiznächte,
Sateliten-TV. $

Tierparks
■ **Parque Ecologico Agullas del
Teide,** nach 3 km an der Straße
von Los Cristianos nach Arona,
Tel. 922 75 30 01.
Großzügig angelegter tropischer
Garten mit vielen Vögeln, darunter
Condor und Adler. Tag- und Nacht-
shows in fünf Amphitheatern.
Öffentliche Fütterung von Piguinen
und Krokodilen. Kostenloser Zu-
bringer von Playa de las Américas
und Los Cristianos.
■ **Camel Park,** an der Autobahn
von Los Cristianos Richtung Flug-

hafen, Ausfahrt 27, La Camela,
Tel. 922 72 10 80, Fax 922 72 11 21.
Großer kanarischer Bauernhof mit
mehreren Tieren und Aufzucht-
station, Kamelritte in die nähere
Umgebung, einheimische Bewirt-
schaftung und handwerkliche Vor-
führungen. Verkauf von lokalen
Weine und anderen Erzeugnissen.
Kostenloser Zubringer von Playa de
las Américas and Los Cristianos.
Täglich von 10–17 Uhr geöffnet.

Hochseeangeln
■ **Nauti Sport,** Puerto Los
Cristianos, Tel. 922 79 14 59,
Fax 922 79 36 71.

Autovermietung
■ **Sanasty SL,** Cristian Sur 4,
Tel. 922 76 55 79.

Los Gigantes &
Puerto de Santiago

Hotels
■ **Royal Sun Apartments,**
Geranio 16, Tel. 922 86 72 72,
Fax 922 86 72 48.
Luxuriös eingerichtete Apartments
hoch über dem Yachthafen mit
überwältigenden Ausblick auf den
Ort und die angrenzenden Klippen.
Einrichtungen einschließlich Nacht-
club, Friseur, Wäscherei und Sport-
club, dazu freundlicher Taxiservice
in den Ort. $$$
■ **Aparthotel Tamaimo Tropical,**
Hondura, Puerto de Santiago,
Tel. 922 86 06 38, Fax 922 86 07 61.
Attraktiver Apartmentkomplex in
lokalem Stil. Helle, saubere Zimmer
mit gut ausgestatteter Küche. Der
öffentliche Bereich ist gemütlich.
Die Poolterrassen sind großzügig,
Läden und Restaurants zu Fuß gut
erreichbar. $$

Restaurant
■ **Tamara,**
Avda. Marítima, Tel. 922 86 00 11.
Ein gemütlicher ruhiger Platz in
privilegierer Lage hoch über dem
Ort. Der Verzehr von Snacks, Drinks
und Menüs wird von Klaviermusik
begleitet. $$

Parque Nacional del Teide

Hotel
■ **Parador de Cañadas del
Teide,** Las Cañadas del Teide,
Tel. 922 38 64 15, Fax 922 38 23 52,
zentrale Reservierung
Tel. (34) 915 16 66 66,
Fax (34) 915 16 66 57.
Das inzwischen erweiterte und
renovierte staatliche Hotel liegt
einsam im Nationalpark. Herrlicher
Blick auf den El Teide, der sich vor
allem im Morgenlicht von seiner
schönsten Seite zeigt. Hervorragen-
der Ausgangspunkt für Wanderungen in den Cañadas. Voranmeldung
erforderlich. $$

Restaurant
■ **Parador de Cañadas del
Teide,** Tel. 922 38 64 15.
Außergewöhnlich gute einheimi-
sche Küche in stilvollem Ambiente.
Tagsüber holt man sich Snacks und
Getränke vom Selbstbedienungs-
Café und genießt von der Terrasse
unvergessliche Blicke auf die
Roques de Garcia und den Pico
del Teide. $$

Playa de las Américas

Touristeninformation
■ Centro Commercial »City
Centre«, Tel. 922 79 76 68,
Fax 922 75 71 98.

Hotels
■ **Jardín Tropical,**
Gran Bretaña, Tel. 922 74 60 00,
Fax 922 74 60 66.
Eines der schönsten und ange-
nehmsten Hotels der gesamten
Kanaren. Obwohl es im Herzen
von Playa de las Américas liegt,
fühlt man sich in der herrlichen
subtropischen Gartenanlage erstaunlich abgeschieden. Maurische
Bögen, Kuppeln und Türme fügen
sich zu einer ästhetischen Einheit
zusammen, und das Interieur
gefällt mit eleganten Möbelgarni-
turen. Mehrere ausgezeichnete
Restaurants und Beachclub mit
Meerwasserbecken. $$$

Hotel La Siesta,
Avda. Marítima, Tel. 922 79 22 52,
Fax 922 79 22 20.
Dieses gut frequentierte Hotel
verfügt über ein freundliches Personal. Alle Zimmer mit Klimaanlage, großer Terrasse und Satelliten-TV. Drei Pools, Sportmöglichkeiten, Musik und Shows. Strand und Läden sind leicht erreichbar. $$

Apartment Parque Santiago IV, Avda. Litoral s/n, Tel. 922 79 22 52, Fax 922 79 30 60
Großer, schön möblierter Apartmentkomplex mit raschem Zugang zu Promenade und Strand. Riesige Auswahl an Läden, Bars und Restaurants in der Nähe. $$

Restaurants
Mamma Rosa, Aptos, Colón II, Tel. 922 79 48 19.
Hübsche Ausstattung, gute Kleidung erwünscht. Internationale Menüs mit frischen Nudeln, vegetarischen Gerichten und Steaks. Großes Weinangebot, Reservierung zu empfehlen. $$$

Restaurant Las Rocas,
Hotel Jardín Tropical,
Tel. 922 74 60 64.
Herrliche Atmosphäre, ein teures, aber elegantes Lokal mit Meeresfrüchten und Seeblick. Am besten man reserviert sich seinen Platz auf der Terrasse im Voraus. $$$

Ambassadeur, Calle Starco, Tel. 922 75 16 65.
Internationale Küche einschließlich vegetarischer Kost. Coctailbar, Liveprogramm und Tanzparkett. Geöffnet 18–3 Uhr, Küche bis Mitternacht. Sonntags geschlossen. $$

Molino blanco,
Avda. Austria 5, San Eugenio Alto, Tel. 922 79 62 82.
Touristentreffpunkt etwas abseits vom Meer nahe der Autobahn, jedoch nicht weit vom Zentrum entfernt. Von außen gut an der weißen Windmühle zu erkennen. Romantisches Ambiente, man sitzt unter Orangenbäumen und lauscht den Violinisten. Speiseangebot mit einigen extravaganten Gerichten. $$

Love India,
Centro Comercial California (1. Stock), Tel. 922 75 09 20.
Das indisches Lokal hat eine Klimaanlage und ist auf Mittagsmenüs, Straßenverkauf und kostenlosen Zustelldienst spezialisiert. Täglich geöffnet. $

Wasserpark
Octopus Aquapark, Urbano San Eugenio Alto, Tel. 922 71 52 66.
Wasserpark mit vielen Wasserrutschen, großes Vergnügen für Kinder, Sonnenterrasse und Restaurant. Sonnenschutz nicht vergessen. Kostenloser Zubringer von Playa de las Américas und Los Cristianos. Täglich von 10 bis 18 Uhr geöffnet.

Tauchschule
Park Club Europe,
Tel. 922 75 27 08.

Bikeverleih
DIGA Sports, Hotel Park Club Europe, Avda. Rafael Puig 26, Tel. 922 79 30 09, Fax 922 17 68 37, Internet: www.diga-sports.com.
Bikeverleih und geführte Touren, demnächst auch Inline-Skate-Verleih.

Tennis
Tenisur, San Eugenio, nahe dem Octopus Aquapark, Tel. 922 79 61 67.
Großes Sportcenter mit drei Plätzen und Tennislehrer. Ausrüstung kann ausgeliehen werden, mittwochs finden Turniere statt.

Nachtleben
Exit Palace, San Eugenio, Tel. 922 79 73 30.
Jeden Abend Gala-Aufführung mit Magic World, Gaucho Cowboys, spanischem Ballett, Sänger und Live-Orchester. Das Restaurant öffnet um 20 Uhr, die Show beginnt um 21.30 Uhr.

Autovermietung
Avis, Paraiso del Sol-Playa, Tel. 922 79 10 01.

Puerto Colón

Wasserski
Heiko Mehn, Barco Crazy Girl, Tel. 922 79 39 11.

Puerto de la Cruz

Touristeninformation
Plaza de Europa s/n, Tel. 922 38 60 00, Fax 922 38 47 69.

Hotels
Hotel Melia Botánico,
Calle Richard J. Yeoward, Tel. 922 38 15 00, Fax 922 38 15 04.
Frisch renoviert, zählt dieses altgediente Nobelhotel mit den glitzernden Kronleuchtern zu den Spitzenadressen Teneriffas. Ruhige Lage auf einem Hügel über der Stadt nahe dem Botanischen Garten. Konferenzräume, großer Pool und Abendunterhaltung. $$$

Apartments Pez Azul,
Ctra. Botanico, Tel. 922 38 59 49, Fax 922 38 59 80.
Die 135 Apartments verteilen sich auf vier Stockwerke und liegen unterhalb des Zentrums. Zimmerservice vorhanden. Großer Pool mit angrenzendem Solarium, Snackbar und Restaurant. Gute Verbindung zu Läden, Bars und Restaurants in der Stadt. $$

Hotel Marquesa,
Calle Quintana 11, Tel. 922 38 31 51, Fax 922 38 69 50.
Das 71 Zimmer fassende Hotel, das 1712 erbaut und teilweise renoviert wurde, ist familienfreundlich und von antikem Charme. Das belebte Restaurant hat eine Terrasse im Freien, wo man bei Kerzenlicht abendessen kann. $$

Hotel Monopol,
Calle Quintana 15, Tel. 922 38 46 11, Fax 922 37 03 10.
In der Fußgängerzone der Altstadt, im kanarischen Stil mit Holzbalkonen und palmenbegrüntem Innenhof. Das Familienhotel steht unter deutscher Leitung. Sonnenterrasse und Bar mit kleinem Pool, zwei Minuten bis Strand und Einkaufsläden. $$

10

Hotel Tigaiga,

Parque del Taoro 28, Tel. 922 38 35 00, Fax 922 38 40 55. Eine der feinsten Adressen in Puerto, dazu bevorzugte Lage mit Blick auf den El Teide und die Stadt. Das etablierte Haus ist bekannt für seinen zuvorkommenden Service und den exotischen Palmgarten, wo Veranstaltungen wie Folkloretanz und »lucha canaria« stattfinden. $$

San Telmo,

Paseo San Telmo 18, Tel. 922 38 58 53, Fax 922 38 59 91. An der Uferpromenade nahe dem Lago Martiánez, sehr zentral gelegen, Dachterrasse mit Pool und herrlicher Aussicht auf die Felsküste und das Strandbad. Saubere, einfach ausgestattete Zimmer. $$

Hotel Tejuma,

Perez Zamora 5, Tel. 922 38 36 13. Kleine und saubere Pension im westlichen Stadtteil von Puerto in einer Straße, die direkt hinab zum Meer führt. 10 Minuten vom Zentrum entfernt. $

Restaurants

La Parilla, Hotel Botánico,

Avda. Richard Yeoward, Tel. 922 38 15 00. Internationales Restaurant mit reichhaltiger Menü- und Weinkarte. Im gleichen Fünf-Sterne-Hotel sind thailändische und italienische Restaurants untergebracht. $$$

Hotel Marquesa Terrace,

Quintana 1, Tel. 922 38 3151. Am besten genießt man die lebendige Straßenszene nahe dem Hafenkirchplatz meist von der Terrasse des altehrwürdigen Hotels. Man kann hier essen, aber auch nur ein Bier trinken. $$

Casa de Miranda,

Plaza de Europa, Tel. 922 37 38 71. Eines der schönsten Herrenhäuser der Stadt, das eine ländliche Tapas-Bar und im ersten Stockwerk ein eleganteres und schön möbliertes Restaurant beherbergt, von dessen Balkon man die Straßen gut überblickt. Tadelloser Service und hervorragende Speisen. $$

Meson Los Gemelos,

Calle El Peñon 4, Tel. 922 37 01 33. Verschiedene Tapas, frischer Fisch sowie Fleisch einschließlich Ziege und Kaninchen. Täglich geöffnet 9–24 Uhr. $

Café

Casa Abaco,

Calle Casa Grande, El Durazno, Tel. 922 37 01 07. Nahe dem Botanischen Garten. Exotische Cocktails in romantischer Herrenhaus-Atmosphäre mit antiken Möbeln. Ziemlich teuer. Geöffnet 10.30–13.30, 15 bis 17.30 Uhr mit Folklore und Fruchtcocktails von 20–2 Uhr. Sonntags und montags geschlossen.

Attraktionen

Jardín Botánico (Botanischer Garten), Careterra del Botánico,

La Paz, Tel. 922 38 35 72. Schöner botanischer Garten mit umfangreicher Sammlung an subtropischen und tropischen Bäumen und Pflanzen. Täglich 9–18 Uhr geöffnet.

Casa Iriarte,

Calle Iriarte/San Juan. Geburtsort des Autors und Dichters Thomas Iriarte y Nieves-Ravello. Schönes Gebäude aus dem 18. Jahrhundert mit einem Seefahrtsmuseum im Obergeschoss und einem Souvenirladen im Erdgeschoss. Täglich wechselnde Öffnungszeiten.

Tierparks

Loro Parque, Calle Bencomo

Punta Brava, Tel. 922 37 38 41. Affen, darunter Gorillas, Tiger, Pinguine, Flamingos und viele andere Tiere in einem reizvollen tropischen Park. Besondere Highlights sind die Papageien- und Delfinschau, ein Haifischtunnel sowie ein Orchideenhaus. Umfangreiches Programm für einen ganzen Tag. Kostenloser Zubringer von der Playa Martiánez. Täglich von 8.30–17 Uhr geöffnet.

Zoolandia, an der Autobahn

Richtung Santa Cruz, östlich von Puerto de la Cruz, Tel. 922 33 35 09.

Viel Spaß für Kinder in einem gut geführten Zoo, mit Ponyreiten und Schimpansen-Show. Kostenloser Zubringer von der Playa Martiánez. Täglich von 9–18 Uhr geöffnet.

Tauchschule

Atlantik, Hotel Maritim,

Los Realejos, Tel. 922 34 45 01, Fax 922 37 90 37.

Bikeverleih

Hotel Tigaiga, Tel. 922 38 35.
Alquiler, Tel. 922 38 29 17.

Autovermietung

Hertz, Plaza Constitución, Tel. 922 38 45 60.

Nachtleben

Isla del Largo Show,

Avenida Colón, Tel. 922 38 38 52. Internationale Artisten und Showgirls präsentieren jeden Abend eine spektakuläre und farbenfrohe Performance. Das Restaurant öffnet um 20 Uhr, Show ab 22.30 Uhr.

San Miguel de Abona

Golf

Golf del Sur, Autobahn von Los

Cristianos Richtung Flughafen, Ausfahrt Los Abrigos, Tel. 922 73 10 70. 27 Loch.

Golf Club Amarilla,

Tel. 922 78 57 77. 18 Loch.

Reiten

Golf- und Reitzentrum

Amarilla, Autobahnausfahrt 24 (beschildert), Tel. 922 78 75 77. Unterricht, Strandausritt und Bergausflüge.

Nachtleben

Castillo San Miguel,

an der Autobahn Richtung Flughafen, Ausfahrt San Miguel, Tel. 922 70 02 76. Pseudo-Schloss mit Unterhaltung für die ganze Familie. Zunächst Abendessen, dann Tanz und anschließend Show. Jeden Abend ab 20 Uhr.

Santa Cruz

Touristeninformation
■ Cabildo Insular, Plaza de
España, Tel. 922 23 95 00,
Fax 922 23 98 12.

Hotels
■ **Hotel Mencey,**
Avda. Dr. José Naveiras 38,
Tel. 922 27 67 00, Fax 922 28 00 17.
Von Grund auf renoviertes Tradi-
tionshotel mit noblem Flair direkt
am Sanabria-Park, das oft von
Königen, Reichen und Berühmten
aufgesucht wird. Die 286 Zimmer
und Suiten sind schön eingerichtet,
erstklassige Küche. Konferenz- und
Bankettsäle, dazu Tennisplätze,
Sauna und Pool sowie tropische
Gärten. $$$
■ **Contemporaneo,**
Rambla General Franco 116,
Tel. 922 27 15 71, Fax 922 27 12 23.
Dieses attraktiv gestaltete moderne
Geschäftshotel steht neben einem
ruhigen Park mit gutem Anschluss
zu den zentralen Sehenswürdig-
keiten und Läden. Weniger teuer
als das genau gegenüber liegende
luxuriöse Mencey, trotzdem stilvoll
und gemütlich eingerichtet. Großes
Bar-Café und Restaurant im Erd-
geschoss. $$
■ **Hotel Horizonte,** Santa Rosa
de Lima 11, Tel. 922 27 19 36.
Freundliches Hotel mit 55 Zimmern. Bevorzugt von Geschäftrei-
senden besucht. Guter Stützpunkt
für kurze Geschäftsreisen, mit Restaurants und Läden in der Nähe. $

Cafés
■ **Bar Olimpo,**
Plaza España, am nordwestlichen
Ende des Platzes im 1. Stock.
Zentraler Treffpunkt mit Restaurant
und internationaler Küche. $
■ **Oh La La,**
Duque de Santa Elena, Plaza
España, Richtung Meer. Sauberes
Café mit schneller Bedienung. $

Autovermietung
■ **Occa,** Calle Fernandez Navarro
15–17, Tel. 922 23 04 99.

Santiago del Teide

Touristeninformation
■ Centro Commercial »Seguro
del Sol«, Calle Manuel Ravelo 20,
Tel./Fax 922 86 03 48.

Tacoronte

Golf
■ **Club de Golf el Peñón,**
Autobahn von Puerto de la Cruz
nach Santa Cruz, Ausfahrt Gumasa,
Tel. 922 25 02 40.
Für Nichtmitglieder werktags
9–13 Uhr. 18 Loch.

Vilaflor

Attraktion
■ **Parque San Roque,** neben
dem Mirador, Tel. 922 70 91 24.
In der Nähe des höchstgelegenen
Dorfes von Teneriffa steht diese
mexikanischen Hacienda mit Restaurant. Ein Museum informiert
über das Leben der Guanchen,
daneben gibt es mexikanische
Musik und eine Ausstellung über
das Reiten.

La Gomera

Hermigua

Hotel
■ **Ibo Alfaro,** 38820 Hermigua,
Tel. 922 88 01 68, Fax 922 88 10 19.
Das kleine ehemalige Herrenhaus
ist ein ausgezeichneter Ausgangspunkt für Wandertouren und wurde
stilgerecht renoviert. Die Schlafzimmer sind zwar einfach, aber individuell und hübsch mit einheimischen Blumen dekoriert. Bei deutschen Wandergruppen beliebt,
doch quartieren sich hier auch
Individualreisende ein. $

Playa de Santiago

Hotels
■ **Hotel Jardín Tecina,**
Lomada de Tecina,
Tel. 922 14 58 50, Fax 922 14 58 65.

Von der Fährgesellschaft Fred
Olsen inmitten von Bananenplan-
tagen erbautes Luxushotel mit
Blick auf den kleinen Fischerhafen.
Drei attraktive Pools mit Bar,
Lounge, Musik, Tanz und gutem
Unterhaltungsprogramm. Kinder-
freundlich. $$$
■ **Apartments Tapahuga,** Avda.
Marítima, Tel./Fax 922 89 51 59.
Die nahe dem Hafen gelegenen
Apartments sind in kanarischem
Stil gehalten, die hübschen Holz-
balkone und das Palmenflair laden
zum Verweilen ein. Kleiner Pool
und Sonnenterrasse auf dem Dach.
Supermarkt um die Ecke. $$

San Sebastián

Touristeninformation
■ Calle Real 1, Tel. 922 14 01 47,
Fax 922 14 01 51.

Hotels
■ **Parador de Gomera,**
La Lomada, Tel. 922 87 11 00,
Fax 922 87 11 16.
Das im kanarischen Landhausstil
erbaute staatliche Hotel ist einer
der schönsten Paradore Spaniens,
schöner Blick auf das Meer und
den Pico del Teide. Elegantes Am-
biente, der Pool ist von schönen
Palmengärten umgeben. Ein idealer
Platz zum Entspannen. $$$
■ **Hotel Garajonay,** Calle Ruiz de
Padrón 17, Tel./Fax 922 87 05 50.
Einfaches, zentral und ruhig gele-
genes Haus mit bequemen Betten.
Restaurants, Bars und Läden in der
Nähe. Kurzer Fußweg zum Hafen. $
■ **Hotel Villa Gomera,**
Calle Ruiz de Padrón 68,
Tel. 922 87 00 20, Fax 922 87 02 35.
Zentrale Lage in einer der leben-
digsten Straßen der Stadt. 16
schlichte, saubere Zimmer, kein
Essraum. $

Valle Gran Rey

Hotel
■ **Hotel Gran Rey,**
Calle La Punta,
Tel. 922 00 34 22, Fax 922 80 56 51.

10

Das erste nahe des Strandes errichtete Hotel am Fuß des bis vor kurzem unerschlossenen tropischen Tals. Inzwischen hat der Tourismus den Ort mitsamt dem Strand unter Beschlag genommen. $$

Vallehermoso

Hotel
■ **Hotel de Triana,**
Triana s/n, Tel. 922 80 05 28,
Fax 922 80 01 28. $

La Palma

Barlovento

Hotel
■ **Hotel La Palma Romántica,**
Topo de las Llanadas,
Tel. 922 18 62 21, Fax 922 18 54 00.
Ein versteckt gelegenes Hotel, ideal für Flitterwochen. Wer möchte kann das kleine Observatorium oder die Gynastikhalle benutzen. Typisch kanarisches Landhaus mit Holzfussböden und schmalen Balkonen. Warme Kleidung ist zu empfehlen, da schnell Nebel aufziehen kann. $$

Breña Baja

Hotels
■ **Parador de le Palma,**
Zumacal, Tel. 922 43 58 28,
Fax 922 43 59 99, zentrale Reservierung Tel. 0034 915 16 66 66,
Fax 915 16 66 57.
Der neue 65-Betten-Parador liegt sehr schön an der Küste, im kanarischen Stil gebaut, mit einem schön Garten rund um den Swimmingpool. $$$
■ **Apartments Costa Salinas,**
Tel. 922 43 43 48, Fax 922 43 45 10.
In der Nähe eines schwarzen Sandstrand und lediglich 15 Minuten von der Hauptstadt entfernt. Moderne und komfortabel eingerichtete Apartments mit Zimmerservice und Mietfernseher. Das empfehlenswerte Restaurant bietet auch Bufetts an. $$

Los Cancajos

Hotel
■ **Hacienda San Jorge,**
Playa de los Concajos 22,
Tel. 922 18 10 66, Fax 922 43 45 28
Eine attraktive Apartmentanlage im einheimischen Stil inmitten eines farbenfroh blühenden Gartens. Die Einrichtung ist gut, es gibt einen Fitnessraum sowie einen Supermarkt. Die großzügig ausgestatteten Apartments sind ruhig und gemütlich. Vom Hauptrestaurant gibt es einen schönen Blick über den Garten zum Strand. $$

Los Llanos de Aridane

Hotels
■ **Hotel Sol Elite La Palma,**
Puerto Naos, Tel. 922 40 80 00,
Fax 922 40 80 14.
Großes, modernes Hotel mit komfortablen Zimmern, ausgestattet für den Familienurlaub, gleich neben einem schwarzen Sandstrand. Viele Unterhaltungsprogramme, geführte Ausflüge. $$$
■ **Hotel Valle de Aridane,**
Glorieta Castillo Olivares 3,
Tel./Fax 922 46 26 00.
Typisches kanarisches Hotel mit freundlichem Personal und gutem Service in der Nähe des Stadtzentrums. Schöner Blick auf die Berge. Ein idealer Stützpunkt, um die Insel zu erkunden. $

Tablente Playa

Hotel
■ **Playa de los Cancajos,**
Tel. 922 18 12 77, Fax 922 18 12 85.
Unter der gleichen Verwaltung wie die Apartments Costa Salinas. Das große Hotel ist ausgesprochen komfortabel und fantasievoll eingerichtet. Das Foyer ist mit Pflanzen, Natursteinmauern und Golffischteichen dekoriert. Die Schlafzimmer sind geschmackvoll eingerichtet mit grün patiniertem Holz und dazu passenden Stoffen, die Terrasse ist sehr geräumig. $$

Santa Cruz de la Palma

Hotels
■ **Apartamentos La Fuente,**
A Perez de Brito 49,
Tel. 922 41 56 36, Fax 922 41 23 03.
Eine Reihe von einfach ausgestatteten Apartments, aufgeteilt auf verschiedene Häuser der Stadt. Sie unterscheiden sich im Stil und in der Größe, sind aber alle fachmännisch renoviert. Man fühlt sich in den geräumigen Zimmern ausgesprochen wohl, zu Geschäften und Restaurants ist es nicht weit. $
■ **Pension Canarias,** Calle Cabrera Pinto 27, Tel. 922 38 70 00.
In einer ruhigen Seitenstraße gelegen, 16 Zimmer, vom Touristenbüro empfohlen. $

El Hierro

El Golfo

Hotel
■ **Hotel Punta Grande,**
Las Puntas, Tel. 922 55 90 81,
Fax 922 55 92 03.
Mit vier Zimmern angeblich das kleinste Hotel der Welt, rundum das wilde Meer. Ursprünglich ein Warenhaus. Seemännisch eingerichtet, im empfehlenswerten Restaurant steht eine alte Taucherausrüstung. Der »frische Fisch« ist tatsächlich frisch. $

Frontera

Hotel
■ **Hotel Ida Ines,**
Del Hoya Belgara Alta,
Tel. 922 55 94 45, Fax 922 55 60 88.
Attraktives Hotel, modern eingerichtet, kleiner Swimmingpool auf dem Dach. Herrliche Ausblicke, interessante Wandermöglichkeiten, sehr ruhig. $

Las Playas

Hotel
■ **Parador del Hierro,** Las Playas,
Tel. 922 55 80 36, Fax 922 55 80 86.

Zentrale Reservierung:
Tel. 0034 915 16 66 66,
Fax 915 16 66 57
In absoluter Abgeschiedenheit, vor
dem Hintergrund von Lavafeldern:
der ideale Ort zur Erholung. Swimmingpool und Steinstrand, Sonnen-
terrasse und Garten. $$

Restinga

Hotel
■ **Pension Kal Marino,**
Puerto de la Restinga,
Tel. 922 55 94 45, Fax 922 28 50 01.
Am Ortsrand, direkt am Meer, unter
deutscher Leitung. $

Valverde

Touristeninformation
■ Calle Licenciado Bueno 1,
Tel. 922 55 03 02, Fax 922 55 10 52.

Hotel
■ **Boomerang,** Dr Gost 1,
Tel. 922 55 02 00.
Dieses einfache, aber stilvoll ge-
halte Haus liegt in einer ruhigen
Seitenstraße im Stadtzentrum und
ist ein guter Ausgangspunkt für
Rundfahrten. Die Schlafzimmer
sind sauber, geräumig und mit
rustikalen Möbeln eingerichtet. $
■ **Pension Cananas,**
San Francisco 9, Tel. 922 55 02 54.
Freundlicher Empfang, helle und
saubere Zimmer an der Haupt-
straße mit Bars, Cafés und Super-
märkten in der Umgebung. $

Fuerteventura

Touristeninformation
■ Puerto del Rosario,
Avda. de la Constitucion 5,
Tel./Fax 928 85 10 24.

Gran Canaria

Touristeninformation
■ Las Palmas,
Parque de Santa
Catalina, Tel./Fax 922 26 46 23.

Lanzarote

Touristeninformation
■ Arrecife,
Parque Municipal,
Tel./Fax 928 80 15 17.

11

Sprache

Allgemeines

Guten Tag	Buenos días [buenos **d**ias]
Hallo!	¡Hola! [ola]
Wie geht's?	¿Qué tal? [ke tal]
Danke, gut	Bien, gracias [bjen **gra**θjas]
Ich heiße ...	Me llamo ... [me **lja**mo]
Auf Wieder-sehen.	Adiós [a**djos**]
Morgen	mañana [man**ja**na]
Nachmittag	tarde [**tar**de]
Abend	tarde [**tar**de]
Nacht	noche [**no**tsche]
morgen	mañana [man**ja**na]
heute	hoy [oi]
gestern	ayer [a**jer**]
Sprechen Sie Deutsch / Englisch?	¿Habla usted alemán / inglés? [abla us**ted** ale**man** / in**gles**]
Wie bitte?	¿Cómo? [**ko**mo]
Ich verstehe nicht.	No he entendido. [no e enten**di**do]
Wiederholen Sie bitte.	Por favor, repítalo. [por fa**wor** re**pi**talo]
..., bitte.	..., por favor. [por fa**wor**]
Danke.	Gracias. [**gra**θjas]
Keine Ursache.	De nada. [de **na**da]
was / wer / welcher	qué / quién / cuál [ke / kjen / ku**al**]
wo / wohin	dónde / adónde [**don**de / a**don**de]
wie / wie viel / wann / wie lange	cómo / cuánto / cuándo / cuánto tiempo [**ko**mo / ku**an**to / ku**an**do / ku**an**to **tjem**po]

Sightseeing

Warum?	¿Por qué? [por **ke**]
Wie heißt das?	¿Cómo se llama esto? [**ko**mo se **lja**ma **es**to]
Wo ist ...?	¿Dónde está ...? [**don**de esta ...]
Können Sie mir helfen?	¿Podría usted ayudarme? [po**dri**a us**ted** aju**dar**me]
ja	sí [si]
nein	no [no]
Entschuldigen Sie.	Perdón. [per**don**]
Das macht nichts.	No pasa nada. [no **pa**sa **na**da]

Sightseeing

Gibt es hier eine Touristen-information?	¿Hay por aquí cerca una información turística? [ai por a**ki** θ**er**ka **u**na imforma**θjon** tu**ris**tika]
Haben Sie einen Stadt-plan / ein Hotel-verzeichnis?	¿Tiene un plano de la ciudad / una lista de hoteles? [**tje**ne um **pla**no de la θ**iu**dad / **u**na **lis**ta de o**te**les]
Wann ist das Museum / die Kirche / die Ausstellung geöffnet?	¿Cuándo está abierto el museo / abierta la iglesia / la exposición? [ku**an**do **es**ta ab**jer**to el mu**se**o / ab**jer**ta la ig**les**ja / la esposi**θjon**]
geschlossen	cerrado [θ**erra**do]

Shopping

Wo gibt es ...?	¿Dónde hay ...? [**don**de ai]
Wie viel kostet das?	¿Cuánto cuesta? [ku**an**to ku**es**ta]
Das ist zu teuer.	Es demasiado caro. [es dema**sja**do **ka**ro]
Das gefällt mir (nicht).	(No) me gusta. [(no) me **gus**ta]
Gibt es das in einer anderen Farbe / Größe?	¿Tienen este modelo en otro color / otra talla? [**tje**nen **es**te mo**de**lo en **o**tro co**lor** / **o**tra **ta**lja]
Ich nehme es.	Me lo llevo. [me lo **lje**vo]
Wo ist eine Bank?	¿Dónde hay un banco? [**don**de ai um **ban**ko]

Ich suche einen Geld-automaten.	Busco un cajero automático. [busko un kachero automatiko]
Geben Sie mir 100 g Käse / zwei Kilo Pfirsiche.	Por favor, déme cien gramos de queso / dos kilos de melocotones. [por fawor deme θjen gramos de keso / dos kilos de melokotones]
Haben Sie deutsche Zeitungen?	¿Tienen periódicos alemanes? [tjenen perjodikos alemanes]
Wo kann ich telefonieren / eine Telefonkarte kaufen?	¿Dónde puedo llamar por teléfono / comprar una tarjeta telefónica? [donde puedo ljamar por telefono / komprar una tarcheta telefonika]

Notfälle

Ich brauche einen Arzt / Zahnarzt.	Necesito un médico / un dentista. [neθesito un mediko / un dentista]
Rufen Sie bitte einen Kranken-wagen / die Polizei.	Por favor, llame una ambulancia / la policía. [por fawor ljame una ambulanθja / la poliθia]
Wir hatten einen Unfall.	Hemos tenido un accidente. [emos tenido un agθidente]
Wo ist das nächste Polizeirevier?	¿Dónde está el puesto de policía más cercano? [donde esta el puesto de poliθia mas θerkano]
Ich bin bestohlen worden.	Me han robado. [me an robado]
Mein Auto ist aufgebrochen worden.	Me han abierto el coche. [me an abjerto el kotxe]

Essen und Trinken

Die Speise-karte, bitte.	La carta, por favor. [la karta, por fawor]
Brot	pan [pan]
Kaffee	café [kafe]
Tee	té [te]
mit Milch / Zucker	con leche / azúcar [kon letsche / aθukar]

Orangensaft	zumo de naranja [θumo de narancha]
Mehr Kaffee, bitte	Más café, por favor. [mas kafe por fawor]
Suppe	sopa [sopa]
Fisch/Meeres-früchte	pescado / mariscos [peskado / mariskos]
Fleisch / Geflügel	carne / aves [karne / awes]
Beilage	guarnición [guarniθjon]
vegetarische Gerichte	comida vegetariana [komida vechetarjana]
Eier	huevos [uewos]
Salat	ensalada [ensalada]
Dessert	postre [postre]
Obst	fruta [fruta]
Eis	helado [elado]
Wein	vino [bino]
weiß / rot / rosé	blanco / tinto / rosado [blanko / tinto / rosado]
Bier	cerveza [θerweθa]
Aperitif	aperitivo [aperitiwo]
Wasser	agua [agua]
Mineralwasser	agua mineral [agua mineral]
mit / ohne Kohlensäure	con / sin gas [kon / sin gas]
Frühstück	desayuno [desajuno]
Mittagessen	comida [komida]
Abendessen	cena [θena]
Ich möchte bezahlen.	La cuenta, por favor. [la kuenta por fawor]
Es war sehr gut.	Estaba muy bueno. [estaba mui bueno]

Im Hotel

Ich suche ein gutes / ein nicht zu teures Hotel.	Busco un buen hotel / un hotel económico. [busko un buen otel / un otel ekonomiko]
Ich habe ein Zimmer reserviert.	Tengo una habitación reservada. [tengo una abitaθjon reserwada]
Ich suche ein Zimmer für ... Personen.	Busco una habitación para ... personas. [busko una abitaθjon para ... personas]
Mit Dusche und Toilette.	Con ducha y baño. [kon dutscha i banjo]
Mit Balkon / Blick aufs Meer.	Con balcón / vista al mar. [kon balkon / bista al mar]

Wieviel kostet das Zimmer pro Nacht?	¿Cuánto cuesta la habitación por noche? [kuanto kuesta la abitaθjon por notsche]
Mit Früh-stück?	¿Con desayuno? [kon desajuno]
Kann ich das Zimmer sehen?	¿Puedo ver la habitación? [puedo wer la abitaθjon]
Haben Sie ein anderes Zimmer?	¿Tienen otra habitación? [tjenen otra abitaθjon]
Es gefällt mir (nicht).	(No) me gusta. [(no) me gusta]
Kann ich mit Kreditkarte zahlen?	¿Puedo pagar con tarjeta de crédito? [puedo pagar kon tarcheta de kredito]
Wo kann ich parken?	¿Dónde puedo dejar el coche? [donde puedo dechar el kotxe]
Können Sie das Gepäck in mein Zimmer bringen?	¿Puede llevarme el equipaje a la habitación? [puede ljewarme el ekipache a la abitaθjon]
Haben Sie einen Platz für ein Zelt?	¿Les queda algún sitio libre para una tienda? [les keda algun sitjo libre para una tjenda]

Zahlen

0	zero [θero]
1	uno [uno]
2	dos [dos]
3	tres [tres]
4	cuatro [kuatro]
5	cinco [θinko]
6	seis [säis]
7	siete [sjete]
8	ocho [otscho]
9	nueve [nuewe]
10	diez [djeθ]
11	once [onθe]
12	doce [doθe]
13	trece [treθe]
14	catorce [katorθe]
15	quince [kinθe]

11

16	dieciséis [djeΘisäis]	
17	diecisiete [djeΘisjete]	
18	dieciocho [djeΘiotscho]	
19	diecinueve [djeΘinuewe]	
20	veinte [bäinte]	
21	veintiuno [bäintiuno]	
22	veintidós [bäintidos]	
30	treinta [träinta]	
40	cuarenta [kuarenta]	
50	cincuenta [Θinkuenta]	
60	sesenta [seΒenta]	
70	setenta [setenta]	
80	ochenta [otschenta]	
90	noventa [nowenta]	
100	cien [Θjen]	
101	ciento uno [Θjento‿uno]	
110	ciento diez [Θjento djeΘ]	
200	doscientos/-as [doΘjentos/-as]	
300	trescientos/-as [treΘjentos/-as]	
400	cuatrocientos/-as [kuatroΘjentos/-as]	
500	quinientos/-as [kinjentos/-as]	
600	seiscientos/-as [säiΘjentos/-as]	
700	setecientos/-as [seteΘjentos/-as]	
800	ochocientos/-as [otschoΘjentos/-as]	
900	novecientos/-as [noweΘjentos/-as]	
1000	mil [mil]	
2000	dos mil [dos mil]	
3000	tres mil [tres mil]	
10 000	diez mil [djeΘ mil]	
100 000	cien mil [Θjen mil]	
1 000 000	un millón [un miljon]	

1.	primero/-a [primero/-a]	
2.	segundo/-a [segundo/-a]	
3.	tercero/-a [terΘero/-a]	
4.	cuarto/-a [kuarto/-a]	
5.	quinto/-a [kinto/-a]	
1/2	medio [medio]	
1/3	un tercio [un terΘio]	
1/4	un cuarto [un kuarto]	
1/5	un quinto [un kinto]	

1,5	uno coma cinco [uno koma Θinko]	
10 %	diez por ciento [djeΘ por Θjento]	

Literaturhinweise

Geografie, Flora & Fauna

- G. Kunkel:
Die Kanarischen Inseln und ihre Pflanzen,
Gustav Fischer Verlag 1993.
- N. Rochfort:
Landschaften auf Teneriffa,
Sunflower Books 2001.
- P. Rothe:
Kanarische Inseln,
Sammlung geologischer Führer 81,
Verlag Gebr. Borntraeger 1996.
- H. Schmidt:
Pflanzen auf Teneriffa,
Basiliken-Presse.

Geschichte & Kultur

- H. und M. Braem:
Auf den Spuren atlantischer Völker, Knaur 1988.
- J. M. Castellano Gil/ F. J. Macías Martín:
Die Geschichte der Kanarischen Inseln.
- J. L. Concepción:
Die Guanchen.
- Th. Heyerdahl:
Lasst sie endlich sprechen.
Die amerikanischen Ureinwohner erzählen ihre Geschichte,
Langen-Müller 1997.
- A. von Humboldt:
Die Reise nach Südamerika,
Lamuv Verlag 1995.
- R. Kissel:
Zu Gast auf den Kanarischen Inseln.
Eine kulinarische Reise,
Kunstverlag Weingarten 1995.
- G. Wege (Hrsg.):
Geschichte der Entdeckung

und Eroberung der Kanarischen **Inseln,** Benohoares Edition Marburg/Lahn (Edition histor. Quellen des 16. Jhs.).

Belletristik

- H. Braem:
Der Kojote im Vulkan.
Märchen und Mythen von den Kanarischen Inseln,
Edition Orient 1990.

Aktivurlaub

- I. Gawin:
Gran Canaria, Rother Wanderführer,
Bergverlag Rother.
- P. Grimm:
Die schönsten Wanderungen auf Gran Canaria,
Südwest Verlag.
- A. Haas:
Mountainbiking Teneriffa,
Verlag Meyer & Meyer 1997.
- M. Reimer/W. Taschner:
Genussradeln auf den Kanarischen Inseln,
Steiger Verlag 1998.
- dies.: **RADTouren spezial. Kanarische Inseln,**
Rutsker Verlag 1998.
- K. Wolfsperger:
Wandern auf Teneriffa,
Bergverlag Rother 1999.

Reiseführer

- O. Grossegesse:
Land und Leute. Spanien,
Polyglott-Verlag 2001.
- L. Palm:
ReiseBuch Teneriffa,
Polyglott-Verlag 1999.
- On Tour: **Teneriffa,**
Polyglott-Verlag 2000.

Karten

- **Autokarte Teneriffa:**
Verlag Freytag & Berndt 2000.
- **Freizeitkarte Teneriffa:**
Mairs Geografische Verlag 1999.
- **Flexikarte Teneriffa:**
Polyglott-Verlag 1997.

12

Bildnachweis

Paca Arceo 147, 169, 203 (Randspalte), 207 (Randspalte), 245, 247(Randspalte), 251- (Randspalte)
Peter Baker/Photobank 69
Patricia Scott Brown 122/123
Cephas/Stockfood 106
J.D. Dallet 18
James Dunn/Cephas 40
Andrew Eames 20, 21, 22, 28, 31, 32, 34, 38, 39, 43, 44 (links), 53, 70, 73, 101, 103, 120, 205, 208, 253, 255
Mike Eddy 84, 118
Expo Tenerife 27, 41, 47, 50/51, 60, 61, 62, 64/65, 72, 80, 82, 85, 95 (links), 102, 113, 156, 165, 230
Samuel Flores/Naturpress 201(Randspalte)
Tulio Gatti 16/17, 74/75, 76/77, 121, 124/125, 126/127, 137 (Randspalte), 139, 151, 162/163, 173, 220, 225, 226, 258/259, 266
Dave Godfrey 24
Miguel A. Gonzalez/Cover 206
Andy Gravette 66
Sergio Hanquet/Naturpress 71, 105, 108, 187, 203, 204 (Randspalte), 207, 222, 227, 228/229, 233, 235 (Randspalte), 236, 252, 254, 272
M.V. Hernandez 271
Marcel Jacquet/Naturpress 1, 94, 134, 137, 142, 153, 168, 175, 182, 201, 209, 218, 221, 223 (Randspalte), 223, 240/241, 249, 260/261, 264 (Randspalte), 265, 267, 269, 270 (Randspalte)
Thomas Kanzler 6/7, 37, 89, 198, 199, 202, 204, 212/213, 232
Kew Gardens 53, 56, 57, 58, 59
Diana Kvaternik/Naturpress 183
Quin Llenas/Cover 87 (links)
K. McLaren/Trip 81
John Miller 132
Don Murray 42

Gary John Norman/APA 48, 79, 83, 95 (rechts), 100, 104, 107, 135, 136 (Randspalte), 138 (Randspalte), 143, 144, 145 (Randspalte), 145, 154, 155 (Randspalte), 156 (Randspalte), 158 (Randspalte), 166 (Randspalte), 167 (Randspalte), 168 (Randspalte), 172, 174 (Randspalte), 176, 177 (Randspalte), 177, 180 (Randspalte), 181 (Randspalte), 182 (Randspalte), 184, 186 (Randspalte), 188 (Randspalte), 188, 249 (Randspalte)
National Portrait Gallery 55
Oronoz Achivo Fotográfico 25, 26, 30, 33, 36, 46, 63, 68 (beide), 235
Prisma Archivo Fotográfico 35, 49, 170/171, 180
Mark Read/APA 14, 45, 86, 138, 147 (Randspalte), 152 (Randspalte), 157, 159, 219 (Randspalte), 254 (Randspalte)
Joerg Reuther 12/13, 44 (rechts), 87 (rechts), 88, 90/91, 92, 93, 112, 115, 116, 117, 119, 146, 167, 174, 186, 192/193, 210/211, 217, 219, 224, 231, 234, 242, 244, 247, 248, 250 (rechts)
Eric Roberts 19, 178, 179, 181, 185, 196
Ian Shaw 164, 256/257, 269 (Randspalte)
Spectrum 67, 155, 268
Roy Stedall 109
Stone 98/99, 110/111, 158
Nigel Tisdall 29, 250 (links), 251
Bill Wassman 10/11, 14/15, 78, 114, 140/141, 148/149, 150, 262, 263
Phil Wood/APA 270
George Wright 194/195, 214, 237

im Bild:
Seiten 96/97:
Obere Reihe von links nach rechts: Marcel Jacquet/Naturpress, Marcel Jacquet/Naturpress, Marcel Jacquet/Naturpress, Maria Angeles

Sanchez; Mittlere Reihe: John Costa/Cover, Luis Davilla/Cover; Untere Reihe: Marcel Jacquet/ Naturpress, Luis Davilla/Cover, Maria Angeles Sanchez.

Seiten 160/161:
Obere Reihe von links nach rechts: Sergio Hanquet/Naturpress, AISA, Marcel Jacquet/Naturpress, Sergio Hanquet/Naturpress; Mittlere Reihe: Marcel Jacquet/Naturpress; Untere Reihe: Marcel Jacquet/ Naturpress, Sergio L. Villar/Cover, Marcel Jacquet/Naturpress.

Seiten 190/191:
Obere Reihe von links nach rechts: Marcel Jacquet/Naturpress, Carlos Villagran/Cover, Sergio Hanquet/ Naturpress, Marcel Jacquet/Naturpress; Mittlere Reihe: Sergio Hanquet/Naturpress; Untere Reihe: Marcel Jacquet/Naturpress, Angel Ortega/Naturpress, Marcel Jacquet/ Naturpress, Marcel Jacquet/Naturpress.

Seiten 238/239:
Alle: Maria Angeles Sanchez; außer oben rechts: Marcel Jacquet/Naturpress.

Vordere Umschlagseite: Mauritius Photo Bank; Rücken: Gary John Norman/APA; Hintere Umschlagseite: Alle: Mark Read/APA; außer Mitte rechts: Gary John Norman/APA.

Titelei:
Seite 3: Mark Read/APA; Seite 4 oben: Rainer Hackenberg; Mitte: Jo Scholten; unten: Rainer Hackenberg; Seite 5 oben: Irene Börjes; unten: Bernd Gruschwitz

MEHR AUSWAHL.

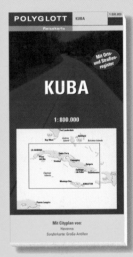

NOCH MEHR DAVON.

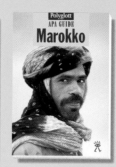

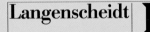